अ खि ले श

एक संवाद

अखिलेश

एक संवाद

पीयूष दईया

राजकमल प्रकाशन
नयी दिल्ली पटना इलाहाबाद

मूल्य : रु. 500.00

पहला संस्करण : 2010

प्रकाशक : राजकमल प्रकाशन प्रा. लि.
1-बी, नेताजी सुभाष मार्ग
नई दिल्ली-110 002

शाखाएँ : अशोक राजपथ, साइंस कॉलेज के सामने, पटना-800 006
पहली मंजिल, दरबारी बिल्डिंग, महात्मा गांधी मार्ग, इलाहाबाद-211 001

वेबसाइट : www.rajkamalprakashan.com
ई-मेल : info@rajkamalprakashan.com

आवरण-आकल्पन : अवधेश यादव

मुद्रक : बी.के. ऑफसेट
नवीन शाहदरा, दिल्ली-110 032

AKHILESH : EK SAMVAD
by Piyush Daiya

ISBN : 978-81-267-1862-7

वत्सल निर्मल, गजेन्द्र, संदीप
को निवेदित

पीयूष दईया

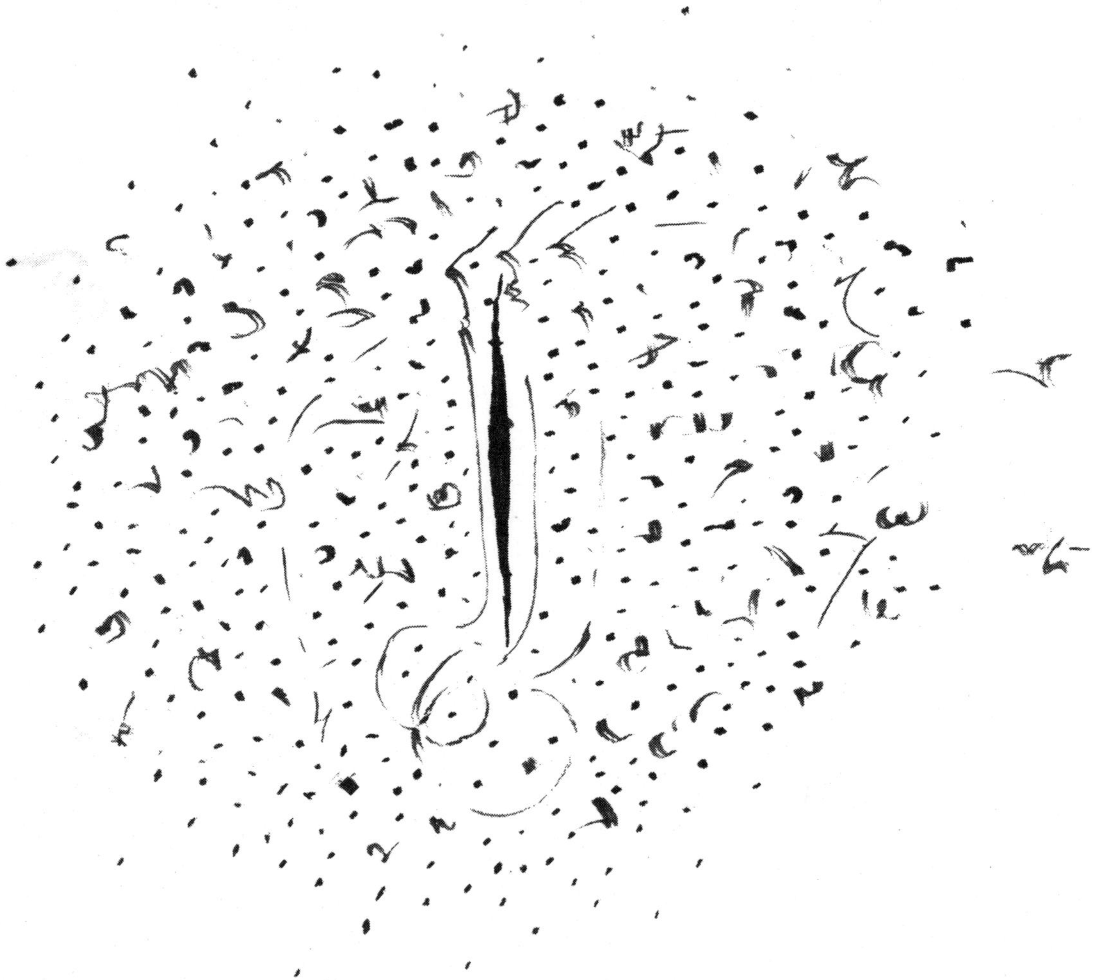

अखिलेश की चित्र-तितीर्षा

अखिलेश के चित्रकर्म में देसी व मार्गी का विभेद नहीं बल्कि एकत्व सत्यापित व परीक्षित है। उनके रंगलोक के वृत्तान्त में यह कहना बहुत कठिन है कि वे रंगों की मातृभूमि में कब नहीं थे। वहाँ रंगों में शास्त्रीय परिष्कार व गर्वीला ऐश्वर्य है तो विदग्ध लालित्य, ऐन्द्रीय माँसलता व आञ्चलिक प्राञ्जलता भी। उनके वर्णपट की बहुलता का रागसिक्त रंगात्म अनन्य है पर मनुष्य-मात्र को सम्बोधित भी। रंगोंष्म सांसों से दीप्त व निनादित फलक-सतहों का सुघर विन्यास-चपल चमक लिये-रूपंकृत अन्तश्चेतना से आलोकित जान पड़ता है तो अविवक्षित से गर्भित नई अर्थाभाएँ व रूपाकार ताल-दीप्त लयों से रचित होते हुए व्यंजक। मानो फलक-व्योम के अभेदाकाश की चित्रास्मिता में ऐसा प्रतीकित सम्बोध जो कहीं से भी परिभाषक एकरेखीयता से कभी भी अपना उपजीव्य संघनित नहीं करता। इस चित्र-बोध में यह स्वयं अस्ति है जो भव में है और यह स्वयं भव है जो अस्ति में है–यहाँ आध्यात्मिकता पार्थिवता के रेशों से बनी है तो यह पार्थिवता स्वयं में अनिवर्चनीय कामवत्ता से उदात्तीकृत व उन्मोचित है। आद्यन्त चित्र-चेतना में व्याप्त यह कामवत्ता चित्रोच्चारित ऋचाएँ हैं–शृँगारिक खिलाव में विकीरित ऊर्जा जो रंगों में अवतरित होती है और बहुत बार उत्तप्त

शिराओं की तरह फैली रेखाएँ या कभी ऐसे रूपाकार जैसे विकल शुक्राणु। ऐसा धोखा होता है कि अखिलेश के चित्रों में व्याप्त कामवत्ता वह कस्तूरी-सुगन्ध है जिसे पाने की तलाश में *चित्र* है जिसमें कि विभिन्न रंगाकार मृग हैं : कभी समंजस-समरस कुलांचे भरते, कभी स्वच्छन्द। व्यक्ताव्यक्त के भीतर यूँ धड़कते-स्पन्दित जान पड़ते मानो अखिलेश के स्पर्श तले अपने *सन्दर्भ* की तलाश में हो जिसे पा लेना दरअसल कस्तूरी पा लेना है। तत्त्वतः चाक्षुष मूलधर्मिता में कुछ इस तरह से पल्लवित कि अद्वितीय रूप से वह अखिलेशमय है। दृष्टि का ऐसा समास जिसकी कीमियागिरी अपूर्वानुमेय है–पूरी तरह से समरस। कहना न होगा कि इस चित्र-संसार में रचनात्मक जोख़िम उठाने के बीहड़ में आत्माविष्कार की जादुई लिपि भी है। हर बार स्वयं को पुनर्नवा करती। चित्रकला की परम्परा में सम्भवतः पहली बार घट रही एक विरल घटना। पुरुष-ऊर्जा का आद्य सूक्त जहाँ स्त्रैण-ऊर्जा शायद अनाद्य है।

गोया अपने गर्भगृह में रहस्यदर्शी अदृश्य जड़ों को पोसते-सींचते हुए। नयनानन्दकर।

2.

कभी सुना था कि माया, देवताओं की लीला है जिसमें वे Absolute को व्यक्त करते हैं। क्या माया अवकाश में खिंचे–measured out–इस सांयोगिक संसार को ही व्यंजित नहीं करती? यह अवकाश हमें घेरे है और हम इसका एक अंश है। ''माया'' शब्द ''मा'' मूल से आया है जिसका अर्थ है पैमाइश करना–to measure. और इसलिए भी माया अनिर्वचनीय है कि यह पैमाइश सम्भव नहीं हो पाती होगी। जैसे कि लीला-लोक में एकमात्र अबोधगम्य बात यह है कि यह बोधगम्य है।

गोया अखिलेश के विमोहन।

3.

हिन्दी के विलक्षण कवि-कथाकार शिरीष ढोबले की एक कहानी का समापन यूँ होता है :

"...शायद, आनन्द का ही एक पृष्ठ हमने अब तक समझा नहीं है।" औपनिषदिक उक्ति है : "आनन्दाद्येव खल्विमानि सर्वाणि भूतानि जायन्ते। :: आनन्द से ही सब जीव जन्म लेते हैं।" समकालीन कला-परिदृश्य में अखिलेश की अद्वितीय उपस्थिति एक विरल उपस्थिति है।

गोया वे *आनन्द* प्रस्तावित कर रहे हैं, अपनी चित्रलीला से निःसृत।

4.

फ़रवरी, दो हज़ार आठ के शुरू में अखिलेश (दादा) के साथ उनके कृतित्व-व्यक्तित्व पर एकाग्र बातचीत का सिलसिला बनने लगा। अखिलेश के साथ उनके कला-कर्म पर वार्तालाप में संलग्न रहते हुए मैंने यह पाया है कि अपनी ही कला-यात्रा पर सर्वेक्षणात्मक वार्ता व सामान्यीकृत वक्तव्य उन्हें मंजूर नहीं है। उनके पास विवेकशील दृष्टि, चिन्तनशील मस्तिष्क और चरित्रवान् जिजीविषा है। वे अपनी जबान में बोलते ऐसे सांस्कृतिक नागरिक हैं जिनके वत्सल स्वभाव में गहरा आत्मानुशासन है। उनसे यह बातचीत अभी जारी है। प्रस्तुत पुस्तक इसी असमाप्त वार्तालाप का मंगलाचरण है।

पीयूष दईया

अनुक्रम

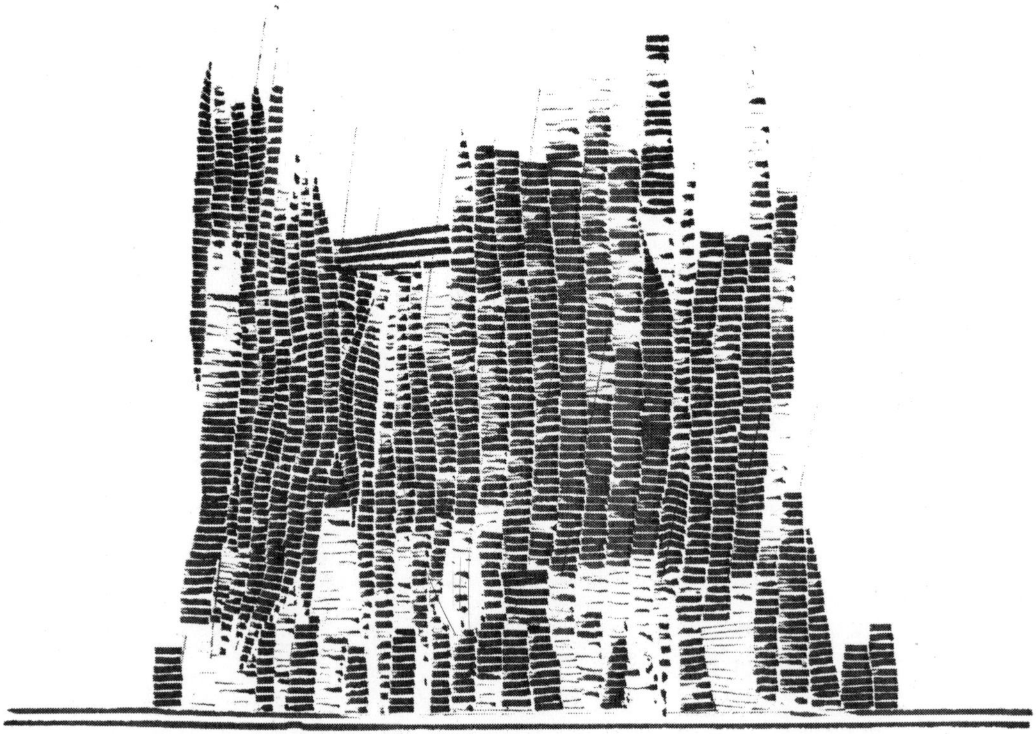

एक

पीयूष :

एक कैनवास—चित्र-फलक—को आप किस तरह से लेते-देखते हैं? क्या यह उस संसार जैसा है जिसमें अभी आपने जन्म नहीं लिया है? या एक रहस्य अथवा एक अभेद्य सत्ता? शून्य या एक उपस्थिति? या महज़ एक माध्यम? या मार्ग? या गर्भित सम्भावना या सपाट सतह? या अव्यक्ताकार व्यक्त? : मुझे याद आता है रज़ा ने कहीं यह बोला है कि एक ख़ाली कैनवास उन्हें सहवास के लिए उकसा रहीं दिगम्बरा की तरह लगता है।

—कैनवास को अपने लिए स्वायत्त करने के आपके ढँग क्या है? क्या आप कैनवास को *एक ख़ाली कैनवास* की तरह ग्रहण/perceive करते हैं? जब आप कैनवास से वाबस्ता होने लगते हैं तब कैनवास के *सफ़ेद* को लेकर आपकी वाबस्तगी किस तरह की रहती है?

क्या आप अपने उन दिनों व उन घड़ियों के बारे में कुछ बताना चाहेंगे जब पहले-पहल आप (चित्र-) फलक-सत्ता के प्रति सजग होना शुरू होने लगे? तब से अब तक की इस लगभग तीस से अधिक सालों की यात्रा में स्वयं कैनवास को देखने-बरतने के अपने बोध में आप किस तरह के परिवर्तन महसूस करते हैं?

आपने कई आकार-प्रकार के—छोटे-बड़े-मँझोले—कैनवास लिए हैं। क्या आप कैनवास के *आकार* को लेकर भी सोचते रहे हैं? क्या आप अपनी इस सोच का साझा करना चाहेंगे? जब कैनवास को आप एक निश्चित आकार का पाते हैं तब यह आकार आपको किन मायनों व तत्त्वों के प्रति सचेत करता है? क्या यह आकार का Finitude/सान्तता है या अपने सीमितपन में अनन्त का लघु संस्करण—स्वयं निस्सीम आकाश?—दिक्-काल की सापेक्षता में? या अन्ततः आप कैनवास को अपनी स्वयं की चेतना की पृष्ठभूमि में देखते हैं—वेदान्तिक अन्तर्दृष्टि?

अखिलेश :

मेरे लिए कैनवास अनन्तता का अवकाश है। चित्र बनाना शुरू करना अन्तहीन समय में गोता लगाने जैसा है। यह एक ऐसी जगह में प्रवेश करना है जिसका कोई ओर-छोर नहीं है, जो अब अनन्त हो सकती है। एक कैनवास की यह अनन्तता या ख़त्म न हो सकने की क्षमता—मुझे हमेशा आकर्षित करती रही है। अनन्तता में प्रवेश करने के लिए प्रेरित भी करती है। यहाँ दिलचस्प है—जैसा कि रज़ा का उदाहरण देते हुए आपने कहा—कि एक ख़ाली कैनवास उन्हें उस दिगम्बरा की तरह लगता है जो सहवास के लिए उकसा रही हो। स्वामीनाथन कहते थे कि ख़ाली कैनवास मेरे लिए प्रथम आदमी के समक्ष उगते हुए सूर्य की तरह है। हुसैन के लिए एक ख़ाली कैनवास दोनों हाथों में आकाश का होना है। यह तीनों कलाकार एक दूसरे ढँग से उसी अनन्तता की बात कर रहे हैं, उसी अन्तहीन यात्रा की बात जिस में वे प्रवेश करने वाले हैं। मुझे लगता है कि जब आप चित्र बनाना शुरू करते हैं तब ऐसी समयविहीन यात्रा शुरू करते हैं जिसका अन्त आपको पता नहीं है, कि वह कब होगा, कहाँ होगा और कैसे होगा।

पीयूष :

क्या यह सम्भवतः उस ओर बढ़ना है जिसके लिए आपने कहीं लिखा है—"जिस दिन मैं अपने कैनवास को पा लूँगा वह मेरा अन्तिम दिन होगा"?

अखिलेश :

हाँ, बिलकुल।

पीयूष :

क्या यह एक तरह का उत्खनन भी है?

अखिलेश :

नहीं, मेरे ख़याल से इसे उत्खनन की जगह विस्तार कहें। यह आपकी कल्पनाओं का विस्तार है, अपने वजूद का, अपनी खेलने की प्रवृत्ति का। एक चित्र शुरू करते वक्त आप को अन्दाज़ा नहीं होता है कि आप कहाँ जाने वाले हैं और क्या करने वाले हैं। विस्तार का रूप क्या है?

जब आप समय को चित्रित कर रहे हैं तब ज़रूर आपके सामने एक प्रारम्भ और एक अन्त होता है चूँकि ''समय'' चित्र का विषय नहीं है या समय के उद्घाटन की जगह चित्र नहीं है, इसलिए यह हमेशा मेरे लिए एक ऐसा विस्तार है जहाँ अन्त के बारे में ख़ुद को पता नहीं है। आप नहीं जानते कि इस चित्र में आपकी कल्पना कितनी दूर तक आपका साथ देने वाली है।

यह विस्तार यहाँ तक–यानि किसी एक ख़ास बिन्दु तक–होने वाला है तब आपके मन में ''समय'' का विचार है। चित्र एक तरह से अन्तरिक्ष में फैलने का ढँग है या कल्पना के अवकाश में विचरण का ढँग है।

बहुत बार ऐसा भी होता है कि एक हद के बाद आप चित्र बनाना बन्द कर देते हैं और उसे पूरा हुआ मान लेते हैं। जब आप अपना ही कोई पुराना चित्र देखते हैं तो लगता है इरामें कुछ और करना चाहिए था। ऐसा अक्सर होता है। चित्रकला में हम Appropriation/ विनियोजन/अनुकूलन की परम्परा पाते हैं जो सभी चित्रकार करते रहते हैं–यह सालों से चला आ रहा है–यानि यह एक ऐसा कला-माध्यम भी है जिसमें दरअसल चित्र पूरा होता नहीं है लेकिन एक जगह आकर चित्रकार उसे छोड़ देता है कि ठीक है, अब पूरा हुआ मान लेते है।

पीयूष :

एक चित्रकार के सम्मुख यह बोध कि अब वह अपने चित्र को पूरा हुआ मान सकता है–जिन घड़ियों में यह अन्तःप्रज्ञा जगती है कि यह चित्र पूरा हो गया है–तब यह पूरा होना अपने में क्या है? क्या यह आपकी क्षमताओं से सम्बन्धित है–वह जो पूरा होना है, एक चित्र का।

अखिलेश :

यहाँ पर रज़ा साहब का सहवास वाला प्रतीक इस्तेमाल करना चाहूँगा : एक मुकाम पर आकर हम सहवास ख़त्म कर लेते हैं या हो जाता है लेकिन प्रेमिका के मिलने पर आप फिर शुरू कर सकते हैं।

मेरे लिए अक्सर यह होता है कि जब मैं एक चित्र छोड़ देता हूँ, पलट कर उसे Appropriate करने की कोशिश नहीं करता। लगता रहता है कि उसमें यह या वह भी किया जा सकता है लेकिन मैं करता नहीं। इस मामले में सबसे ज़्यादा काम पिकासो ने किया है। पिकासो ने बीच में कुछ साल गुजारे जिसमें उनकी चौथी पत्नी फ्रांसुवॉ जिलों–जो ख़ुद चित्रकार थी–पिकासो के साथ बैठती-देखती थी कि उन्होंने चित्र की शुरुआत कहाँ से और कैसे की है और वे कहाँ तक पहुँचे हैं। जिलों सुबह तक दूसरा कैनवास चित्रित करती और पिकासो इस तरह Appropriation से चित्र आगे बढ़ाते।

दर्शक चित्र को अधूरे की तरह नहीं देखता। उसके लिए पूर्ण है। वह अनुभूति सिर्फ़ मुझे है। मेरे साथ दूसरे कैनवास का आमन्त्रण ज़्यादा मुखर होने लगता है। मैं पहले वाले को छोड़ कर दूसरे पर काम करना पसन्द करता हूँ। यह सहज ही है। इसमें कोई योजना नहीं है–निश्चित करके कुछ नहीं करता हूँ कि इस कैनवास पर मैं यहाँ तक काम करूँगा या यहाँ तक। एक समय तक आप काम करते हैं फिर आपको लगता है कि हाँ, अब छोड़ा जा सकता है। और आप छोड़ देते हैं।

पीयूष :

जी, मैं उन्हीं घड़ियों के बारे में जानना चाह रहा था। हालांकि वैद साहिब (कृष्ण बलदेव वैद) के शब्द उधार लें तो कहना होगा कि यह फिर उस जादू की जड़ जान लेने जैसा होगा जो कि उस जादू को जड़ कर देगा।

अखिलेश :

पिकासो ने ऐसा किया है और वह उससे आगे भी चला गया और उससे भी आगे जाने की क्षमता रखता था। यह अपने अपने काम करने के ढँग हैं। अगर यह सुविधा मुझे मिली हो तो शायद मैं भी करना पसन्द करूँगा।

इसमें यह बहुत दिलचस्प है कि दूसरे दिन पिकासो ने दूसरे कैनवास पर काम किया, फ्रांसुवॉ जिलों ने उस तरह का एक कैनवास तैयार किया। पिकासो ने उसे आगे बढ़ाया। वह अन्तहीन प्रक्रिया में शामिल है। हर बार जो चित्र छूट रहा है वह अधूरा ही है–पिकासो या चित्रकार की नज़र में अधूरा है, दर्शक की नज़र में नहीं। देखने वाले के लिए वह हमेशा एक पूरे चित्र की तरह है। मेरे ख़याल से यह अधूरापन चित्रकार की मजबूरी है जैसे कि चित्र बनाना उसकी मजबूरी है। यह अधूरापन ही शायद उसका प्रेरणा-स्त्रोत है जिससे वह अपनी निरन्तरता बरकरार रखता है।

पीयूष :

तब क्या *निरन्तरता* दरअसल "पूरा होता अधूरापन है?" अगर ऐसा है तो चित्र-सृष्टि में "पूरा हो रहा अधूरापन" किस का अधूरापन है?

अखिलेश :

कलाकार के सृजन की निरन्तरता ही प्रमुख लगती है। इसमें उसका अधूरापन ही कलाकृति का अधूरा छूटना हो सकता है। मनुष्य के सम्पूर्ण होने के प्रमाण इस तरह उपलब्ध नहीं हैं कि हम उसे उदाहरण के रूप में प्रस्तुत कर सकें। उसकी कल्पना की सम्पूर्णता उसी कल्पना में निहित है और उस कल्पना का प्रतिफलन या उस कल्पना की उड़ान में उसका कर्म कभी भी पूर्णता प्राप्त नहीं करता। मुझे खासतौर पर लगता रहा है कि जिन कल्पनाओं में मैं डूबा था वे पूरी तरह कैनवास पर नहीं उतार सका। उन रंग संगतियों को मैं पूरी तरह नहीं पा सका। फिर भी वह जादू जड़ नहीं हुआ। उसका जादू यही है कि वह दर्शक को कुछ पल के लिए ही सही, बाँध लेता है। यह अधूरापन कि मैं अपनी कल्पना की कोर तक नहीं पहुँच सका ही निरन्तरता है या कि यह अधूरापन ही पूरा होना है। यह अधूरापन मेरा अपना है। मनुष्य का है।

पीयूष :

आपके लिए कैनवास "अनन्तता का अवकाश" है। यह अवकाश वास्तविक व निश्चयात्मक है अथवा लीलामय व मायामय या perfectly matter-of-fact illusion(s) ? क्या यह अवकाश एक कोरा/ख़ाली खालिस अवकाश है या उपस्थिति-अनुपस्थिति से सिक्त?

अखिलेश :

मेरे लिए कैनवास की अनन्तता एक माया है। मायालोक जिसमें रंगलीला का अवकाश है। असंख्य रंग युतियाँ, संगतियों की सम्भावना है। इस मायालोक का एक वास्तविक दरवाज़ा/Frame है। इस दरवाज़े में प्रवेश लीला में प्रवेश है। कल्पना, आधार है। प्रतिभा का विनियोजन लीला का प्रकटन है। इस मायालोक में समय का स्थान नहीं है। स्वामीनाथन इस अन्तहीन समय में विकास की सम्भावना को नकारते थे तब उनका इशारा सम्भवतः इसी अन्तहीन माया की उद्दाम उपस्थिति की तरफ़ रहा होगा।

मायालोक के इस वास्तविक दरवाज़े से आप इस निश्चय के साथ प्रवेश करते हैं कि लीला के कुछ रंग आप भी बिखेरें। यह खालिस अवकाश है जिसमें अनुपस्थित की उपस्थिति है। इस अनुपस्थित का प्रकटन आपका ध्येय है। यह अनुपस्थित रूप, रंगों के संयोग से और संयोगों से भी प्रकट होता है। यह प्रकटन ही अचम्भा है। यह अचम्भा ही चित्र है।

पीयूष :

आप एक कैनवास पर काम कर रहे हैं और अचानक से आपको दिनोंदिन के लिए कहीं जाना पड़ जाय तब–वह जो छूटा हुआ कैनवास है–उसे आप छोड़ देते हैं?

अखिलेश :

बहुत बार ऐसा हो जाता है। कई बार काम करते वक्त जब कहीं उलझ जाता हूँ तब उस कैनवास को मैं अलग ही कर देता हूँ। दस दिन बाद फिर शुरू करने पर एक नया विचार मिल जाता है, उसी कैनवास से। मैं उसे पूरा कर लेता हूँ।

पीयूष :

इन दस दिनों में जब आप कैनवास पर नहीं हैं कि इसे पूरा कर सके तब इन दस दिनों बाद जब आप वापस आते हैं तब दरअसल वहाँ पिछले अधूरेपन का कोई सूत्र या तार जुड़ कर यह कैनवास पूरा होता है या फिर यह नये सिरे से एक नयी यात्रा है, नया ढँग है? अपनी इस अधबनी कृति को आप किस तरह से perceive करते हैं–क्या अधबनी कृति की तरह? या आप इसे एक बिलकुल नयी कृति की तरह लेते हैं? क्या यह फिर से एक कोरा कैनवास होता है या जहाँ छूटा था वहीं से यह फिर से शुरू होना है?

अखिलेश :

बहुत बार होता है कि उस कैनवास के विचार की, उस प्रयास/attempt की, एकाग्रता भंग नहीं हुई है तो मैं उसी को जारी रखता हूँ। लेकिन दस दिन का अन्तराल, लम्बा अन्तराल है। दस दिन बाद अधबने कैनवास को नये ढँग से ही शुरू करता हूँ। जो कुछ भी वहाँ है, जितना छोड़ कर गया था, उसी का कोई एक दूसरा ढँग, उस कैनवास से निकल आता है।

पीयूष :

तब बहुत सम्भव है कि यही कृति अगर दस दिन पहले छूटी नहीं होती और उसी दौरान पूरी हो गयी होती तब वह कोई और कृति होती?

अखिलेश :

हाँ, तब वह कोई और कृति होती।

पीयूष :

एक बन रही कृति में ही असंख्य सम्भावनाएँ हैं–जिनमें से कुछ का सामना या उद्‌घाटन/exploration आप करते हैं?

अखिलेश :

ज़्यादातर समय मैं ऐसा करता नहीं हूँ कि कोई एक कृति छोड़ कर चला गया होऊँ। यदि छोड़ कर चला गया तो फिर उसे छोड़ ही देता हूँ, लपेटकर रख देता हूँ। उस पर कोई काम नहीं करता हूँ, अगर उस विचार में नहीं हूँ। नया कैनवास शुरू कर लेता हूँ।

पीयूष :

आप एक साथ कई कैनवास पर काम करते हैं?

अखिलेश :

हाँ। यह मुझे अच्छा लगता है। एक कैनवास पर काम करते हुए दूसरे या अगले कैनवास पर विचार चलता रहता है। भले मैं उस पर काम न कर रहा हूँ। मगर विचार चलता रहता है। उस पर सोचता रहता हूँ।

पीयूष :

वह बन रहा चित्र जो किन्हीं कारणों के चलते छूट गया है, उस पर जब आप दुबारा से काम करना शुरू करते हैं, एक नये ढँग से प्रवेश करते हैं, तब यह कृति अब वही नहीं हो सकती जो कि पहले थी, अगर यह उस दौरान पूरी हो गयी होती जब कि यह छूटी नहीं थी–तब उस चित्र का *सन्दर्भ* : क्या वह भी बदल गया?

अखिलेश :

हाँ, वह सन्दर्भ भी बदल गया, वह कृति भी बदल गयी।

पीयूष :

तब क्या वह सन्दर्भ अपने में Absolute/निरुपाधि स्वयंभू हो जाता है?

अखिलेश :

हो सकता है हो। उस को मैं ऐसा नहीं कह सकता। वह चित्र अब नये सन्दर्भ में आ गया है। वह सन्दर्भ–जो उस चित्र का पहले का था–उसके विचार जा चुके हैं। अब मैं कुछ दूसरे विचार से उस चित्र को देख रहा हूँ।

पीयूष :

नये रूप-सन्दर्भ में आना, *सन्दर्भ* का पुनर्नवीकृत होना है या नया होना?

अखिलेश :

नया होना। नया प्रकट होना है। सन्दर्भ का भी।

पीयूष :

आपने बताया था कि कई बार ऐसा भी होता है कि कुछ कैनवास बिगड़ जाते हैं। तब वे चित्र जिन्हें आप ख़राब मान कर नष्ट कर देते हैं वे भी अपनी यात्रा तो शुरू कर ही चुके होते हैं। क्या इन चित्रों के भ्रूण अपने स्मृति-चिह्न छोड़ जाते हैं? क्या आप इन्हें recapture करने–पुनः पाने–का यत्न करते हैं? (हो सकता है किन्हीं नामालूम रीतियों से।)

अखिलेश :

छूटा हुआ कैनवास फिर से बनाने का मैं प्रयास नहीं करता। जिन्हें मैं ख़राब मान कर छोड़ देता हूँ उन्हें भी फिर बनाने का प्रयास मैं नहीं करता। यह इतना प्राकृतिक है जितना गर्भपात का होना। यह कोई बड़ी घटना नहीं है। मनुष्य है तो यह सब होगा ही। ईश्वर के होने का पता नहीं। "ईश्वर अवधारणा" इसमें कोई सहायता नहीं कर सकती। मनुष्य के हाथ में जितना है वह करता है। कलाएँ भविष्यवादी हैं। वे भ्रूण हत्या नहीं करतीं। भ्रूण का भाग्य कलाकार तय नहीं करता। एक माँ अपने विकलांग बच्चे से अन्य की अपेक्षा अधिक प्रेम करेगी। किन्तु जो हुआ नहीं या जो हैं नहीं उनका क्या? उनका क्या कर सकते हैं?

छूटा हुआ कैनवास जब शुरू किया तो पिछले कैनवारा की रगृति का अग्रांश था, अब अगला कैनवास इस छूटे हुए का अग्रांश है। जब इसकी स्मृति अगले चित्र में समाहित हो ही चुकी है, उसकी आहूति दी जा चुकी है, तब छूटे हुए का विलाप अनावश्यक लगता है। विलाप विकलांग बना सकता है। तब कलाकार रूदाली भर हो सकता है जिसका मरने वाले से कोई सम्बन्ध नहीं है।

पीयूष :

अपनी समग्र चित्र-यात्रा को मद्देनज़र रखने हुए क्या आपको ऐसा लगता है कि चित्र-फलक को देखने व स्वायत्त करने के आपके ढँगों में भी बदलाव आए हैं?

अखिलेश :

चित्र-फलक को देखने में और उसके सामने होने में कोई परिर्वतन नहीं है, आमन्त्रण उसी अन्तहीनता का है। पहले भी था और अभी भी है। यह अन्तहीनता अब थोड़ी और गहरी-सी हो गयी है। पहले यह लगता था कि इस अन्तहीनता का छोर पा सकते हैं, *उस छोर तक* पहुँच सकते हैं जो कि निश्चित ही मेरी अज्ञानता थी। अब मुझे

लगता है यह गहरी अन्तहीनता है जिसमें छोर ढूँढने की कोशिश करना या छोर का अन्दाज़ा लगाना भी मूर्खता होगी। बल्कि अब यह ज़्यादा साफ़ और ज़्यादा अच्छे से दिख रहा है कि मैं एक ऐसी यात्रा में हूँ जिसका अन्त नहीं होने वाला है। एक ऐसी यात्रा जो मुझे कहाँ ले जाने वाली है उसके बारे में अन्दाज़ा भी नहीं लगा सकता।

पीयूष :

क्या पहले ऐसा नहीं था?

अखिलेश :

नहीं, पहले ऐसा नहीं था। पहले ऐसा लगता था कि मैं चित्रकार हूँ। अब साफ़ साफ़ लगता है कि आप सिर्फ़ एक विद्यार्थी रह सकते हैं। अब मुझे यह ज़्यादा अच्छे से समझ में आता व साफ़ दिखाई देता है कि मैं एक ऐसी प्रतिभा के साथ हूँ जिसमें ईश्वर ने मुझे चित्रित करने की क्षमताएँ दी हैं। और एक यात्रा में हूँ। इसमें विद्यार्थी होना ही मेरी परिणति है।

पहले मुझे ऐसा लगता था कि *मैं चित्रकार बन जाऊँगा :* और मैं एक नये युग की शुरुआत करने वाला हूँ जो इस चित्रकला के संसार को बदल देने वाला है। अब मुझे वैसा नहीं लगता। अब मुझे लगता है मैं अन्यान्य बहुत सारे चित्रकारों के साथ हूँ। सबका अपने अपने ढँग से कला-जगत में हस्तक्षेप है। मेरा हस्तक्षेप भी उतना ही प्रामाणिक/valid है जितना अनीष कपूर या किसी और चित्रकार का। अब मैं ज़्यादा प्रामाणिक ढँग से अपने चित्रों को देख पाता हूँ। उस वक्त ऐसी प्रामाणिकता नहीं थी मेरे पास, अहंकार था कि मैं इसको जीत लेने वाला हूँ और इसको बदल देने वाला हूँ! अब मुझे समझ में आता है कि यह बदलना दरअसल मेरा अपने पास आना है। वहाँ बाहर कुछ नहीं है। आप जितना अपने को जानेंगे उतना बदलने की क्षमता रख सकेंगे। बदलना कुछ नहीं है सिवाय इसके कि आप ''देखना'' ही बदलते हैं। यह आपका प्रस्ताव होता है। जितना मजबूत होगा, उतने ज़्यादा विश्वासी होंगे। मेरे ख़याल से ज़्यादातर समय ऐसा होता है कि हम एक हद तक जाते हैं फिर निराश होकर छोड़ देते हैं। बार बार आप शुरू करने की कोशिश करते हैं मगर जिस चीज़ को हम छोड़ चुके हैं वह दूर जा चुकी है–पलट कर आती नहीं।

मैं अपनी यात्रा के प्रारम्भ में हूँ। इस शुरुआत में विद्यार्थी होना ही मेरा गुण है–सीखने की अन्तहीन प्रक्रिया में मैं शामिल हुआ हूँ। इसमें मैं ख़ुद को सीखने जा रहा हूँ। संसार को नहीं सीखना है, तकनीकी दक्षता नहीं हासिल करनी है, किसी से प्रभावित नहीं होना है और अब मैं ज़्यादा मजबूत महसूस करता हूँ, ज़्यादा साफ़ देख पाता हूँ। पहले ऐसा नहीं था लेकिन कहा नहीं जा सकता कि ऐसा कब से होने लगा है। हो सकता है इसकी शुरुआत नब्बे के

दशक या उससे थोड़ा पहले ही हो गयी हो। धीरे धीरे मेरे भीतर उसका खुलासा होता गया; चित्र-फलक पर प्रकट हुआ हो सन् 2000 में। यूं मेरे वहम अभी भी अपनी जगह पर काम करते हैं। बनारस के प्रति मेरा प्रेम अभी भी उतना ही है जितना उस वक्त था जब मैं वह शृँखला चित्रित कर रहा था। वह शृँखला मैंने ऐसे नहीं चित्रित की कि एक साल में कुछ चित्र बनाए हो बल्कि सम्भवतः सात-आठ साल उन पर काम करता रहा। हर बार अलग ढँग से। उस शृँखला में यदि रंगों में चित्र बनाए तो स्याही से और पेस्टल में भी काम किया।

इसे प्रयोग नहीं कहना चाहिए। मैं प्रयोग बिलकुल नहीं कर रहा होता हूँ और न प्रयोग मैं कभी कर रहा था। जो कुछ भी करता रहा हूँ वह सब मैंने जान के ही किया है। मेरी जिज्ञासा इतनी ज़्यादा है कि मैंने अपने आप को झोंका हुआ पाया। हालांकि महाविद्यालयी दिनों के शुरू में मैं अपनी क्लास में सबसे कमज़ोर विद्यार्थी था। यूं और भी थे पर मैंने ऐसा महसूस किया कि मैं अपनी क्लास में सबसे ज़्यादा कमज़ोर विद्यार्थी हूँ। मुझे ख़राब लगा और मैंने तय किया कि अब अगर मैं यहाँ आ गया हूँ तो मुझे इसे जानना चाहिए। यह मेरा जीवन है और इसे व्यर्थ नहीं गंवाया जा सकता। अगले तीन महीनों में मेरा रेखांकन क्लास में सबसे अच्छा था। तकनीकी दक्षता, कोई बहुत मुश्किल नहीं है। फिर मैंने हर माध्यम में–चाहे वे जल-रंग हो या अन्य माध्यम–अपने को खपाया और यह सब जाना कि कैसे होता है। उसमें मैं जो कुछ भी कर रहा होता था वह जान कर ही कर रहा होता था–अन्धेरे में हाथ-पाँव नहीं मार रहा था।

वह सारा जो कुछ भी मैं 1990-92 तक करता रहा वह सब मेरा Obsession था और मैं उससे चित्र बनाता रहा। मैंने कभी छोड़ा नहीं। कभी अविश्वास नहीं किया बल्कि मुझे मालूम था कि मैं क्या कर रहा हूँ। इन सारे करने में हर बार मैंने पाया कि मैं दरअसल चित्रकार ही हूँ। और कुछ मुझ से नहीं बनता है। मैंने कई चीज़ें करने की कोशिश भी कीं–उस दौरान बहुत से आर्कषण भी होते हैं–युवावस्था में कई चीज़ें आकर्षित करती हैं। इन सब के बीच में मैंने पाया कि मैं एक चित्रकार हूँ, यही मेरी नियति है। मैं अपने को पूरी सजगता से बरतता रहा। उसके बारे में जानना-समझना-पढ़ना यह सब बराबर से चलता रहा, जो चल ही रहा है। जो कभी ख़त्म नहीं होता दीखता।

पीयूष :

तब चित्रकला में आपके लिए प्रयोगधर्मिता के मायने क्या है?

अखिलेश :

प्रयोगधर्मिता में करने का अंश कम और आकस्मिकता का अंश ज़्यादा है। कॉलेज में पढ़ाई के दौरान आकस्मिकता आपको आकर्षित करती है और चित्रांकन में तरह तरह के संयोग होते रहते हैं जिनमें आप फंस सकते हैं। हो सकता

है कि यह प्रयोगधर्मिता कहीं ले जाती होगी लेकिन इसका अनुभव मुझे नहीं हुआ। आकस्मिकता को जीतने का एक काम अम्बादास ने किया जो कि शायद कोई और चित्रकार नहीं कर पाया। इस प्रक्रिया से सारे चित्रकार गुजरते हैं : तैल चित्र बनाने के दौरान घासलेट से Brush/ब्रश धोना होता है। यह घासलेट भरा ब्रश कई बार चित्र में भी इस्तेमाल हुआ जाता है। घासलेट पिगमेंट को फाड़ देता है। अब यह जो घटना होती है, कैनवास और काग़ज़ पर, आप चमत्कृत रह जाते हैं। अम्बादास ने समझ लिया कि यह कैसे होता है; इसके लिए उन्होंने ज़रूर प्रयोग किये होंगे, उसको जानने समझने की कोशिश की होगी कि यह कैसे हो रहा है। अब वे एक Brush Stroke लगाते हैं तो उसकी शुरुआत में वह फटता नहीं है और जहाँ वे चाहते हैं वहाँ वह फटता है। यह अम्बादास के चित्रों की ताक़त है।

पीयूष :

ये प्रयोग दरअसल अपनी ही दृष्टि को पाने के यत्न हैं।

अखिलेश :

हाँ, अपनी ही दृष्टि को विकसित करने या पाने की कोशिश हो सकती है।

पीयूष :

प्रयोगधर्मिता की आपकी व्याख्या से ऐसा प्रतीत होता है कि आप प्लेटो के इस वाक्य से इत्तफ़ाक़ रखते हैं : To do is to be. उदयन (वाजपेयी) की एक काव्य-पंक्ति याद आती है : "प्रेम भी करने की ही चीज़ है।" आपका आग्रह भी *करने के अंश* पर है। क्या आप अपने इस विचार को थोड़ा विस्तार दे सकेंगे? कहना न होगा कि एक धरातल पर आकर यह विचार-कोण पौर्वात्य-बोध और पाश्चात्य दृष्टि व संवेदना के बुनियादी तथा दार्शनिक विमर्श-संकेतों से भी जुड़ जाता है।

अखिलेश :

दरअसल, शब्दों में बात करना अक्सर उलझन बढ़ाता है। प्रयोगधर्मिता एक शब्द है जिसका चित्रकला से कोई सम्बन्ध नहीं है। अब चित्रकार द्वारा किये जाने वाले कर्म हर वक़्त "प्रयोगधर्मिता" शब्द के भीतर समेट लिये जाते हैं। मैं जब चित्र बना रहा हूँ तब कोई प्रयोग नहीं कर रहा जिसमें गल्तियों से सीखा जा रहा है। मैं अपने अनुभव से रंग संगति बिठाने की कोशिश कर रहा हूँ जिसमें मेरी कल्पना मेरे साथ है–यह दीगर बात है कि मैं अपनी कोशिशों में लगातार निष्फल रहा आया हूँ। किन्तु मैं प्रयोग नहीं कर रहा हूँ। यहाँ मेरे पास कोई सिद्धान्त नहीं है जिसके अनुसार

मैं उस नुस्खे से आगे जाने की कोशिश कर रहा हूँ। यह भटकन है, भटकाव है जिसका कोई सूत्र/Formula नहीं हो सकता। मैं यह मानता रहा हूँ कि चित्रकर्म महत्त्वपूर्ण है इसे किसी और रास्ते से नहीं पाया जा सकता।

यह ''करना'' किसी भी कलाकार के लिए महत्त्वपूर्ण है। कला में भेद दृष्टि रखना भी मुझे ज़्यादती जान पड़ता है। संवेदना के स्तर पर या कि अनुभूति के स्तर पर पूर्व और पश्चिम की अवधारणा का भेद ख़त्म हो जाता है। बुनियादी दार्शनिक विमर्श एक हो जाते हैं। हम चित्रकला या किसी भी कला को सांस्कृतिक मूल्यों के आधार से नहीं महसूस करते। कलाएँ मनुष्य को सम्बोधित हैं।

पीयूष :

एक चित्र से दूसरे चित्र में जाना कैसे होता है?

अखिलेश :

एक चित्र से दूसरे चित्र में जाने का मेरा ढँग अपने को ख़ारिज करने का है। मान लीजिए मैं एक पीले रंग का चित्र बना रहा हूँ, अब मैं अगला चित्र उससे बिलकुल विपरीत रंग से शुरू करना चाहूँगा, जो कि नीला हो सकता है। उसमें पीले की तात्कालिक स्मृतियाँ ख़त्म हो जाने वाली हैं–कोई दूसरा ही जोख़िम है, कोई दूसरी ही जगह है जहाँ से मैं शुरू कर रहा हूँ। और उसमें एक निरन्तरता आपको देखने को मिलती है जो कि सम्भवतः मेरी ही उपस्थिति हो।

पीयूष :

इस तरह की चुनौती स्वयं से लेने की यह शिद्दत क्या अपनी ही रचनात्मकता को लगातार दाँव पर लगाने, आज़माने...

अखिलेश :

बिलकुल ठीक।

मैं हमेशा इस तरह की चुनौती अपने सामने रख लेता हूँ। उसमें मज़ा भी आता है। यह चुनौती सिर्फ़ रंग चुनने तक ही नहीं है। अगर आप मेरे पिछले तीस सालों के काम देखेंगे तो पाएँगे : जहाँ यह लगने लगा कि चित्र अखिलेश की शैली की तरह पहचाने जाने लगे हैं तो मैंने उसे छोड़ दिया। एकदम साफ़ कर कुछ दूसरे ढँग से चित्र बनाना शुरू किये। मुझे लगता रहा है कि ''शैली'' चित्रकार की कमज़ोरी है। ख़ुद को खोजने के प्रयत्न में शैली एक बन्धन है।

अपने सन्दर्भ में जब भी मुझे लगा कि एक शैली बन रही है तब मैंने उन्हें हमेशा छोड़ा है और फिर दूसरे ढँग से काम करने लगा हूँ।

अब मैं जिस मुकाम पर हूँ वहाँ मुझे लगता है कि मैं एक अनन्तता के अञ्चल में आ गया हूँ जहाँ विस्तार ही अन्त है। जहाँ किसी भी दिशा में जा सकता हूँ और कैसा भी चित्र बनाने के लिए कोई भी चुनौती स्वीकार कर सकता हूँ।

पीयूष :

एक अन्तहीन अन्तरिक्ष में अब आप अपने को पा रहे हैं–क्या यह एक तरह का नया Departure-Point है, अपने अभी तक के कामों व यात्राओं से?

अखिलेश :

हाँ।

एक तरह का।

मुझे यह महसूस होता है कि यात्रा अब शुरू हुई है। यह सब जिसे अभी तक मेरी यात्रा के रूप में देखा जा रहा है दरअसल यह यात्रा नहीं, साधना हो सकती है, यह प्रयास हो सकते हैं उस यात्रा के प्रारम्भ होने के। असली चुनौतियाँ मुझे अब लगती हैं–एक चित्र बनाने का असली जोख़िम। जहाँ सबकुछ शून्य है, उसी से शुरू करना है। फिर आप अगला चित्र शून्य से शुरू करते हैं। वह एक ऐसी जगह है जहाँ आपके सामने कोई प्रारम्भ और अन्त नहीं है। हर बार एक ऐसी शुरुआत है जिसमें आप कोरी स्लेट पर पहली बार लिखना शुरू करते हैं। यह मायालोक ज़्यादा चुनौती-भरा, ज़्यादा आनन्द देने वाला है।

पीयूष :

लेकिन यह तो शायद आपको दस साल पहले भी...

अखिलेश :

हाँ, पहले यह सम्भवतः साधना थी, अब सघन साधना है। यात्रा शुरू करने के पहले की। यात्रा का प्रारम्भ आप Eliminate/बहिष्कार से शुरू करते हैं। आप चीज़ों को छोड़ना शुरू करते हैं–यह आकार मुझे नहीं चाहिए, यह रंग मुझे नहीं चाहिए, यह रेखा मुझे नहीं चाहिए। जब भी मुझे यह लगने लगता है कि मेरी रचनात्मकता में कुछ ग़ैरज़रूरी

तत्त्व आ रहे हैं–चाहे कला-शिक्षा के दौरान आए हो, चाहे वे चित्रकला के संसार में घूमने, जानने और अनुभव करने के दौरान आए हो–इन ग़ैरज़रूरी तत्त्वों को मैं छोड़ना शुरू कर देता हूँ। सम्भवतः धीरे धीरे आप ख़ुद के देखने के पास पहुँचना शुरू करते हैं। सो मुझे लगता है कि मेरा पिछला काम दरअसल बहिष्कार का काम था। जब ऐसा भ्रम हो जाता है कि मैं *ऐसे* ही देखता हूँ तब लोगबाग वैसे ही देखने लगते हैं : इस बात को जानने की कोशिश किये बिना कि खिलेगा तो देखेंगे।

इस तरह मैं यहाँ तक पहुँचा हूँ जहाँ बहिष्कार ही परिष्कार है।

मेरे ख़याल से किसी भी रचनात्मक व्यक्ति के लिए छोड़ना सबसे बड़ी ताक़त हो सकती है। नज़दीक जाने के लिए वह चीज़ों को लगातार छोड़ता चला जाता है। चुनना उसका प्रमुख उपक्रम हो जाता है। मैं अपने पिछले कामों को इसी तरह लेता हूँ लेकिन उन्हें काल क्रम में देखा जा सकता है या नहीं, मुझे नहीं मालूम। मेरे लिए चित्र हमेशा एक निरन्तरता का रूप हैं कि किसी समय मैं यह कर रहा था, मैं यहाँ था, वे सब चिह्न मुझे अपने चित्रों में आज भी वहीं नज़र आते हैं। हाँ, उनका रूप थोड़ा परिष्कृत हो चुका है। मेरे ख़याल से उसमें एक तरह से पूर्णता की तरफ़ जाने की शुरुआत हो चुकी है।

यह शायद अब मेरे चित्र बनाने की शुरुआत है।

पीयूष :

लेकिन आपके यह प्रज्ञा-वाक्य क्या आपकी रचना-प्रक्रिया की हस्ती के ही अनुषंग नहीं रहे हैं?

अखिलेश :

यह भी हो सकता है। यह रचना-प्रक्रिया का अनुषंग ही है। उसमें यह यात्रा भी उसका एक अनुषंग है। इसमें आपके आगे के तीस साल भी सम्भवतः अनुषंग हो। पूर्णता के बारे में आपको किसी तरह का आभास नहीं मिलता। उसकी पूर्णता है भी नहीं, सम्भवतः। पूर्णता व्यक्ति सापेक्ष है। Lucion Fontana/लूसियो फोंटाना ने कहा कि अब कैनवास पर कुछ नहीं हो सकता है सिवाय इसके और उसने कैनवास को चाकू से फाड़ दिया। वह जीवन-भर ऐसे ही चित्र बनाता/फाड़ता रहा–कैनवास तान कर उस पर रंग लगा उसे चाकू से फाड़ता रहा। लेकिन उसके बाद Paul Klee/पॉल क्ली से लेकर अब तक और तमाम चित्रकार आ गये–उन सबने अद्‌भुत चित्र-संसार की रचना की। बल्कि समकालीनों में अगर हम देखें तो Damein Hirst/डेमियन हर्स्ट, Jeff koons/जैफ़ कून्स, David Hockny/डेविड हाकनी, Aneesh Kapoor/अनीष कपूर आदि कई चित्रकार हैं। हो सकता है कि फोंटाना के

लिए वह चित्रकला का अन्त रहा हो। मुझे लगता है यह दावा करना किसी भी चित्रकार के बस का नहीं है कि अब वह समझ चुका है कि यह अन्त है।

पीयूष :

आपके बारे में मुझे लगातार यह लगा है कि आप हर बार बाक़ायदा एक नयी चित्रभाषा आविष्कृत करते हैं, उसे सिद्ध करते हैं, फिर उसे तोड़ देते हैं। हर बार आप नयी ज़मीन तोड़ते हैं यद्यपि एक खास तरह का नैरन्तर्य-तत्व उसमें अन्तःसलिल रहा है। साहित्यिक पदावली का सहारा लूँ तो प्रयोग और नवोन्मेषित निरन्तरता का साक्ष्य। या जिसे आपने कहा कि आप किसी एक शैली में बंधना पसन्द नहीं करते।

अखिलेश :

मुझे हमेशा इस बात से तकलीफ़ हुई है कि कोई चित्रकार अपनी ही नक़ल करने लगे। एक तरह के चित्र की पहचान अन्त बन गई। आपने ऐसा सोच लिया कि यही मेरा अन्तिम पड़ाव है या मैं यहीं आने वाला था। यह आत्म-संतोष है–और घातक तत्त्व की तरह काम कर रहा है। वह आत्म-संतोष से लबरेज़ चित्रकार है। मैं इस तरह का चित्र बनाता हूँ और लोग मुझे जानते हैं कि ऐसा चित्र ये बनाते हैं; चित्रकार अपनी ही नक़ल में फंस जाता है। मेरी कोशिश न फंसने की है।

शैली में बंध कर काम करने और उसी को बार बार पलट कर इधर से उधर से लगाते/बनाते जा रहे यन्त्रवत् काम न करने की है।

इस तरह फंसना कई बातों की तरफ़ संकेत करता है मसलन आपने ईश्वर के होने पर सन्देह किया और यह भी कि आपने अपनी प्रतिभा के छोर तक जाने का साहस नहीं उठाया, यह भी है कि आप निष्फल होने से डर गये। यह भी कि आपने बाज़ार से समझौता किया। यह भी कि आपने अपनी क्षमताओं को ठीक से आँका नहीं। ख़ुद को समझाया कि मैं यहाँ जाने के लिए ही निकला था।

मुझे यह चित्रकला का अपमान भी लगता है कि आपने चित्रकला के सत्य को जान लिया है कि यहीं आना चाहिए था, यही चित्रकला का अन्तिम सत्य है। अपनी क्षमताओं को भी जान लिया कि मैं यहीं तक पहुँच सकता था। ईश्वर के प्रति भी अपना सन्देह व्यक्त कर दिया कि आपने मुझे इतनी ही क्षमता, इतनी ही प्रतिभा दी थी। जब आप इन समझौतों को न माने, इन दबावों को न महसूस करें तो अपने ढँग से–उसी के विस्तार में और गहराई में जाने का जोख़िम उठाए–आपको लगेगा कि हाँ, यह तो अन्तिम अरण्य नहीं था।

मुझे लगता है अब मैं एक ऐसी जगह आ गया हूँ जहाँ अन्तहीन दुनिया है और अब आप उसको अनुभूत कर सकते हैं। अब आप उसमें कितना भी चलते जाय, खोने का डर नहीं है; अब आप का चित्र बनाना और चित्र का होना एक है। स्वामीनाथन ने भारत महोत्सव जापान में एक प्रदर्शनी आयोजित की थी जिसके कैटलॉग की शुरुआत का एक वाक्य हमेशा मेरा पीछा करता है–''आधुनिक समकालीन भारतीय चित्रकार जोख़िम उठाने से डरते हैं।'' स्वामी का यह वाक्य मुझे सच भी लगता है। हम अक्सर यह देखते-पाते हैं कि लोग क्षणिक सफलता से प्रभावित हो वहीं ताला लगा कर बैठ जाते हैं।

अपने को दोहराने का नाट्य रचनात्मक ढँग से चलता रहता है।

पीयूष :

आपकी पहली चित्र-प्रदर्शनी पर बात करें।

अखिलेश़ :

मेरी पहली चित्र-प्रदर्शनी इन्दौर की रवीन्द्र नाट्यगृह दीर्घा में आयोजित हुई थी। इस प्रदर्शनी के लिए मैंने एक साढे तीन फीट गुणा, एक सौ चार फीट लम्बा, रेखांकन बनाया था–Gallery/वीथी में प्रवेश करते ही यह रेखांकन शुरू होता और उसी दरवाज़े पर आकर ख़त्म होता था।

मैं पलट कर देखता हूँ तो अपने उस रेखांकन को उतना पक्का नहीं कह सकता, जितने अच्छे ढँग से अब कर सकता हूँ। उस वक्त यह उत्साह ज़्यादा था कि मैं एक बड़ा रेखांकन करूँ। इस विचार ने मुझे ज़्यादा प्रेरणा दी हुई थी बजाय इसके कि मैं क्या रेखांकित करूँ। वह रेखांकन जिन्होंने देखा है वे ही बता सकते हैं कि वह किस स्तर का था, मैं उन दिनों कॉलेज में पढ़ रहा था–तीसरे वर्ष में–सो मुझे नहीं लगता कि वह रेखांकन चित्रकला के प्रतिमानों पर खरा उतरता होगा। मेरे लिए वह अनुभव रेखांकन की बजाय एक बड़े अवकाश के साथ अपने को बरतने के एहसास से ज़्यादा जुड़ा था। उस रेखांकन के पीछे मूल प्रेरणा वही रही थी। शुरू में मैंने उसे रंगों से भरना शुरू किया–काले रंग से। यह बिटूमिन काग़ज़ था जिस पर काम करते हुए मैंने पाया कि अगर मैं यह रेखांकन घासलेट से करता हूँ तब भी वैसा ही काले रंग में निकल आता है, फिर बचा हुआ रेखांकन मैंने घासलेट से किया। शुरुआत में शायद पाँच-दस फीट मैंने काले रंग से किया था–पोस्टर कलर से; उसके बाद घासलेट से। वह अनुभव अपने में बहुत गहरा था। मैं एक बड़े अवकाश को बरत रहा था जिसमें स्वतःस्फूर्तता ज़्यादा थी बजाय इसके कि वह बेहतर हो या एक खरा उतरता हुआ रेखांकन हो। मैंने रेखांकन भी गैलरी में ही किया था–वह एक रात का काम था। गैलरी में काग़ज़ लगाना ज़्यादा मुश्किल रहा बजाय रेखांकन करने के। इतना बड़ा काग़ज़ लगाने में बारबार फट रहा था और उसे

फिर से लगाना शुरू करना पड़ता था। उस काग़ज़ के व्यवहार को समझने में थोड़ा समय लगा। उसे लगाने में जितनी ज़्यादा मेहनत रही, उतनी रेखांकन करने में नहीं। तीन दिन बाद जब प्रदर्शनी–रेखांकन–को उतारा तो वह काग़ज़ पूरा फट चुका था। काग़ज़ ही ऐसा था कि फटता जा रहा था। जब घर प्रदर्शनी लेकर लौटा तो वो टुकड़ों टुकड़ों में थी। रेखांकन की मौजूदगी सिर्फ़ तीन दिन रही।

पीयूष :

उस चित्रानुभव की महत्त्वपूर्ण उपलब्धि यह रही कि आपने स्वयं को बड़े अवकाश में बरता।

अखिलेश :

वह मज़ेदार अनुभव था जिसमें आप लगातार रेखांकन कर रहे हैं। एक से दूसरे रेखाचित्र पर जाते हुए अवकाश का अहसास गहरा होता जा रहा था। यह मेरे लिए शाश्वत अनुभव रहा जिसमें अवकाश को बरतते हुए यह समझने की कोशिश कर रहा था कि मैं इसको और कैसे पूरा करूँ और कैसे एक सम्बन्ध बनाऊँ। अन्ततः जब वह पूरा हुआ तो बहुत सुन्दर हो गया था।

पीयूष :

अवकाश को बरतने के आपके ढँगों के बीज सम्भवतः उसी प्रदर्शनी में रोपित हुए।

अखिलेश :

हाँ, उसी प्रदर्शनी में।

पीयूष :

अवकाश को बरतने के आपके ढँगों का बीजांकुरण बाद के बरसों में आपके चित्र-फलक पर किस तरह से रूपायित होता चला गया?

अखिलेश :

यह महत्त्वपूर्ण बात है। उस दौरान अवकाश को बरतते हुए यह पता चला कि चित्र का मसला दरअसल अवकाश के साथ व्यवहार करने का मसला है। चाहे वह छोटा क़ाग़ज हो या बहुत बड़ा कैनवास। उस वक्त मुझे उसके अन्तहीन होने का अहसास हुआ और यह अन्तर्बोध भी जागा कि चित्रकला में महत्त्वपूर्ण अवकाश है, समय नहीं। आप समय का चित्रांकन नहीं कर रहे होते हैं बल्कि आप अवकाश को रच रहे होते हैं। अवकाश अपने में अन्तहीन है। एक

छोटे से काग़ज़ में बड़ा अवकाश रचा जा सकता है। इस लिहाज़ से वह मेरी महत्त्वपूर्ण प्रदर्शनी थी। इसके बाद मेरे सामने दूसरा आयाम खुला–रंग का–जो कि चित्रकला का दूसरा महत्त्वपूर्ण आयाम है।

पीयूष :

सम्भवतः इसी के बाद आपके जीवन में वह समय आया जब आप लगातार–लगभग आठ सालों तक–काले रंग के संग रहे। अवकाश और काला रंग–यह स्वयं में अपने को असम्भव का सामना करते हुए पाने जैसा है–क्या आप इस पर कुछ कहना चाहेंगे?

अखिलेश :

यह क़रीब दो साल बाद हुआ जब मैंने रज़ा के चित्रों की प्रदर्शनी देखी थी। रज़ा के चित्रों में मेरे लिए दूसरा अनुभव था कि रंग चित्रकला का दूसरा आयाम है। उन्हीं दिनों मैंने वान गॉग के कुछ ख़त भी पढ़े थे। वान गॉग ने अपने भाई को एक ख़त में लिखा कि भविष्य का चित्रकार रंगों का चित्रकार होगा। रज़ा की इस प्रदर्शनी को देखना, उसके बाद इस चिट्ठी का पढ़ना, इन सब ने मेरा ध्यान रंगों की तरफ़ आकर्षित किया। पहले मेरा ध्यान इस ओर बिलकुल नहीं था। उसके पहले मैं रंग को कुछ समझता ही नहीं था। न ऐसा मेरा प्रयास रहता था कि मैं रंग से खेलने की कोशिश करूँ या उसे समझने की कोशिश करूँ। फिर मैंने रंगों का इस्तेमाल करना शुरू किया, अपनी समझ से। पर मैं उनको ठीक से बरत नहीं पाता था। उन दिनों हमारे घर एक चित्रकार आते थे, मेरे पिता के विद्यार्थी–धवल क्लान्त। उनसे मैंने इस बाबत बात की। हमारे घर में बहुत सारे चित्रकार आते रहते थे। मेरे पिता ख़ुद चित्रकार थे। वे उत्सवधर्मी थे। घर में ऐसी बैठकें बहुत होती थीं जिनमें चित्रकारों की, संगीतकारों की, कवियों व लेखकों की संगत रहती थीं। हर हफ्ते कुछ न कुछ जमावड़ा रहता था। भोपाल में रज़ा की चित्र-प्रदर्शनी देखने के बाद प्रेरित होकर मैं सभी से रंगों की बातें करता था। सबके विचार इतने अलग अलग थे कि मैं घाल-मेल से भर गया। तब एक दिन धवल क्लान्त ने मुझसे कहा कि अगर तुम रंग को समझना चाहते हो तो कुछ समय सिर्फ़ काले रंग से चित्र बनाओ फिर देखो क्या होता है।

मैं दस साल तक सिर्फ़ काले रंग में चित्र बनाता रहा।

पीयूष :

जब काले रंग के साथ आपने बरतना शुरू किया तब किस क़िस्म की दिक़्क़तें या सम्मोहन इत्यादि रहे? सीखने की प्रक्रिया एक दूसरे मायने में तो अनवरत सिलसिला है लेकिन तब भी। मेरी इस जिज्ञासा का एक कारण यह भी

है कि जैसे हर रंग की अपनी एक रूढ़ि भी है और बद्ध सांस्कृतिक व्याप्ति भी लेकिन इसे आप एक तरह से निर्बन्ध करते हैं तब शुरू के दिनों में रंगों की इन जातीय स्मृतियों को लेकर आपका Response कैसा रहता था?

अखिलेश :

नहीं, दिक़्क़तें मुझे कभी नहीं आईं।

रंगों को मैं कभी रूढ़ियों में नहीं देखता न उन्हें रूढ़ियों में इस्तेमाल करने की कोशिश करता हूँ। रूढ़ियों से मेरा बहुत सहज सम्बन्ध नहीं है। मुझे लगता है कि रूढ़ियाँ बनी ही इसलिए होती हैं कि उनकी ओर ध्यान न दें और अपना काम करें। मैं उस तरह की गफ़लत में फंसना नहीं चाहता हूँ जिसमें एक रूढ़ि आपके चित्रकर्म को प्रभावित करने लगे। आप उस रूढ़ि को अपनी सफ़ाई के रूप में प्रस्तुत करें कि ऐसा इसलिए है।

मेरा चित्रकर्म अपराध-कर्म नहीं है। यह मैं कोई ऐसा काम नहीं कर रहा हूँ जिसकी सफ़ाई मुझे न्यायालय में जाकर देनी पड़े। या किसी के समक्ष देनी पड़े। रूढ़ियों के सन्दर्भ में मैं रंगों का इस्तेमाल नहीं करता हूँ। ऐसा सायास प्रयास नहीं है पर सहज ही रंग की रूढ़ि की तरफ़ मेरा ध्यान नहीं जाता। हो सकता है कि कई चित्रकार रंग की रूढ़ियों में काम करते हो। वह भी उतना ही प्रामाणिक है जितना कि मेरा उस रूढ़ि में काम न करना। मेरे लिए रंग का वर्तमान महत्त्वपूर्ण है। फ़िलहाल जो चित्र बना रहा हूँ उसमें रंग-योजना किस तरह की है और उसका कितना महत्त्व बन रहा है, यह मेरे लिए महत्त्वपूर्ण है। मेरे लिए रंग की रूढ़ि वह चित्र हो सकता है जिसमें वह रंग है, इसके अलावा कुछ नहीं। उसे भी मैं रूढ़ि की तरह नहीं देखता हूँ और न रूढ़ि की तरह रखने की कोशिश करता हूँ। मेरे लिए चित्र के भीतर एक रंग का क्या खेल या क्या महत्त्व या क्या असमंजस है, यह महत्त्वपूर्ण हो जाता है ना कि उस रंग की रूढ़ि। मैं बराबर यह जानते रहना चाहता हूँ कि क्या उससे वह ऊष्मा उत्सर्जित हो रही है जिसकी चाहना मुझे है?

जैसे मैं संकेत भाषा का इस्तेमाल नहीं करता हूँ, वैसे ही रंगभाषा के संकेतों का भी इस्तेमाल नहीं करता हूँ। मेरे लिए काला रंग उतना ही पीला है जितना पीला रंग लाल है। रंग को उन सन्दर्भों में बरता जा सकता है जो उसके अपने चित्र का सन्दर्भ है, न कि आयातीत सन्दर्भ न कि किसी और सन्दर्भ से संचारित सन्दर्भ। कैनवास पर एक रंग अन्य रंगों के साथ अपनी संगति बैठाने में कितना सहायक है, इस पर उस रंग का चुनाव निर्भर करता है, न कि रंग की रूढ़ि पर।

पीयूष :

काले रंग के संग स्वयं को बरतने की प्रयोगधर्मिता...

अखिलेश :

नहीं, इन दस सालों में जो काम मैं लगातार कर रहा था उसमें काले रंग के संग मेरे बरतने को प्रयोग कहना ठीक नहीं होगा। बात यह थी कि मैंने बाक़ी रंग छोड़ कर काले रंग को चुन लिया था। इसे चुनना कहना चाहिए। आपने चुना कि अब आप सिर्फ़ काले रंग में काम करेंगे। और मैं काले रंग को उसके सफ़ेद होने तक ले गया। ग्वालियर में मुझे जिस चित्र पर राज्य पुरस्कार मिला था वह काले रंग से बना हुआ सफ़ेद रेखांकन था। आप थोड़ी दूर से देखेंगे तो वह सफ़ेद क़ाग़ज के अलावा कुछ और नहीं दिखता था। काले रंग का हल्का, प्रभाव था उसमें।

सालों बाद मैं रंगों की तरफ़ लौटा तो मैंने अपने आप को बहुत ही सहज पाया। इन दस सालों में मैंने रंग पद्धति की विविधता को गहरे से समझा। इसी रंग-पद्धति के कारण समझ में आता है कि कौन से दो रंग साथ जा सकते हैं, रंग की गहराई कुछ भी हो। अब आप रंग भी चुन सकते हैं–कौन से हरे के पास कौन सा लाल बैठ सकता है। पहले दो रंगों को साथ रखने पर कोई बात नहीं बनती थी। वह देखने में व्यवधान पैदा करता था। किन्तु अब मैं दो रंगों को उतनी ही सहजता से रख सकता हूँ जैसा हम उन्हें प्रकृति में पाते हैं। प्रकृति में यह अनेक तरह से देखने को मिलता है। प्रकृति में ये रंग आपके सामने बहुत ख़ूबसूरती से बिखरे पड़े रहते हैं। एक से दूसरा बिलकुल विपरीत है तब भी साथ में है। दरअसल, ये साथ में सुन्दर इसलिए लग रहे होते हैं कि ये दो खास Tone हैं–उन दो रंगों के–जो साथ जा सकते हैं। वे दो रंग साथ नहीं जा सकते हैं पर उन दो रंगों के कुछ ऐसे Tone हैं जिनकी अपनी मित्रता है। यह जानना मेरे लिए बहुत महत्त्वपूर्ण रहा। यह सब मैंने काले रंग के जरिये जाना। धवल क्लान्त की सलाह मेरे लिए एक ऐसी सलाह रही जिसने अनन्त के पास ले जाने में बहुत मदद की।

पीयूष :

आपने प्रकृति का एक सुन्दर अवलोकन रखा कि हमारे बीच प्रकृति के विभिन्न रंग बिखरे रहते हैं।

आप प्रकृति के किस या किन रूपों को अपने चित्रों का आधार मानते हैं? प्रकृति के साथ आपके सम्बन्ध में यह *देखना* किस तरह से उद्‌घाटित होता है?

अखिलेश :

प्रकृति से मैं सीखता रहा हूँ। इस सीखने में रंग-योजना प्रमुख है। मुझे हर तरफ़ रंग-योजनाएँ दिखती हैं–आसमान में, वृक्षों में, फूलों में, पशु-पक्षियों में। सारे समय, हर जगह। रंगों से मैं चमत्कृत हो जाता हूँ। मेरी इच्छा होती है

कि क्यों न इन रंग-युतियों को अपने कैनवास पर ले आऊँ। सारे समय संसार से सारा संवारता हूँ और अपने कैनवास पर लाने या ढूँढने की कोशिश करता हूँ। प्रकृति से जो मिला है उसमें महत्त्वपूर्ण यह है कि एक चित्रकार देखता क्या है। *देखना* अनायास नहीं शुरू हो जाता कि *ऐसे* देखते हैं कि *ऐसा* पाया। आप देखते रहते हैं। प्रकृति के पास जाते रहते हैं। अपने देखने को खोजने के लिए चित्र बनाते रहते हैं। यहाँ भटकाव सीखने से आता है। इसलिए *छोड़ने* की प्रक्रिया महती भूमिका निभाती है। आप उन चीज़ों को छोड़ते चले जाते हैं जो आपके स्वभाव से मेल नहीं खाती हैं।

चित्रकार का अपने देखने के नज़दीक पहुँचना शायद कभी पूरा होता नहीं। वह हर बार कुछ नया रच रहा होता है। यह नहीं कहा जा सकता कि अपने अन्तिम दिनों में हुसैन वैसे चित्र बनाएँगे जिस तरह अभी बना रहे हैं। यह बात किसी भी चित्रकार के बारे में नहीं कही जा सकती। चित्रकार का अपने देखने को पाने का सिलसिला कभी ख़त्म नहीं हुआ है। वह जारी है। एक जगह जाकर यह इन अर्थों में ख़त्म हो जाता है कि चित्रकार देह त्याग देता है। प्रक्रिया उस वक्त तक अनवरत चलती रहती है जब तक वह काम कर रहा होता है।

कोई भी चित्रकार यह दावा नहीं कर सकता कि इस संसार को मैं ऐसे देखता हूँ। यह कह सकते हैं कि वह यहाँ तक पहुँचा था—अपने देखने को खोजने के एक प्रमाण के रूप में। हो सकता है कि इसके बाद वह किसी और जगह तक पहुँचता। ऐसी स्थिति में वह भी चित्रकार के देखने का विस्तार या परिष्कार है। अपने देखने को खोजने का उपक्रम प्रकृति के भीतर ही है। प्रकृति को पुनःपरिभाषित करने में आप अपने देखने को पा रहे होते हैं। अपने चित्रों के लिए प्रेरणा लेते और रचते हैं। प्रकृति में वही अनन्तता है जिसे स्वामी उगते हुए सूर्य के सामने खड़े प्रथम मनुष्य की तरह देखते हैं। यह अनन्तता सभी चित्रकारों को आकर्षित करती है। सारे चित्रकार प्रकृति से लगातार मरते दम तक संवाद की स्थिति से घिरे रहते हैं।

पीयूष :

एक चित्रकार के सीखने के सन्दर्भ में जिन्हें आपने भटकाव कहा है क्या वे प्रकारान्तर से उसके अपने स्व-बोध से विच्छिन्न है?

अखिलेश :

जब एक बच्चा कुछ सीखना शुरू करता है या जब उसका शिक्षण शुरू होता है तब सिखाने के दौरान उसके स्वभाव को ध्यान में नहीं लिया गया है। उसकी रूचियाँ, पसन्द, नापसन्द का ख़याल नहीं रखा जा रहा है। एक सामान्य

सीख सभी को समान रूप से दी जा रही है। किसी बच्चे की पसन्द से पाठ्यक्रम तैयार नहीं किया जाता। विशेषज्ञों द्वारा तैयार किये पाठ्यक्रम काल्पनिक विद्यार्थियों के लिए हैं। यह सीख, या यह विद्या उसकी ज़रूरत के मुताबिक नहीं है। उसका अधिकांश हिस्सा बाहरी है। वह पढ़ता है अरुचि से। यह अरुचि, लापरवाही बन उसकी एकाग्रता नष्ट करती है। यह पाठ्यक्रम भटकाव और भुलावे का है। स्व को जानने के लिए इन चीज़ों को जानना उतना ज़रूरी नहीं है। ज़्यादातर चीज़ें तकनीकी व सूचनात्मक है। इनको अगर न जाने तब भी स्व को जाना जा सकता है। इस बात का अहसास व्यक्ति को उस वक्त नहीं होता है जब वह इन चीज़ों को सीख रहा होता है। यह अहसास होने पर इन्हें भुलाना शुरू करना पड़ता है कि यह मैं नहीं सीखना चाहता हूँ या यह मेरा स्व नहीं है। इन अर्थों में वह उन सारी सीखी हुई चीज़ों को छोड़ना शुरू करता है–अपने चित्रकर्म से। मैं बहिष्कार करना शुरू करता हूँ कि यह सब मेरा जाना सीखा हुआ था; मेरा स्वभाव नहीं था। यह मैंने सीखा था, समझा नहीं था। छोड़ना एक महत्त्वपूर्ण गतिविधि है। धीरे धीरे आप पाते हैं कि दरअसल उन चीज़ों को सीखने की ज़रूरत ही नहीं थी। सीख कर आप अपने से थोड़ा और दूर चले गये। मसलन जब एक बच्चा चित्र बना रहा होता है तब उसके द्वारा बनाई गई चिड़िया उतनी ही प्रामाणिक है जितनी की तथाकथित अकादमिक रूप से बनाई जाने वाली चिडिया। अपनी चिड़िया में यथार्थ भी बच्चे को उतना ही सम्पूर्ण दिखता है जितना कि अकादमिक यथार्थवादी चिड़िया में है। उस पर यह दबाव डाला जाता है कि ऐसी चिड़िया बनाना चित्रकला जानना है, ऐसी चिड़िया बनाना नहीं है–तब वह जान लेता है। आगे जाकर वह इस बात को पहचान सकता है कि वह जो चिड़िया बना रहा था वह ही सच है, जो सीखा वह नहीं है।

पीयूष :

क्या यह एक तरह से स्वयं में सर्जनात्मकता और तकनीकी हुनर का भी एक फ़र्क़ है?

अखिलेश :

नहीं, उसका फ़र्क़ नहीं है।

चित्रकार एक कुशल कारीगर होता है। वह तकनीकी रूप से दक्ष होना चाहिए–अपने माध्यम को जानने के लिए। जहाँ तक आकार, रंग और रूप का प्रश्न है, वह उसे ख़ुद के चाहिए। इसे बाहर से नहीं सीख सकते। सीख चुके को भुलाना शुरू करना पड़ता है। आप अपने आकारों के नज़दीक तभी पहुँच पाते हैं जब सीखी हुई चीज़ों को छोड़ चुके होते हैं। उन अर्थों में छोड़ना महत्त्वपूर्ण गतिविधि हो जाती है।

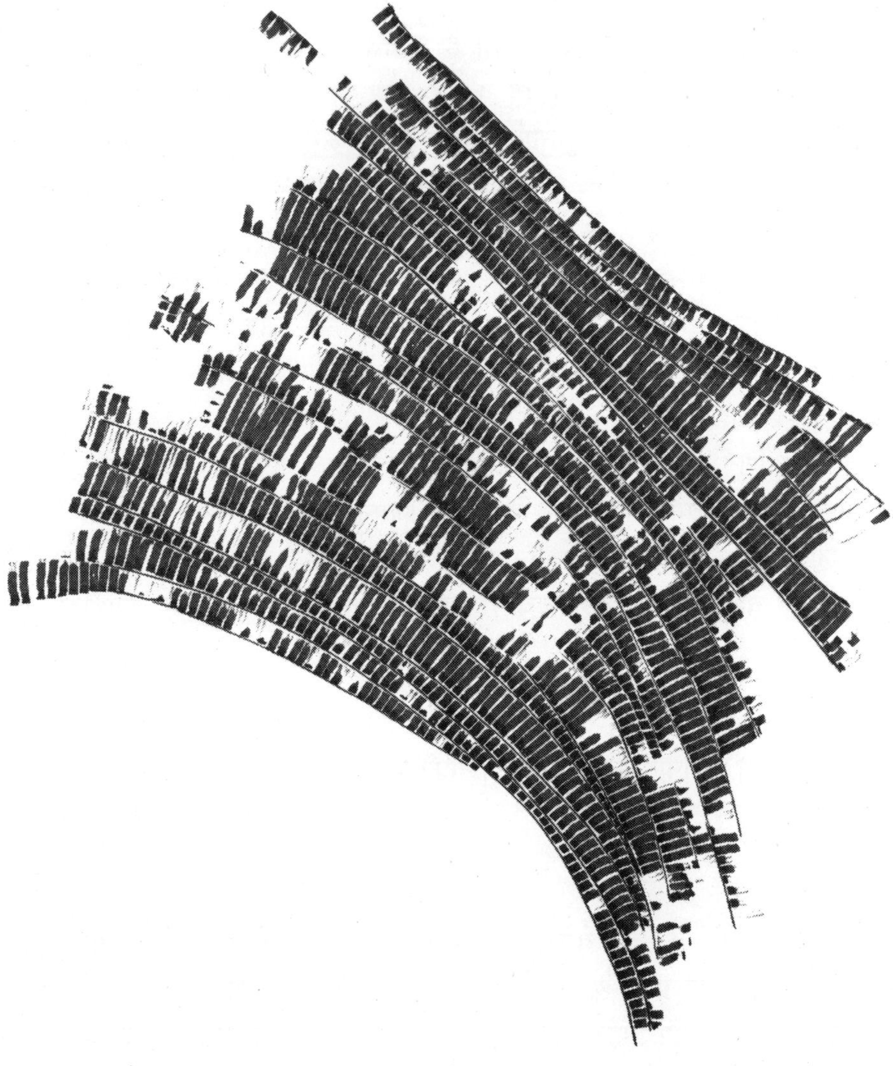

पीयूष :

इस मायने में अपने हर पिछले चित्र को जिसमें एक तरह से आप उस *प्रक्रिया* से गुज़र लेते हैं तब वह चित्र आपके लिए निरसन/Elimination भी/ही है–आप तो आगे चले गये।

अखिलेश :

हाँ, सही।

पीयूष :

अपने पिछले चित्रों के साथ–जब भी आप उन्हें देखते हैं–किस तरह का सम्बन्ध महसूस करते हैं?

अखिलेश :

अपने पुराने चित्र देखने पर मुझे ख़ुशी नहीं महसूस होती।

पीयूष :

क्या आप एक तरह से अनासक्त होते हैं?

अखिलेश :

हाँ, मैं अनासक्त होता हूँ।

मुझे मोह नहीं है। न तो अपने पिछले चित्रों में दुबारा काम करने की इच्छा होती है, न मैंने कभी इस तरह की कोशिश की। ठीक है, एक समय में मैं ऐसा करता रहा था। उस वक्त की भूलों का एक प्रमाण-सा होता है। हो सकता है उस वक्त वह चित्र अच्छा लगता हो। पलट कर देखने पर अपने पिछले चित्र के बजाय मेरे लिए वह चित्र महत्त्वपूर्ण है जो मैं अब बना रहा हूँ। दस साल बाद अभी का चित्र मुझे महत्त्वपूर्ण न लगे तो यह चाहूँगा कि उस चित्र को फाड़ या नष्ट कर दूँ। मैं चाहूँगा कि मुझे उन्हीं चित्रों से जाना जाए जिन्हें मैं अभी बना रहा हूँ। इन अर्थों में अपने चित्रों को अगर मैं नष्ट करने में सक्षम रहूँ तब इस दुनिया में मेरा अन्तिम चित्र ही मेरा एक चित्र होगा जिसको मैं फाड़ न सका हूँ। जो बचा रहे।

पीयूष :

क्या आपके लिए Elimination की प्रक्रिया का दारोमदार इस बात पर भी तय करता है कि हम अपनी समझ में कहाँ खड़े हैं। यह एक खास तरह से हमारे आने वाले दिनों की गतिविधियों को संचालित भी करने वाली है...

अखिलेश :

हाँ, बिलकुल ठीक बात है।

मैं रंगों में ही भटक रहा होता अगर मैंने दस साल काले रंग में काम नहीं किया होता। यह रंग-समझ रंग छोड़ने से पैदा हुई है। एक वक्त की कमज़ोरी आने वाले समय की ताक़त है। यह हमेशा मेरे साथ होता रहा है। किसी एक क्षण मैंने गलत निर्णय लिया यह जानते ही उसको छोड़ा, छोड़ना निर्णायक मोड़ की तरह सामने आ जाता है। अपना काम जारी रखा। यह जीवन में अनवरत चलती रहने वाली रचना-प्रक्रिया का हिस्सा है। यह अहसास बना रहना चाहिए कि क्या महत्त्वपूर्ण है, क्या छोड़ा जा सकता है?

पीयूष :

लेकिन किसी एक खास मोड़ या क्षण या चरण पर जिन चीज़ों या तत्त्वों को आप जान कर, अपनी समझ से, छोड़ देते हैं तब यह छोड़ना दरअसल अपने में मुकम्मिल तो नहीं ही होता होगा। बहुत सम्भव है कि आगे जाकर–जैसा कि अपने चित्रकर्म के सिलसिले में आपने कहा था–हो सकता है कि आप नीले से प्रवेश करते हो और हरे तक पहुँचते हो जहाँ फिर से एक नीला आपको वहीं मिल जाता है या जैसे कि आपका एक खास तरह से वापस से अपनी पुरानी रंग पद्धति की ओर आना...

अखिलेश :

यहाँ *छोड़ना* तात्कालिक है। उस चित्र के लिए छोड़ा है। हमेशा के लिए नहीं छोड़ा है।

पीयूष :

यह तजना नहीं है...

अखिलेश :

हाँ, तजना नहीं है। आगे जाकर उसके साथ सम्बन्ध बन जा सकते हैं। यह निर्णय तात्कालिक है। एक वक्त के लिए ज़रूरी था, छोड़ दिया। एक चित्र के लिए मुझे लाल रंग छोड़ना ज़रूरी लगा, मैंने छोड़ दिया। हो सकता है अगले चित्र में लाल रंग के ही साथ होऊँ। यह तात्कालिकता अपने ढँग से काम करती है। रचना-प्रक्रिया का हिस्सा बन जाती है।

पीयूष :

जब भी हम एक चित्रकार की समग्र चित्रयात्रा में झाँकते हैं तब बहुधा यह देखते पाते हैं कि उसके चित्र-संसार में अनेकानेक ऐसे दौर या चरण या पड़ाव आते हैं जब एक दौर के मुखर रूझान किसी दूसरे दौर में लगभग

निःशब्द से हैं। कभी कभी कलाकार स्वयं भी अपने काम को कालखण्डों में अनुस्यूत कर लेता है, जैसे इव्स क्ले।

अखिलेश :

कालक्रम की बात ज़्यादातर चित्रकारों के सन्दर्भ में हमेशा चित्रकार के चले जाने के बाद ही देखे गये वर्गीकरण हैं। यह कला आलोचकों ने अपनी सुविधा के लिए बनाए हुए हैं। मुझे नहीं लगता कि पिकासो ने अपने कामों को Pink Period की तरह या Blue period की तरह देखा है। उसने चित्र बनाए हैं। इस बात की चिन्ता नहीं की कि वह गुलाबी रंग से कर रहा है या नीले में। मुझे नहीं लगता है कि कोई चित्रकार Color Pallet/रंग-पट्टिका चुन कर के काम करता है। वह अपने स्वभाव के अनुरूप ही रंग चुनता रहता है और उनमें काम करता रहता है। पिकासो विलक्षण प्रतिभा थी, उन्होंने बहुत सारी चुनौतियाँ उठायीं, चित्रकला में चली आ रही रूढ़ियों को ध्वस्त भी किया। मेरे ख़याल से हर चित्रकार एक तरह से अपनी परम्परा से रिश्ता बनाता है, वह अपनी रूढ़ियों को तोड़ने में ज़्यादा रचनात्मक आनन्द महसूस करता है। जैसे कि पिकासो के चित्र "गुएर्निका" को लें। यह पूरा चित्र श्वेत-श्याम है। यदि आप युद्ध पर कोई चित्र बना रहे हैं तब उसमें लाल रंग आना ही है, पिकासो ने इस रूढ़ि को तोड़ा। युद्ध की विभीषिका को दर्शाने वाला यह चित्र संसार का सबसे ख़ूबसूरत चित्र है। यह चुनौती पिकासो ने ली है, उसमें वे पूरा खरा उतरते हैं। मुझे नहीं लगता कि चित्रकार अपने जीवन के दौरान कोई एक योजना बना कर किसी कालक्रम में काम करते हैं–वे लगातार काम कर रहे होते हैं और उस वक्त के उनके रूझान को सम्भवतः एक कालक्रम की तरह बाद में घोषित कर दिया जाता हो।

पीयूष :

रचना-प्रक्रिया के सन्दर्भ में रज़ा के इस वाक्य को आप किस तरह से लेते हैं कि "एक कलाकार के लिए दैवी शक्तियों का सहयोग बहुत ज़रूरी है।"

आपके लिए यह दैवी शक्तियाँ क्या है?

अखिलेश :

यह हो सकता है कि रज़ा जिन्हें दैवीय शक्तियाँ कह रहे हैं, यह वे शक्तियाँ हैं जो आप साधना से पाते हैं। मसलन आप एकाग्रचित्त होना चाहते हैं, तत्काल हो जाते हैं। मसलन यह कि जब आप चित्र बनाना शुरू करना चाहते हैं तब यह संसार आपके जेहन से चला जाता है। कुछ चीज़ें हैं जो आप को चित्र बनाने के लिए ज़रूरी एकान्त पैदा

करने में सहायक होती हैं। मेरे ख़याल से इन सब को सुचारू रूप से कर पाने के सन्दर्भ में ही रज़ा दैवीय शक्तियों की बात कर रहे हैं। प्रतिभा ईश्वर ने दे दी, बाक़ी माहौल आपको जुटाना होगा कि आप अपने Studio/स्टूडियो में एक ऐसा वातावरण रच सके जो आपके काम करने के लिए सहायक हो। यह भी हो सकता है कि आप अराजकता फैलने दे–आपके दोस्तों के द्वारा, परिवार के द्वारा, परिचितों के द्वारा–लेकिन आप यह नहीं होने देते तो यह दैवीय शक्ति के ही कारण नहीं होने देते।

कोई ऐसी दैवीय शक्ति आपके साथ आ कर चित्र नहीं बनाने लगती है। वह पहले से ही आ गयी है–प्रतिभा के रूप में। उसको पहचान पाना या जब आप काम कर रहे हैं तब इस लायक वातावरण अपने इर्द गिर्द बना सकना, इस सब में जो मदद हो रही है, उन्हें दैवीय शक्ति रूप में शायद रज़ा कह रहे हो।

पीयूष :

अन्तःप्रज्ञा?

अखिलेश :

हाँ, अन्तःप्रज्ञा एक मसला हो सकता है।

किन्तु जैसे प्रार्थना है या रज़ा कहते रहे हैं कि चित्र बनाना मेरे लिए आराधना है। तब मुझे लगता है कि ये ख़ूबसूरत शब्द हैं जिनका चित्र से कोई सम्बन्ध नहीं है या चित्रकार होने से कोई सम्बन्ध नहीं है। चित्र बनाने के बाद पुनरावलोकन करते हुए आप ख़ूबसूरत शब्दों को वहाँ ले आ सकते हैं। मुझे नहीं लगता कि जब आप चित्र बना रहे होते हैं तब वह कोई एक प्रार्थना की अवस्था है। या हो सकता है कि सब लोगों के मन में प्रार्थना की कोई अपनी पद्धति मौजूद हो, मोची की प्रार्थना जूता बनाना हो सकता है। जिसे मैं प्रार्थना कहता हूँ, वह हो सकता है कि, रज़ा के लिए न हो। उनके लिए प्रार्थना का अर्थ वही हो। शब्दों की एक ख़ूबसूरत बात है कि वे धोखा देते हैं। रज़ा साहब जिसे प्रार्थना कह रहे हैं, वह मेरे लिए प्रार्थना नहीं भी हो सकती है। हो सकता है कि मेरे लिए कोई दूसरा कर्म प्रार्थना के रूप में मेरे सामने हो। यह भेद है। पर मैं नहीं मानता कि जो चित्र मैं बना रहा हूँ कोई प्रार्थना है। अन्तःप्रज्ञा का प्रार्थना से, पद्धति से उतना सम्बन्ध नहीं दिखाई देता जितना आकस्मिकता से। इस आकस्मिकता का सभी कलाओं में हस्तक्षेप है। किसी ने कहा है सभी महान कलाकृतियाँ आकस्मिकता से जन्म लेती है। इसमें मेरा साथ मेरे स्वप्न देते हैं। चित्र बन जाने का क्षण रेखांकित करना असम्भव है। यह अन्तःप्रज्ञा ख़ुशबू की तरह है जिसका होना पता चलता है बताना मुश्किल। सभी कलाकार अन्तःप्रज्ञा की अपेक्षा और ख़ुद की उपेक्षा करते हैं।

पीयूष :

अपनी रचना-प्रक्रिया के सन्दर्भ में *आकस्मिकता* से आप किन आशयों की ओर संकेत करना चाह रहे हैं? संयोग या आगन्तुक-गुण या इत्तफ़ाक़ या अहैतुकी कृपा या चमत्कार या रहस्य या कुछ और? Chance या Luck. फ्रांसिस बेकन के लिए यह Accidental इसलिए है कि वे कहते हैं : I don't know how the form can be made. और इसके विस्तार में जाते हैं। एक चित्र की निर्मिति-प्रक्रिया में आपका रचना-संकल्प किस तरह से काम करता है? क्या इसमें आकस्मिकता अपनी अपरिहार्यता ले आती है? दूसरे शब्दों में, Instinct/नैसर्गिक वृत्ति और Intuition/अन्तःप्रज्ञा पर आप कितना भरोसा करते हैं और स्वयं के हस्तक्षेप–जिसे आपने पहले शायद ''करने का अंश'' से अभिहित किया है–पर कितना?

अखिलेश :

मेरी रचना-प्रक्रिया में ''आकस्मिकता'' का इंतज़ार आधार में है। आशय की ओर संकेत उसको जानने के बाद ही किया जा सकता है किन्तु फिर वह आकस्मिकता नहीं बचती। उसका होना ही उसका ख़त्म होना है। वह एक चित्र के सन्दर्भ में प्रकट होती हुई उसी चित्र में अपना अन्त प्राप्त करती है। अगले चित्र में आकस्मिकता का अवकाश भिन्न होगा। चित्र के लिए चित्रकार की पहुँच/approach बदलने के साथ ही आकस्मिकता का रंग-रूप बदल जाने वाला है। इसे भाग्य/Luck की तरह नहीं देखा जा सकता है यह सिर्फ़ मौक़ा/Chance हो सकता है।

फ्रांसिस बेकन रूप को तोड़ने में रूप के होने को नहीं जानने को आकस्मिकता कह रहे हैं। वे अपने चित्रों में प्रचलित परिचित रूप को अपरिचय का ''मुखौटा'' पहना रहे हैं। यही आकस्मिकता है। फ्रांसिस बेकन, पिकासो के रूपभेद पर ही अपना संसार खड़ा करते हैं। उनके चित्रों में रूपाकार की भरमार है और वे उनसे ''अपरिचय'' को प्रमुखता दे रहे हैं।

मेरे चित्रों की निर्मिति में मेरा रचना संकल्प खुला हुआ है। वह खुला रहता है। मैं उन सारी आकस्मिकताओं को पनाह देने के लिए खुला रखता हूँ जो रंगों से, रेखाओं से या इन सब के असंख्य संयोगों से पैदा हो सकने की सम्भावनाओं के साथ उसी वक्त मेरे साथ भटक रही है।

मेरे चित्र बनाना शुरू करते ही इस आकस्मिकता के प्रकट होने के असंख्य द्वार खुल जाते हैं इसलिए मेरा जोर चित्र बनाने के कर्म पर है। यह दावा मैं नहीं कर सकता कि मैं चित्रकार हूँ। मैं एक मज़दूर की तरह अपने घर के दरवाज़े खोलता हूँ और अपना कर्म करता हूँ। इसमें नैसर्गिक वृत्ति और अन्तःप्रज्ञा का वही स्थान है जो आकस्मिकता का

है। स्वयं का हस्तक्षेप ही जानने की शुरुआत है। जानना ही अन्तःप्रज्ञा को जगह दे सकेगा। मेरा भरोसा "करने" पर है। करना ही उस यात्रा की शुरुआत है जो अनन्त है। यह माया या लीला भाव ही प्रमुख तत्त्व है। इसमें खोना, खेलना और ख़त्म हो जाना ही मक़सद है।

पीयूष :

इस सन्दर्भ में चित्र-तकनीक की अपनी भूमिका क्या रहती है?

अखिलेश :

तकनीकी दक्षता हर चित्रकार के लिए ज़रूरी है। एक कुशल कारीगर होना उसके लिए बहुत महत्त्वपूर्ण है। आप जिन रंगों को या जिन भी चीज़ों को बरत रहे हैं–Brush/ब्रश, Pallet Knife/पैलेट नाइफ़ या Roller/रोलर या कुछ और–उनको आप ठीक से बरत पाते हैं या नहीं, इस पर टिका होता है चित्रकार का लक्ष्य। वह जो करना चाहता है उस तक पहुँच सकना कुशल कारीगरी पर टिका है। मुझे लगता है कि एक चित्रकार कुशल कारीगर व तकनीकी रूप से दक्ष पहले होता है/रहता है और फिर वह अपनी अन्तःप्रज्ञा से काम करता है।

तकनीक का उसमें उतना ही महत्त्व है जितना की एक कैनवास के ठीक से खींचे होने का। हालांकि बहुत सारे सन्दर्भों में वह भी इतना महत्त्वपूर्ण नहीं रह जाता। हुसैन के लिए कुछ भी महत्त्वपूर्ण नहीं है–वे हर परिस्थिति में चित्र बनाने की क्षमता रखते हैं। यह उनकी विलक्षण प्रतिभा है। जैसी भी परिस्थितियाँ हो, वे उन सब में अपने को बरत लेते हैं।

पीयूष :

एक कैनवास को आप कितना खींचना पसन्द करते हैं?

एक कैनवास को कसना-तानना आपके लिए क्या है? एक ढीले या कसे हुए कैनवास का असर आप अपने चित्रों में ज़रूर पाते होंगे–इसका सम्बन्ध तकनीक के अलावा क्या आपके अपने स्वभाव व विधियों/ढँगों से भी है?

–अपने लिए आप किस तरह का कैनवास लेना पसन्द करते हैं? किस तरह की गुणवत्ता का? किस तरह के Texture का?

अखिलेश :

मुझे एक तना हुआ कैनवास हमेशा अच्छा लगता रहा है; काम करने के लिए सुविधाजनक लगता रहा है। इसके पीछे (चन्द्रेश) सक्सेना सर का हाथ बहुत ज़्यादा है। कॉलेज के अन्तिम वर्ष में विद्यार्थियों को एक कैनवास

चित्रित करने का मौक़ा मिलता था। सबकी चाहत भी रहती थी कि कैनवास चित्रित करें, मज़ा आएगा! वह इतना महँगा होता था कि आप कर ही नहीं सकते थे। कैनवास चित्रित करना अपने में एक अनुभव की बात थी। उस एक कैनवास को चित्रित करने के पीछे लम्बी तैयारी होती थी। कॉलेज के अन्तिम वर्ष में भी आप एक ही कैनवास करते थे। इसलिए भी करते थे कि इम्तिहान में आपको कैनवास ही चित्रित करना है। यह पूर्वाभ्यास जैसा होता था।

कैनवास कसने को लेकर सक्सेना सर का यह निर्देश रहता था कि कैनवास कसने के बाद ढोलक की तरह मढा हुआ हो। थपथपाने पर उसमें से आवाज़ आए ढमढम। तभी से मुझे एक कसा हुआ कैनवास अच्छा लगता रहा है। कई बार अन्य परिस्थितियों में आप नीचे बिछा कर चित्रांकन कर लेते हैं या दीवार में ठोंक कर। वह अलग मसला है किन्तु एक खिंचा कैनवास चाहिए तो फिर वह ठीक से खिंचा होना चाहिए।

मैं Midium grain/मिडियम ग्रेन के कैनवास इस्तेमाल करना पसन्द करता हूँ। मुझे fine grain/फाइन ग्रेन पसन्द नहीं है जो कि बहुत ही चिकना होता है। मीडियम ग्रेन कैनवास मेरी पहली पसन्द है। उसी को मैं अक्सर चुनता/लेता हूँ। हालांकि हमारे यहाँ कैनवास की उतनी क़िस्में उपलब्ध नहीं हैं जितनी कि यूरोप में या बाहर आपको देखने को मिलती हैं। मिडियम ग्रेन कैनवास यहाँ पर आसानी से मिलता रहा है। शुरू से ही। इस चुनाव के पीछे एक कारण मजबूरी है, दूसरा मुझे इसका Texture अच्छा लगता है। चित्र में एक तरह का टेक्सचर होना मुझे अच्छा लगता है। कैनवास मदद करता है टेक्सचर लाने में। हालांकि इतने साल काम करने के बाद अब वह टेक्सचर लाना भी उतना दूभर नहीं रहा। अब आप एक चिकनी सतह/surface पर भी वह टेक्सचर ला सकते हैं। समय के साथ उन सब बाध्यताओं से परे चले जाते हैं कि किस तरह का कैनवास लें या किस तरह का काग़ज़–यह सब बाध्यता अब नहीं है। फाइन ग्रेन कैनवास भी है तो कोई समस्या नहीं है। माध्यम को अनुरूप बनाना होगा। माध्यम के अनुरूप नहीं चला जा सकता।

पीयूष :

रंगों के लिए आपने बतौर माध्यम एक्रेलिक चुना है। इस चुनाव के पीछे किस तरह के कारण रहे? दूसरे शब्दों में, एक्रेलिक ही क्यों?

फ्रांसिस बेकन के कुछ वाक्य है : With oil paint so fluid, the image is changing all the time while you're working....I don't think that generally people really understand how mysterious, in a way, the actual manipulation of oil paint is. Because moving—even unconsciously moving—the brush one way rather than the other will completely alter the implications of the image.

अखिलेश :

असल में यह इस तरह से महत्त्वपूर्ण नहीं है कि एक्रेलिक ही क्यों। मैंने अन्य माध्यमों में भी काम किया है। एक्रेलिक इस्तेमाल करने का कारण यह है कि जल्दी सूखता है, तैल चित्र नहीं सूखते। जब तैल चित्र बनाता था तब सूखने के लिए दो-तीन दिन रखे रहते थे। उस दौरान उन पर हज़ारों मच्छर चिपक जाते थे। इन मच्छरों के साथ अब मैं क्या करता। एक्रेलिक में यह नहीं होता। एक्रेलिक तेज़ी से सूखता है, उसमें यह ख़तरा नहीं होता। भारतीय मौसम के लिए एक्रेलिक रंग उपयुक्त है। भारत समशीतोष्ण कटीबंधीय देश है।

पीयूष :

लेकिन हर माध्यम का अपना एक अन्तर्निहित स्वभाव भी है जिसे समझना शायद सिर्फ़ एक कुशल कारीगर की भाँति ही नहीं होता होगा क्योंकि यह तो एक तरह से पूर्वशर्त की तरह ही है...

अखिलेश :

यहाँ मैं आदिवासी कलाकारों का उदाहरण रखना चाहूँगा। बस्तर से ढोकरा Casting/कास्टिंग करने वाले कलाकार आते हैं। वे बस्तर में कास्टिंग के लिए पेड़ के किसी रस का इस्तेमाल करते हैं। वे शहर में आते हैं, वह रस उन्हें उपलब्ध नहीं होता। वे मोम का इस्तेमाल कर लेते हैं। माध्यम के बदलने से उनके कथ्य पर कोई फ़र्क़ नहीं पड़ा। एक कुशल कारीगर इन दोनों माध्यमों में अपने को सहज-सरलता से बरत लेता है। हो सकता है कि इस मोम को जानने में दो शिल्प बिगड़ते हो; बिगड़ना जानने की ही प्रक्रिया है। माध्यम को समझने की प्रक्रिया है। हो सकता है कि एक्रेलिक को जानने के लिए आप पचास चित्र बिगाड़ते हो फिर उसके नज़दीक पहुँचते हो। सीखने की प्रक्रिया में माध्यम को जानने के लिए, माध्यम के साथ सम्बन्ध बनता-बिगड़ता रहता है। और फिर उसको पाते हैं। दूसरा कलाकार उसी माध्यम में से कोई दूसरी चीज़ निकाल लेता है।

पीयूष :

दूसरे शब्दों में, उस माध्यम को लगातार बरतते रहने में दरअसल उस छोर तक आने की बात है जिसका कि आपके स्वभाव से ताल्लुक़ है। लेकिन कुछ ऐसे माध्यम भी हैं जिनमें हम यह पाते हैं कि किस तरह तकनीक एक खास तरह से एक कृति को कृति के होने या उसकी निष्पत्ति तक पहुँचने में बड़ी भूमिका अदा करती है। हम मिट्टी को लें। हम देखते हैं कि अलग अलग इलाक़ों की मिट्टी का स्वभाव अलग अलग है। कुछ जगहों की मिट्टी को काम करने के लिए अनुकूल माना जाता है तो कुछ इलाक़ों की मिट्टी को नहीं। जहाँ की मिट्टी अच्छी है वहाँ पर चूँकि

उसे खींचा जा सकता है तो उस इलाक़े में रूपाकार लम्बे पाये जाते हैं जबकि उन जगहों पर जहाँ पर कि मिट्टी इतनी अनुकूल नहीं है, वहाँ की कृतियाँ अपेक्षाकृत लम्बी नहीं है। इसी भांति भट्टी और उसमें पकाने की विधियाँ व पद्धतियों के फ़र्क़ अपनी देश-काल-परिस्थितियों से संचालित व निर्धारित होते हैं। ऐसा लगता है कि वहाँ तकनीक रचना-सामग्री से संचालित हो रही है और उससे स्वयं को गढ़ने लगती है। वही चीज़ अन्ततः उस विशिष्ट इलाक़े की अपने सांस्कृतिक स्वभाव की निर्मिति के केन्द्र में आती लगती है। अब जैसे एक माध्यम के रूप में एक्रेलिक को लें जिसके लिए आपने कहा कि आप उस माध्यम के स्वभाव को जान लेते हैं या जब उसमें उतरते हैं तो टटोलते-तलाशते समय उन गुणधर्मों को पा लेते हैं जो आपका वांछित है। यानी एक कृति की निष्पत्ति-प्रक्रिया में वह माध्यम क्या एक अदृश्य तरह से कहीं कोई एक तात्विक भूमिका निभा रहा है या फिर आप उसे कुछ इस तरह से मिला/घुला लेते हैं कि उससे स्वतन्त्र हो जाते हैं?

अखिलेश :

इस सन्दर्भ में यह ठीक है कि माध्यम की तात्विक उपस्थिति अगर कृति में नज़र आती है तब कलाकार ने अपने माध्यम को अभी समझा नहीं है। उसे अभी इस पर और काम करना चाहिए। मिट्टी के सन्दर्भ में एक तरह की भौतिकता है। हर माध्यम का अपना स्वभाव है। एक आदिवासी कलाकार को इस बात से कोई तकलीफ़ नहीं है। माध्यम को समझने में अगर मिट्टी को खींचा जा सकता है तब वही एक कला का रूप हो, ऐसा ज़रूरी नहीं है। उस मिट्टी में भी ऐसे काम किये जा सकते हैं जिनको खींचने की ज़रूरत न हो। माध्यम का अपना स्वभाव कलाकार के लिए महत्त्वपूर्ण नहीं है। मसलन ऐसे बहुत सारे आदिवासी कलाकार भारत भवन आते रहे हैं जिन्हें यहाँ उपलब्ध मिट्टी जब दी गयी तब वे उसमें अपने को दूसरे ढँग से बरतते रहे, कि उनके काम लगभग उन्हीं की तरह के काम रहे। उस मिट्टी की जैसी भी उपस्थिति है वह महत्त्वपूर्ण नहीं है। कलाकार के लिए महत्त्वपूर्ण यह है कि वह कैसा काम करता है। वह अपने कौशल से उस मिट्टी के भीतर से वह निकाल लेता है जो उसे चाहिए। एक माध्यम के स्वभाव में उस गुण को पा लेना–जो कलाकार के नज़दीक है–उस माध्यम के विस्तार को खोज लेना है। कुछ उस गुण को रखा, कुछ अपने को रखा और फिर अनन्त सम्बन्ध बना। जब मैंने पहली बार रज़ा के चित्र देखे तब मुझे नहीं लगा कि यह एक्रेलिक के चित्र हैं। मैंने वे तैलचित्र ही समझे थे। उन चित्रों में एक्रेलिक की उपस्थिति नहीं थी, रज़ा की उपस्थिति थी। वे रज़ा के ढँग के चित्र थे, एक्रेलिक के ढँग के चित्र नहीं थे। जैसे उनके तैलचित्र या जलरंग चित्र होते हैं, लगभग वैसे ही, उसी के नज़दीक थे। रज़ा ने एक्रेलिक में से वह गुण ढूँढ निकाले जो उन्हें चाहिए थे। यही माध्यम की ख़ूबसूरती है। हर माध्यम में अनन्त सम्भावनाएँ हैं। कलाकार खोज पाते हैं या नहीं,

यह महत्त्वपूर्ण है। कुशल कारीगर व कलाकार माध्यम में से खोज लेता है। खींचने को भी खोज लेता है। मिट्टी को कितना खींचेगा, कहाँ तक जाएगा, कैसा होगा–यह कलाकार जान लेता है। फिर उसी तरह कर लेता है।

कला की कोई भी परिभाषा कलाकार को बाँध नहीं सकती। हम कला को किसी भी तरह से परिभाषित करने की कोशिश करें, वह हमेशा परिभाषा के बाहर खड़ी होगी। चाहे कला माध्यम के जरिये आये, चाहे कथ्य के जरिये आए। यह विपुल कृतियों से भरा संसार है। हर जगह जहाँ अचरज है वहाँ कृति ने एक नये ढँग से अपने को प्रकट किया है। उस वक्त तक की सारी परिभाषाएँ बेकार हो गयी हैं। कृति स्वतन्त्र खड़ी है। अपरिभाषित है। वह रहस्य है। जैसे प्रकृति में रहस्य मौजूद है। एक कलाकार आता है और पिछले वालों के समक्ष अपना देखना खड़ा करता है। ये चीज़ें महत्त्वपूर्ण हैं। अगर लियोनार्दो एक्रेलिक में मोनालिसा बनाते तब भी उतनी ही ख़ूबसूरत बनती जितनी तैलचित्र में है।

या आप मन्दिरों के स्थापत्य को लें। हाल में मैं कम्बोडिया गया था। कम्बोडिया में विष्णु का मन्दिर है। यहाँ जाने से पहले मैंने जितने भी हिन्दू मन्दिर देखे थे–चाहे महाकाल हो या काशी विश्वनाथ या त्रिम्बकेश्वर–सभी छोटी जगहों पर इस तरह से बने हुए हैं कि इनमें अगर दस-पन्द्रह लोगों का एक साथ आना-जाना हो जाय तो ये एकदम भर जाते हैं। अवकाश का जो विचार चर्च और मस्जिदों में देखने को मिलता है वह इन जगहों पर कभी देखने को नहीं मिलता है और मैं हमेशा सोचता रहा हूँ कि ऐसा क्यों है? यहाँ भी वे विशाल प्रांगण वाला मन्दिर बना सकते थे लेकिन इन्हें वैसा नहीं बनाया गया है। हमेशा मुझे लगता रहा है कि इसमें ज़रूर कोई कारण होगा।

कम्बोडिया के इस विष्णु-मन्दिर को देखकर यह विचार कुछ बदले। इतना विशाल मन्दिर मैंने अपने जीवन में नहीं देखा। यह 9-10 वीं सदी का बहुत ही ख़ूबसूरत मन्दिर है। इसकी दीवारों पर महाभारत और रामायण के दृश्य ख़ुदे हुए हैं जो Relief Work हैं। मन्दिर के प्रांगण में चार कुण्ड हैं जो कि वायु, अग्नि, जल और पृथ्वी के प्रतीक हैं। इन कुण्डों में स्नान करने के बाद तीन मंज़िला सीढ़ियाँ आप चढ़ते हैं जहाँ से मन्दिर शुरू होता है। अद्‌भुत वास्तुशिल्प है इस मन्दिर का, इतना विशाल और विस्तृत कि मनुष्य दंग रह जाय।

मुझे लगता है कि यह विशालता का अंश इसी मन्दिर से दुनिया तक पहुँचा।

विशालता का अनुभव ही एक कलाकृति की ताक़त हो सकती है। एक अन्तहीन यात्रा में प्रवेश करा देती है। चाहे वह कविता हो, चित्र या संगीत या मन्दिर का वास्तुशिल्प हो। उसमें आपका अस्तित्व बिला जाता है। आप अपने को नहीं पाते हैं, उसका एक हिस्सा हो जाते हैं। एक अंश बन जाते हैं। वह आपको अपने अन्दर सोख लेता है। यह अनुभव एक अच्छी कलाकृति का गुण है। वह आत्म को अनन्त से मिला देती है।

पीयूष :

क्या यह अनुभूति आपको प्रिय है?

अखिलेश :

हाँ, यह अनुभूति मुझे हमेशा होती है जब मैं कोई एक बढ़िया कविता पढ़ रहा होता हूँ या किन्हीं और रचना-रूपों से गुज़र रहा होता हूँ।

पीयूष :

क्या यह बूँद में सागर-दर्शन जैसा है? या उस बूँद के स्वयं बूँद-रूप के प्रति सजग होना? जब–जैसा कि आपने कहा–विशालता का अनुभव स्वयं में आपको *सोख* लेता है तब उस बूँद-रूप का क्या होता है? उसे लेकर आप स्वयं को किस तरह प्रतिकृत महसूस करते हैं? यह साक्षात्कार...

अखिलेश :

यह कुछ उसी तरह का हो सकता है जैसे एक बूँद का सागर में मिल जाना है। आप उस अनुभव में पहुँच गये हैं जहाँ अनन्त है।

पीयूष :

बूँद-अस्मिता का तब क्या होता है? स्वयं यह बूँद-रूप आपके लिए क्या है?

सम्भवतः देखने के ढँगों में हमारी आत्मान्वीक्षा के सूत्र छिपे हैं। बुद्ध के माता-पिता ने जब बुद्ध से यह कहा कि हमने तुम्हें जन्म दिया है तब उनका जवाब अद्भुत था : उन्होंने कहा कि नहीं, मुझे आपने जन्म नहीं दिया है बल्कि आप माध्यम हैं जिससे मैं आया हूँ। निमित्त-मात्र होना। पर किसका?

ऐसे ही जब D. H. Lawrence/डी. एच. लॉरेंस से एक बच्चे ने यह पूछा कि पेड़ पर पत्ते हरे क्यों हैं? लॉरेंस ने स्वयं को कठिन हालत में पाया। फिर कहा–पत्ते हरे हैं क्योंकि वे हरे हैं।

अखिलेश :

दिक्-काल से परे होना या यह बूँद-इन्द्रियता है, उसका बोध महत्त्वपूर्ण है। बुद्ध है या जीसस या गुरू नानक या मोहम्मद साहब, उन्होंने अपने देखने को विस्तारित किया और ख़ुद को समाहित कर लिया–बूँद की तरह उस सागर में। हो सकता है कि यह कोशिश सम्भवतः मनुष्य मात्र की हो। अगर आप इस तरह देख रहे हैं कि आप एक माध्यम

है जिससे यह चित्र बनने वाला है तब यह देखना, यह अनुभूति, उस "देखने" का प्रारम्भ हो सकता है, बूँद की इन्द्रियगोचरता ख़त्म होने की शुरुआत हो सकती है।

बच्चे ने डी. एच. लॉरेंस से प्रश्न किया कि पत्ते हरे क्यों हैं, उन्होंने कहा क्योंकि वे हरे हैं। इसका जवाब यह भी हो सकता है, क्योंकि वे तुम्हें हरे दिख रहे हैं। मुझे कुछ और दिख सकता है। कोई और रंग मैं वहाँ देख रहा हूँ। डी. एच. लॉरेंस ने चित्र भी बनाए हैं। उन्होंने चित्र बनाए और प्रदर्शनी की, उसका एक Catalouge भी लिखा– उस कैटलॉग में वे सेजां के चित्रों की बात करते हैं। उन्होंने कहा कि ज़्यादातर चित्रकला, जैसी होती आ रही है, वैसी है–प्रथागत है। और मैं सहज-ज्ञान से चित्र बनाना चाहता हूँ जो कि लॉरेंस सम्भवतः नहीं कर पाए। वे अपनी प्रदर्शनी के कैटलॉग में सेजां की बात करते रहे। मुझे लगता है कि यह *सहज-ज्ञान* ही इस बूँद की इन्द्रियबोधकता के ख़त्म हो जाने की जगह है। जहाँ पर–अभिज्ञान–ख़त्म हो रहा है और आप एक सहज अवस्था में है–अन्तःप्रज्ञा से चित्र बना रहे हैं। आप इंतज़ार करते हैं। हुसैन प्रथा से शुरू कर सहजता तक पहुँच जाते हैं। जबकि स्वामीनाथन सहज अवस्था के बग़ैर चित्र बनाना शुरू ही नहीं करते। अम्बादास बग़ैर सहजता के चित्रण शुरू नहीं करते।

आप चित्र देख रहे होते हैं : पता चलता है कि यह चित्रकार सहज ज्ञान से चित्रांकन कर रहा है कि चली आ रही प्रथा से। ज़्यादातर समय यही होता है कि प्रथानुसार बने चित्र दिखते रहते हैं। चित्र बनते हैं वैसे बनाए जा रहे हैं। लेकिन एक चित्रकार की अपनी दृष्टि अन्तर्ज्ञान के बग़ैर नहीं बन सकती। हो सकता है आप प्रथा से बनाना शुरू कर अन्तर्प्रज्ञा पर ख़त्म करें। डी. एच. लॉरेंस यह कभी नहीं कर पाए। उन्होंने सम्भवतः एक ही प्रदर्शनी की और फिर यह जान लिया कि यह उनका क्षेत्र नहीं है। मगर उस कैटलॉग में उन्होंने यह बात दिलचस्प लिखी, मुझे अच्छी लगी–वे मुद्दे को धरातल पर ले आए। आप Van Gogh/वान गॉग के चित्र देखे–वे अन्तर्ज्ञान से चित्रित हुए हैं। उनमें एक तरह का पागलपन है जो बहुत ही सधा हुआ है। यह पागलपन अब नज़र नहीं आता है मगर उन दिनों जिस तरह का चित्रांकन हो रहा था, जो प्रथा थी, वान गॉग ने उसे स्वीकार नहीं किया। उन्होंने नग्न स्त्रियों और राजा, महाराजाओं के व्यक्ति-चित्र नहीं बनाएँ। उन्होंने जूते का व्यक्ति-चित्र बनाया। उन्होंने साधारण लोगों के चित्र बनाएँ। यह क्रान्तिकारी कार्य नहीं था। यह उनका देखना था।

पीयूष :

बूँद वाले रूपक पर लौटे। आपके लिए क्या यह बूँद यानी *स्वयं में रूप* का झर जाना है? महावीर के लिए ऐसा कहा जाता है कि उन्होंने कपड़े उतारे नहीं थे, वे झर गये थे।

अखिलेश :

हाँ, ऐसा कहा जा सकता है।

वह अन्तर्प्रज्ञा जो लॉरेंस के लेखन में थी उसे वे अपने चित्रों में नहीं पा सके।

पीयूष :

अपने चित्र-कर्म के सिलसिले में आप स्वयं सम्भवतः अन्तःप्रज्ञा के आलोक में ही अपने देखने में उतरते हैं–

अखिलेश :

एक चित्रकार की आत्मसंतोष से ज़्यादा आत्मालोचना मदद करती है। एक शैली में बंध जाना आत्म-संतोष का भी प्रमाण है। लगातार आत्मालोचना के दायरे में रहना आपको किसी एक शैली में बंधने न देता हो। चित्र बनाने के बाद यह विचार पकता हो कि यह एक तरह की शैली बंधती/बनती जा रही है, तब आप यह जोख़िम उठाते हैं कि इस दोहराव को छोड़ इसके पार चले जाए। आप छोड़ने की कोशिश करते हैं और छोड़ देते हैं। मेरा ख़याल है यह सारा सुविचारित ही होता है और इसमें अन्तःप्रज्ञा की कोई जगह नहीं है, इसमें अचानक कुछ नहीं है; इसमें आपकी सजगता, चौकन्नापन, आत्म आलोचना, ज़्यादा महत्त्वपूर्ण है। आप देख पा रहे हैं ख़ुद को अपने से बाहर रख कर। मुझे लगता है कि किसी भी कला-कर्म के लिए यह ज़रूरी है। एक लेखक के साथ यह अच्छी सुविधा है कि वह अपनी एक कहानी एक रूप में लिखता है और दूसरी कहानी दूसरे रूप में। आप देखें तो एक अच्छे लेखक की कई कहानियाँ अलग अलग ''रूप'' में लिखी गई कहानियाँ हैं लेकिन उसके अन्दर का प्रवाह उन सब कहानियों को एक कर देता है। आप को पता चलता है कि वह सब किसी एक ही लेखक की लिखी हुई कहानियाँ हैं। यह उसका अपना होना है, उसका अपना देखना है, जो उसकी शैली नहीं है। कांगड़ा के चित्रकार कांगड़ा शैली में काम नहीं कर रहे थे। आधुनिक समय में चित्रकला के सन्दर्भ में यह हो जाता है कि चित्र की उपस्थिति अगर एक तरह से लोगों के बीच जानी जा चुकी है तब चित्रकार यह जोख़िम उठाना नहीं चाहता है कि दूसरी तरह से भी अपने को ढूँढने की कोशिश करे। उसे यह लगता है कि शायद लोग पसन्द न करे। यह मुझे घातक लगता है।

अपने सन्दर्भ में मुझे लगता है कि क्यों न मेरे चित्रों का भीतरी प्रवाह मेरे होने को बतलाये बजाय शैली के। यहाँ पॉल क्ली के चित्रों का उदाहरण मैं रखना चाहूँगा। पॉल क्ली के चित्र एक दूसरे से भिन्न हैं। और तत्काल पता चलता है कि यह पॉल क्ली का चित्र है, उसकी दूसरे चित्र से कोई समानता नहीं है। उसके बहुत सारे चित्र एक

दूसरे के विपरीत खड़े हैं। यहाँ पर–जो "रूप" है–उसने हर बार अलग चुना और उसके चित्रों में व्याप्त भीतरी प्रवाह हर बार उसके होने को बतलाता है। इस जगह पर पहुँचना निश्चित ही मुश्किल है और यह जोख़िम आप आत्मालोचना से ही उठा सकते हैं।

शैली थकान के भी लक्षण हो सकते हैं कि कोई अपनी सफलता को स्वीकार कर ले और फिर उसको दोहराने लगे। इसमें रचनात्मकता की थकान है; अब आप और जोख़िम नहीं उठाना चाह रहे हैं। मैंने जब प्रदर्शनी की तो वह दुनियावी सन्दर्भों में बहुत सफल रही। अगर मैं उसका अनुसरण कर लेता तो शायद दस साल, बीस साल पहले उस जगह, उस मुकाम पर खड़ा होता जिसे सफलता के सन्दर्भ में देखा जाता है। लेकिन वह मेरा लक्ष्य नहीं था। उस वक्त भी जब मैंने शुरू किया था, मेरा लक्ष्य यह था कि दरअसल यह मसला क्या है जहाँ मैं आ गया हूँ और चित्रकला को जानने, समझने में, इसके साथ एक सम्बन्ध बनाने में मैंने किसी भी प्रकार का समझौता नहीं किया। चाहे वह मेरा हुकुम चन्द मिल में काम करना रहा हो या भारत भवन में। दोनों ही जगह पैसे कमाने का जरिया रही हैं जिससे मैं चित्र बनाने का सामान ख़रीद सकूँ। चित्रकला और स्वयं अपने चित्रकर्म के साथ मैंने कोई समझौता नहीं किया। मैं लगातार अपने ढँग से, अपनी तरह से, अपनी समझ से चित्र बनाता रहा। आत्म आलोचना और चौकन्नापन मेरे साथ हमेशा रहा।

पीयूष :

एक कलाकार के लिए आत्मालोचना मददगार होती है लेकिन शैली-सन्दर्भ के अलावा भी कुछ और महत्त्वपूर्ण पहलू व आयाम ज़रूर होंगे। अन्यान्य अभिप्रायों में भी इसकी महत्ता बनी रहती होगी। शैली-सन्दर्भ के अलावा आपके लिए यह आत्मालोचना किन अभिप्रायों में प्रासंगिक है? इसकी अपनी कुछ कसौटियाँ होंगी–परिभाषित या अपरिभाषित? या इसकी प्रकृति instinctive है?

अखिलेश :

आत्म आलोचना स्वभाव हो सकता है। मेरे लिए मूल्य निर्धारण मैं ही करता हूँ। मैं किसी दूसरे के मूल्यों पर अपना रचनात्मक संसार नहीं खड़ा कर सकता। शैली, एक चित्रकार के काम करने का ढँग है जो उसके स्वभाव से बना है। आमतौर पर शैली-सन्दर्भ एक कलाकार के ही ढँग से काम करने का है। उसी के बारे में हम बात कर रहे थे। मैं आत्म आलोचना से आत्म रति के आगोश में नहीं गिरता। यह आत्म आलोचना अपनी अक्षमताओं को सामने रखकर गढ़ी हैं। मेरी अपनी सीमाएँ हैं। मेरी बहुत थोड़ी क्षमता है मसलन मैं हुसैन साहब के रचनात्मक संसार का एक प्रतिशत भी नहीं रच सका यह मुझे पता है। मैं तुलना नहीं कर रहा हूँ यह एक साधारण जानकारी

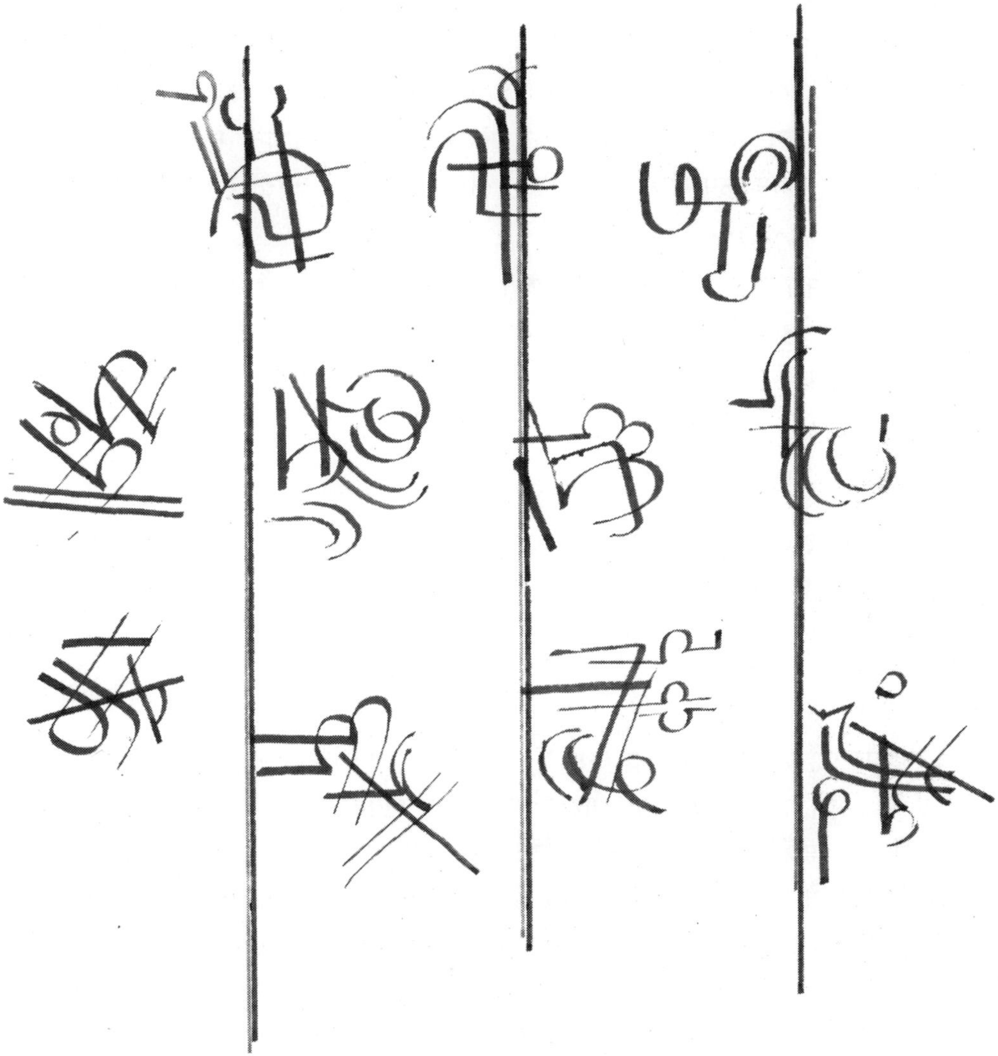

है जो मेरे पास है। मैंने अपने जीवन के पचास वर्षों में से यदि पच्चीस वर्ष नौकरी करने में गंवाये हैं तब मैं किस अधिकार से चित्रकार होने का दावा करता हूँ। यह कुछ प्रश्न हैं जिनका उदाहरण मैं दे रहा हूँ, ऐसे कई प्रश्न हैं जो मुझे समय समय पर याद दिलाते हैं। मेरे समक्ष चित्रकला का विपुल संसार खुला हुआ है जिसमें पूर्ववर्ती चित्रकारों के अद्वितीय चित्र दीख पड़ते हैं। यह सब मेरे प्रेरणा-स्त्रोत हैं एकाग्रता बढ़ाने में। मेरे अपने कर्म में और अधिक एकाग्रता और कम विचलन से ख़ुद को बरतने में यह आत्म आलोचना एक ''तथाकथित शैली'' में न बंधने के लिए उकसाती है। अपने कर्म में ख़ुद को जानने समझने में मदद करती है। लापरवाह और उदासीन नहीं होने देती।

इसी आत्म आलोचना ने मुझे तटस्थ रहने और विषय के क़रीब पहुँचने में मदद की है। इसकी कसौटियाँ निर्धारित नहीं की है। उसे खुला रखना ही मुझे बेहतर लगा। परिस्थितियाँ बदलती रहती हैं और उसमें आप अपने स्वभाव से निर्णय लेते हैं। मेरे यह निर्णय समझौतावादी या अवसरवादी नहीं हो पाते हैं, आत्म आलोचना के सबब से।

पीयूष :

क्या आपने अपने को कभी इस अवस्था में भी पाया है कि अपने को किसी चौराहे पर पाया हो और इस असमंजस में कि अब मैं किस दिशा में जाऊँ?

अखिलेश :

ऐसा मेरे साथ नहीं हुआ।

जब भी किसी चौराहे पर पहुँचा, लगा यहाँ आ चुका हूँ और यहाँ से अब इस तरफ़ जाना है। ऐसा बहुत बार हुआ, शहरों के सन्दर्भ में भी। मुझे परिचित-सा लगा और हर बार ठीक निकला। ऐसी उलझन कभी नहीं आई कि भटक गया हूँ कि पता नहीं अब कहाँ जाऊँ, क्या करूँ। कठिन चुनना ज़्यादा मुफीद है। आसान रास्तों पर आप इस भ्रम के साथ आगे बढ़ जाते हैं कि आपको पता है। किसी चौराहे पर पहुँचने पर पता चले कि आपको पता नहीं है कि यह कहाँ आ गया हूँ, अब कहाँ जाना है। जब कठिन चुना वह कठिनतर होता गया। आपका चौकन्नापन बढ़ जाता है। अपने प्रति और चीज़ों के प्रति। यह दुविधा मुझे कभी नहीं रही कि मैं अब क्या करूँ। मेरे कई चित्रकार दोस्त आकृतिमूलक काम करते हैं। वे अक्सर मुझसे पूछते हैं कि किस विषय पर चित्रण करूँ ! वे एक विषय चित्रित करते हैं पर उन्हें यह पता नहीं रहता है कि आगे कौन से विषय पर चित्रांकन करना चाहिए। मुझे हमेशा आश्चर्य होता

रहा है कि ऐसी कल्पनाहीनता से कैसे चित्रण कर सकते हैं। वह विषय भी कैसे चित्रित कर सकते हैं जिसे अभी कर रहे हैं। चित्रकला का मसला कल्पना का है, विषय का बन्धन है नहीं। आप विषय बना लेते हैं। विषय अन्तहीन हैं। चाहे एक रंग में काम कर रहे हो, चाहे अनेक रंग में काम कर रहे हो, चाहे निश्चित रूपाकार लेकर काम कर रहे हो, चाहे बग़ैर रूपाकार के काम कर रहे हो। यह सारे समय एक क़दम अनन्त में है। कोई चौराहा नहीं है कि दुविधा में फंस जाय कि अब किधर जाऊँ। यह ''किधर जाने'' का संकट मुझे कभी महसूस नहीं हुआ। भटकन में ''किधर जाने'' का प्रश्न ग़ैरवाजिब है।

पीयूष :

आपके जीवन में ऐसा कोई समय कभी नहीं आया जब आपको लगा हो कि एक अन्तराल ऐसा आ रहा है जिसमें आप कैनवास पर नहीं है?

अखिलेश :

एक चित्र बनाना ही चित्र की रचना-प्रक्रिया का हिस्सा नहीं है। वह एक अंश है जिसमें आप चित्र भी बना रहे हैं। जब चित्र नहीं बना रहे हैं तब भी रचना प्रक्रिया से गुज़र रहे हैं। उस आमद का इंतज़ार भी प्रक्रिया है, उसी का एक हिस्सा है। बहुत बार आप काम नहीं कर रहे होते, विचार कर रहे होते हैं। मसलन तीन महीनों के लिए आप यात्राओं में हैं। केवल चित्र बनाना ही महत्त्वपूर्ण नहीं है बल्कि चित्र के बारे में सोचना भी महत्त्वपूर्ण है। इन तीन महीनों में आप सोच रहे हैं। आप खाते वक्त भी कुछ सोच रहे हैं–आपके हर कर्म में–निर्देश मिलने वाला है, विचार करना भी चित्र बनाना है। चित्र के सन्दर्भ में। मैं ऐसे देखता हूँ : चित्र बनाना ही चित्र प्रक्रिया नहीं है।

पीयूष :

क्या हम यह कह सकते हैं कि आपके सम्मुख आत्मसंशयग्रस्त दिन कभी नहीं आए। या ऐसे जानलेवा क्षण जब आपको लगा हो कि अब शायद आप कभी चित्र नहीं बना सकेंगे या...बल्कि बीसवीं सदी की मनःस्थिति की चारित्रिकताओं में यह भी एक बिन्दु...

अखिलेश :

चित्र नहीं बना सकता हूँ–यह कभी मेरे सामने नहीं आया। मैं चित्र ही बना सकता हूँ। कुछ और करना मेरे लिए दुविधाजनक है। कुछ दूसरा करना मेरे लिए ख़ुद को संकट में डालने जैसा है। मसलन मैं मोटरसायकिल

ठीक नहीं कर सकता। यह मेरे लिए पेचीदा काम है। हाँ, समझना शुरू करने पर यह काम मैं उतनी ही शिद्दत से करूँगा जितनी शिद्दत से अपने चित्र बना रहा हूँ। यह ख़तरा बराबर बना रहता है कि अगर किसी दूसरे विषय में रूचि जाग्रत हो गयी तो पता चला कि मैं चित्र बनाना छोड़ कर उसमें शामिल हो गया हूँ।

असमंजस कभी नहीं रहा मुझे। ऐसी दुविधा कभी नहीं रही कि अब क्या करना है। संयोग से इस मामले में चित्र ही मुझे काफ़ी सहारा देते रहे। चित्रित करते वक्त दिशा-निर्देश मिल जाते हैं कि अगले चित्र में यह प्रयास भी कर सकता हूँ। ज़रूरी नहीं कि मैं वैसा करूँ लेकिन एक निर्देश आ ही जाता है। एक रास्ता खुल जाता है। खुले रास्ते पर चलूँ न चलूँ, यह मेरा निर्णय होता है।

चित्र बनाना अपने आपको रोकना है। चित्र न बनाना ही मेरा चित्र बनाना है। मैं एक चित्र बनाना शुरू करता हूँ और उसके संकेतों से अगले चित्र तक पहुँच जाता हूँ। जब तक यह चित्र पूरा नहीं होता, अगला चित्र नहीं शुरू किया जा सकता। मैं यहाँ अपने को रोक लेता हूँ। इस चित्र के पूरा होने तक अपने उन सारे विचारों को स्थगित कर लेता हूँ जो अगले चित्र से सम्बन्धित है। यह स्थगन मेरा स्वभाव है। मान लीजिए कि एक बड़ा कैनवास है जिसे पूरा होने में तीन महीने लगने वाले हैं। तीन महीने तक मैं अगला चित्र नहीं शुरू कर रहा हूँ, यह मुझे पता है इसी वक्त और मिल रहे संकेतों को इस चित्र में शामिल नहीं कर सकता वरना यह चित्र नष्ट हो जाने वाला है। स्थगन, (मेरा) रचनात्मक समय है।

पीयूष :

एक चित्र के बन रहे होने के दौरान–जैसे कि आपने बताया–स्वयं से ही वे संकेत या दिशा-निर्देश मिलना शुरू हो जाते हैं जिन्हें हम इस मायने में विकल्पात्मक कह सकते हैं कि आप चाहे तो उन्हें ले और चाहे तो न अपनाए। चलते चलते ही दरअसल रास्ता निर्मित होता चला जाता है लेकिन इसमें स्वयं इस चित्रात्मकता को लेकर कभी आपको संशय का सामना नहीं करना पड़ा?

अखिलेश :

संशय मुझे कभी नहीं रहा। रचनात्मक संशय ज़रूर रहे हैं। इस तरह के संशय, जिसमें भौतिकता शामिल है, वैसे संशयों ने कभी मेरा पीछा नहीं किया। एक रंग को दूसरे रंग के पास रखते वक्त मैं संशय में होता हूँ कि यह काम करेगा कि नहीं। यह मैं व्यवहार में ला कर देखता हूँ। काम कर जाने पर या नहीं कर जाने पर, दोनों

ही स्थितियों में, आगे बढ़ने का–अगले क़दम का–संकेत छुपा हुआ है। यह संशय बना रहता है कि चित्र बनाते वक्त, रंगों को इस्तेमाल करते वक्त, रंगों को एक दूसरे के पास लाते वक्त, दो रूपाकारों को पास में लाते वक्त, उनके बीच कुछ संवाद शुरू होगा या नहीं होगा। यह रचनात्मक संशय है। दोनों तरह के संशयों में भेद करना उचित होगा। रचनात्मक संशय से मैं घिरा रहता हूँ। भौतिक संशय मेरे साथ नहीं रहे। भीतरी संशय बने रहे हैं।

पीयूष :

क्या आप कभी अपने लिए इस आत्मान्वीक्षा में जाना भी पसन्द करते हैं कि ऐसा क्यों है कि आपके स्वभाव में कुछ खास रंगों व उनकी tones के प्रति आकर्षण अधिक गहरा है?

अखिलेश :

आपकी बात को मैं इस तरह से देखता हूँ : अगर हम Big-Bang के सिद्धान्त पर विश्वास करें। जब Big-Bang हुआ तभी यह तय हो गया था कि मुझे इसी तरह के रंग पसन्द आएँगे। मेरी अपनी कोई दख़ल नहीं है। मेरे अपने पैदा होने बल्कि इस Universe के भी पैदा होने के पहले यह तय हो गया था कि इस घड़ी, इस समय में, यह व्यक्ति ऐसा रंग इस्तेमाल करने वाला है। सो यह मेरी मजबूरी है, मेरा चुनाव नहीं है। स्वाभाविक है कि मैं उन रंगों की तरफ़ चला जाता हूँ जिन रंगों को अपने अवचेतन से उठा लेता हूँ। सम्भवतः दूसरे चित्रकार इन रंगों को न उठाते हो। हो सकता है वे उठाते हो, मुझे नहीं मालूम। यह कहना कि मैं इस तरह के रंग पसन्द करता हूँ एक झूठ होगा। मैं चित्रकला का विद्यार्थी होने के नाते अपने ऊपर चुनाव का बन्धन डाल कर परिभाषित करने की चेष्टा कर रहा हूँ यह अनधिकृत हस्तक्षेप होगा।

पीयूष :

मतलब स्वयं इस compulsion को लेकर किसी तरह का प्रश्नांकन नहीं है या इस अन्वीक्षा में...

अखिलेश :

हाँ। इस अन्वीक्षा में हासिल नहीं है।

पीयूष :

इसको मैं इस तरह से भी रख सकता हूँ कि एक शख़्स यह पाता है कि यह उसका चेहरा है तब यह भी सम्भव

है कि वह शख़्स अपने से लगातार यह पूछे कि यह तो माना या ऐसा लगता है कि यह चेहरा उसका है इसलिए भी कि हर बार वह यह पाता है कि यह उसका चेहरा है लेकिन तब भी वह इस प्रश्नान्वीक्षा की अवस्था में रहे कि यह चेहरा ही दरअसल में उसका चेहरा क्यों है?

अखिलेश :

यह प्रश्न तब प्रामाणिक है जब चेहरा चुनने की स्वतन्त्रता हो। चेहरा हमने चुना नहीं था, वह दिया गया है। दिये गये में कोई दखल नहीं है।

पीयूष :

यानी यह प्रज्ञा है जो यह पा रही है कि ऐसा है।

अखिलेश :

आप कहीं यह नहीं देखते कि व्यक्ति ने अपना चेहरा चुना है। यह चेहरा एक व्यक्ति को मिला है। इस संसार में मौजूद सभी को। मसलन यह मेरा चुनाव नहीं है कि यह सूरज हो या यह चाँद हो या यह धरती हो। हो सकता है मैं इसमें बदलाव करना चाहूँ। यह सारी कायनात प्रदत्त है। मेरी रंगों की समझ भी प्रदत्त/given है। इसीलिए इस प्रश्न–"पत्ते हरे क्यों है?"–का लॉरेंस का जवाब–"क्योंकि वे हरे हैं।"–मुझे ठीक नहीं लगा। लॉरेंस को जैसा दिखता है वैसा हो सकता है मुझे न दिखे। यह जवाब कि *इसलिए कि ये हरे हैं*–इसमें अहंकार है कि लॉरेंस जानता है कि यह हरे हैं। वह कैसे जानता है कि यह हरे हैं? यह एक झगड़ा है। हो सकता है, दूसरों को वे लाल या पीले दिखे या कुछ और। सामान्यीकरण मुझे हमेशा चुभता है। निश्चित तौर पर भला कैसे कह सकते हैं कि कला यही है–हो सकता है कि दूसरे को कुछ और ढँग नज़र आता हो। अन्य का ढँग भी उतना ही प्रामाणिक है जितना कि मेरा अपना यह कहना कि मुझे ऐसा दिखता है। जो मेरा देखना है वही अन्तिम देखना है, यह नहीं हो सकता। वही सत्य है, यह सन्देह मुझे हमेशा बना रहता है। दूसरा भी देख सकता है। प्रामाणिक ढँग से देख सकता है। वह रख नहीं सकता, बस। यह फ़र्क़ है। हर व्यक्ति अपने देखने को अपने ढँग से रखता होगा जिसके बारे में हमें शायद पता नही है। यह कहना मुझे हमेशा अतिरंजित लगता है कि *क्योंकि यह हरे ही हैं*।

अगर हम प्रायोगिक तौर पर परखना-देखना चाहे तब एक बच्चे को हरा रंग या बल्कि सारे रंग दे दीजिए और कहिए कि वह उन्हें वैसे लगाए जैसे वे पत्ते दिख रहे हैं। सौ बच्चे होंगे, वे सौ हरे लगा देंगे, अलग अलग। यह

हमेशा दिलचस्प होता है। देखने के अनुभव को कैनवास पर लाना चाहने में मिलने वाले परिणाम उससे बिलकुल भिन्न होते हैं, जो दिख रहा है। एक सरल उदाहरण कॉलेज में प्रथम वर्ष की कक्षा में मिल जाता है। मेज़ पर एक still life रखा हुआ है–एक फूलदान में चार अलग रंग के फूल। चालीस विद्यार्थी बना रहे हैं। चालीस चित्र बनने पर यह पता चलता है कि सभी चित्रों में फूलों का रंग भिन्न है। मान लीजिए फूलदान में एक नारंगी रंग का फूल भी था। बहुत सम्भव है कि चालीस चित्रों में चालीस तरह के नारंगी रंग हो। आपको पता चलता है कि इस फूल में ऐसा रंग भी छुपा था जो एक विद्यार्थी ने देख लिया। दूसरा रंग भी छुपा था जो दूसरे ने देख लिया। अनन्त सम्भावनाएँ खुल जाती हैं। एक से ज़्यादा रंग अगर रखे गए हैं तब वह रंग अनन्तता में चला गया। देखने और चित्रित करने का भेद हमेशा रहेगा। ''देखना'' चित्रित करने में भेद समाप्त हो जाएगा।

दो

पीयूष :

अब जब आपको यह लगता है कि आप एक ऐसी अनन्तता के अञ्चल में आ गये हैं जहाँ पर विस्तार ही विस्तार है, जहाँ पर आप किसी भी दिशा में जा सकते हैं, तब यह जानने की मेरी जिज्ञासा पहले से अधिक सघन हो रही है कि एक चित्रकार *स्वयं से क्या देखता है?* यह अनन्त-तत्व उसके देखने में किस तरह से विन्यस्त होता है? असल में यह *देखना* क्या है? क्या यह इन्द्रियगोचरता–physicality---है या ऐन्द्रिय-बोध को रूपान्तरित करने वाली बात है या कुछ और?

आपके लिए देखना क्या है?

क्या देखने को परिभाषित किया जा सकता है–खास तौर पर देखने को एक कलाकार के रूप में, एक व्यक्ति के रूप में और एक सहृदय रसिक के रूप में? बल्कि हो सकता है कि तीनों एक ही हो और ये तीनों कोटियाँ या विभेद अप्रासंगिक ही हो?

अखिलेश :

यह बताना तो मुश्किल ही होगा कि एक चित्रकार स्वयं क्या देखता है। मेरे ख़याल से वह *अपना देखना* खोजता भी रहता है। अपने चित्र बनाने के दौरान–उसका यह खोजना–दूसरों के लिए प्रस्ताव है। ऐसा मैं "देखता" हूँ, यह प्रस्तावित है। आप जितने भी चित्रकारों के काम देखेंगे वे कोई अन्तिम बयान की तरह नज़र नहीं आएँगे। चित्रकार ख़ुद ही को किसी एक मोड़ पर जाकर ख़ारिज करता है और कोई दूसरा प्रस्ताव रख देता है। सम्भवतः यह उसके देखने का परिष्कार भी हो सकता है और उसका अपने लिए यह समझना भी कि मैं ऐसे देखता हूँ। वह स्वयं क्या देखता है यह कहना या उसको रेखांकित करना ठीक नहीं होगा। दरअसल, वह उस अनन्तता में चला गया है जहाँ विस्तार है। वह इस विस्तार में ख़ुद को खोज रहा है या अपने "देखने" को खोज रहा है। मुझे यही लगता है कि जब वह लगातार इस अनन्त विचरण में है तब उसके द्वारा बनाया जाने वाला हर चित्र एक प्रस्तावना है। इससे ज़्यादा कुछ नहीं।

लेकिन इतने पर वह ख़ुद भी सहमत नहीं है। हो सकता है कि दो साल बाद वह कुछ अलग प्रस्तावित कर दे। ख़ुद को देखने-जानने की एक निरन्तरता है। अनन्त भूमि में यह विचरण या भटकन उसे कहाँ ले जायेगी, उससे क्या करवाने वाली है यह कहना ठीक नहीं है। भटके हुए की राह कहाँ? इसे रेखांकित मृत्यु के बाद ही किया जा सकता है।

पीयूष :

जब देखना एक तरह का अन्वेषण या खोजना है तब इस खोजने में हम सम्भवतः देख सकते हैं कि भारतीय कला में–जैसा कि कुछ विद्वान यह मानते हैं कि वह इस तरह से इतनी दूर चली जाती है कि वहाँ पर मोक्ष स्वयं में एक साध्य बन जाता है। हालांकि मोक्ष और ब्रह्म का अपना एक सम्बन्ध है और फिर उसी देखने में सम्भवतः मोक्ष स्वयं में Absolute नहीं है लेकिन वह शायद इस एब्सोल्यूट का आत्म-साक्षात्कार है : ब्रह्मनन्द-सहोदर। तब यह देखने और इसी देखने की प्रक्रिया में यह जो खोज है–इस खोज में–मोक्ष तक जाना। भारतीय कला इससे एक खास तरह से प्रतिकृत होती है। आप किस तरह से अपने इस खोजने के अनन्त में उतरते हैं?

अखिलेश :

मुझे नहीं लगता कि चित्रकर्म मोक्ष जैसी अवधारणा को पाने के लिए एक रास्ता है। या चित्रकर्म के रास्ते पर चल कर आप मोक्ष प्राप्त कर सकते हैं। सारी कलाएँ वासनाओं से ओत-प्रोत हैं। यह ज़रूर हो सकता है कि यह वासना,

कलाकार को इस भटकन में उस स्तर पर ले जाय जहाँ वह शारीरिक प्रेम से परे हो जाय। यह मानसिक द्वन्द्व या मानसिक सम्बन्ध है।

रंगों से खेलने में उत्तेजना है। मुझे नहीं लगता कि उत्तेजना का मोक्ष से कोई सम्बन्ध हो सकता है। यह ज़रूर है कि आप एक ऐसी अवस्था में चले जाते हैं जिस अवस्था में इस संसार का कोई ध्यान नहीं रहता। या आप कह नहीं सकते हैं कि यह समय ख़ुद ने बिताया और अनुभव किया। यह हो सकता है कि आप चित्र बनाते वक्त एक ऐसी अवस्था में चले गये जहाँ ख़ुद नहीं रहे। उस चित्र को देखते हुए आपको आश्चर्य होता है कि क्या यह चित्र मैंने बनाया है? या क्या यह मेरे से हुआ है? इस अवस्था में आप जा सकते हैं मगर वह मोक्ष की अवस्था नहीं हो सकती। मेरे ख़याल से मोक्ष और ज़्यादा गूढ़ अवस्था है, मनुष्य-चेतना की। मोक्ष, कला का विषय हो सकता है मगर वह अनुभवजन्य होगा इसका आप दावा नहीं कर सकते। मोक्ष प्राप्त करने का साधन नहीं है चित्रकला। मुझे नहीं लगता कि मोक्ष प्राप्त करने के लिए आपको चित्र बनाना चाहिए या कविता लिखनी चाहिए या संगीत और नृत्य में जाना चाहिए। मोक्ष सम्भवतः तपस्या के किसी ढँग या विधा से प्राप्त किया जा सकता होगा। मुझे नहीं मालूम कि कोई मोक्ष कैसे पा सकता है। मोक्ष पाने के बारे में मैंने कभी सोचा नहीं। इतना ज़रूर है कि जब कोई कलाकार अपने काम में मशगूल है तब वह कई ऐसे कामों से बच गया है मसलन कि कोई हत्या नहीं कर रहा है या किसी बलवे में शामिल नहीं है। इस तरह से वह उन चीज़ों से बचा माना जा सकता है।

पीयूष :

लेकिन यह शायद ऊर्जाओं का Channelization तो नहीं है?

अखिलेश :

मुझे नहीं लगता कि यह ऊर्जाओं को केन्द्रित करने जैसा कुछ है। यह आपके हाथ में नहीं है। आप यह तय नहीं करते कि चित्र आप बनाएँगे। यह प्रतिभा आपको मिली हुई है। यह आप जानते हैं कि आप चित्र बनाते हैं। मैंने पाया कि मैं चित्र बनाता हूँ या मैं चित्रकार हूँ। चित्र बनाने या गड्ढा खोदने के लिए ऊर्जाओं का उपयोग करते हैं।

पीयूष :

और इसमें यह बोध भी है कि यह *वासना* है?

अखिलेश :

हाँ, *वासना* है। मुझे लगता है कि यह उससे परे नहीं है। चित्र बनाने में उत्तेजना है। एक अच्छी कविता जब आप पढ़ते हैं, आप प्रेरित होते हैं। रंग के साथ खेलने या स्वरों के साथ खेलने या शब्दों के साथ खेलने का आकर्षण या मोह वासना का ही प्रकार है। इसे हम परे हटाकर नहीं देख सकते।

मुझे लगता है कि सभी कलाएँ वासना से प्रेरित है। जो कामना है चित्र बनाने की वही कामना है स्त्री के साथ समप्रयोग करने की जिसको रज़ा कह रहे हैं कि प्रेमिका के साथ सहवास करने जैसा है। इसमें मुझे नहीं लगता कि हम मोक्ष जैसी कोई अवस्था प्राप्त करते हैं। चित्रकार के मोक्ष प्राप्त करने का कोई उदाहरण मुझे नहीं याद आता। न ही संगीतकार या लेखक का। हाँ, यह ज़रूर है कि इन लोगों ने समाज को अपनी तरह से गढ़ा है, संस्कृति बनाने में मदद की है। दूसरे शब्दों में, परिष्कार, मनुष्य जाति को दिया है।

मनुष्यता के सभ्यतर होने में सभी कलाओं का वास है।

पीयूष :

एक चित्र जब वासना से प्रेरित है तब इस सृजनधर्मी रागसिक्त मार्ग पर *अस्ति* /Being व *भव* /Becoming की रस्साकशी से क्या आप अपने को प्रतिकृत होता पाते हैं? या आप निरपेक्ष हैं?

अखिलेश :

Being और Becoming की रस्साकशी में उलझने की ज़रूरत मुझे नहीं हुई या कि यह समस्या मेरे सामने कभी नहीं आई या मैंने ऐसा कभी नहीं सोचा कि मुझे चित्रकार बनना है। मैंने हमेशा अपने सपनों में भी ख़ुद को चित्रकार ही पाया। उन दिनों भी जब मैं पढ़ता था, विषय अपरिचित नहीं थे। मेरे लिए "होना" कभी लक्ष्य नहीं रहा। मैं हूँ और मुझे इसमें ख़ुद के साथ खेलना "विषय" लगा। सृजन के मायालोक में रंगों के साथ लीला-भाव ही प्रमुख रहा। मैं जब काले रंग में चित्र बनाता था तब भी उस एक रंग में कई रंगों को देख रहा था और आज जब कई रंगों के बीच हूँ तब भी उस काले रंग से दूर नहीं हूँ।

मेरी चाहना चित्रकार बनने की कभी नहीं रही। चित्रकार को क्या करना चाहिए यह भी मुझे पता नहीं।

पीयूष :

चित्र बनाना आपके लिए–जैसा कि आपने पहले कहा था–अपने पूर्णत्व की ओर बढ़ने जैसा है।

अखिलेश :

नहीं। चित्र बनाना मेरे लिए खेलने जैसा है। लुका-छिपी वाला खेल जिसमें आप छिपते हैं और पाते हैं। खोजते हैं और खोते हैं। मैं रंगों से खेलना पसन्द करता हूँ। उसमें मज़ा आता है। कई बार रंग के प्रयोग/व्यवहार से ख़ुद भी अचम्भित हो जाते हैं कि साधारण नीला Gray/ग्रे हो गया। यह खेलना और पाना, खोजना, खोना चलता रहता है। चित्र बनाने में मुझे हमेशा आनन्द की अनुभूति होती है। मैं प्रार्थना नहीं करता हूँ न मोक्ष की चरम अवस्था देखता हूँ। ऐसा कुछ खोजता भी नहीं हूँ। खेलने में हमेशा आप निश्चिन्त रहते हैं, उसमें जीतने हारने का उद्देश्य या भय नहीं है। आप खेल रहे हैं–कई बार खेल बना, कई बार नहीं बना। आप निश्चिन्त खेलते रहते हैं, चिन्ता नहीं करते। मेरे लिए चित्र बनाना रंगों के साथ निरन्तर खेलते जाना है। यह लुकाछिपी है। इसमें ज़्यादातर आप उन्हीं चीज़ों को नये रूप में पा कर अचम्भित होते रहते हैं। रंग युतियाँ, आकार और इन सबका आलोक/अन्धकार, विस्मय भरा है।

लुकाछिपी के खेल में मैंने देखा कि दरअसल सारे रंगों में सारे रंग हैं। बहुत मज़ेदार है यह खेल। एक चटक पीले में ग्रे भी छुपा हुआ है और अब आप को उसका सन्दर्भ ढूँढना है। किस सन्दर्भ में यह पीला ग्रे है। रज़ा के रंगों के बारे में मैंने लिखा है कि वे लाल में शान्त सफ़ेद देख लेते हैं या सफ़ेद में लाल की चकाचौंध। रज़ा साहब देख लेते हैं या नहीं, यह मुझे नहीं मालूम। वे एक ऐसा लाल रंग लगा सकते हैं जो सफ़ेद की तरह शान्त हो। सन्दर्भ में भले ही न लगा रहे हो मगर वह उनके लगाने के ढँग में छुपा है। उनकी Approach उस रंग के प्रति कुछ ऐसी है कि वह रंग को बहुत ही चटकीला भी लगा सकते हैं और शान्त भी लगा सकते हैं। उन्होंने रंग के दोनों स्वभाव को पकड़ा हुआ है।

मैं अपने चित्रों में देखता हूँ तब मुझे लगता है कि रंगों में बहुत से दूसरे रंग भी छुपे रहते हैं। सभी रंगों में सभी रंग छुपे होते हैं। आप नीले रंग को जलता हुआ-सा लगा सकते हैं। रंगों के यह स्वभाव आप खेल में पाते-खोजते रहते हैं। जब तब मिलते रहते हैं अजूबे की तरह और आश्चर्य का आलोक छोड़ जाते हैं।

पीयूष :

आपके लिए चित्र-कर्म जब एक तरह का लुकाछिपी का खेल है तब क्या यह एक ही तरह का खेल है? या हर बार यह अलग अलग ऐसे खेल हैं जिनके नियम भी परस्पर भिन्न हैं?

अखिलेश :

यह एक ही खेल है, हर बार उसकी जगह बदल जाती है। खेल हमेशा लुकाछिपी का ही रहता है। जब मैं खेलना

शुरू करता हूँ तब शायद यह तय नहीं करता हूँ कि खेल खेलना है। जैसे ही चित्र बनाना शुरू करते हैं, पता चलता है कि आप उस खेल में शामिल है। और इस बार खेल की जगह बदल गयी है। नियम वही है–लुकाछिपी के ही नियम हैं। खोजने और पाने के ही हैं। ढूँढने और खोने के ही हैं।

पीयूष :

या हर बार खेलते खेलते ही नये नियम भी आविष्कृत होते चले जा सकते हैं?

अखिलेश :

नहीं, मुझे नहीं लगा कि आप नये नियम बनाते जाते हैं। फिर तो नियमों का एक संसार खड़ा कर लेंगे। न्याय के लिए नियमों की ज़रूरत है, कला के लिए नहीं। दरअसल, आप एक ऐसा खेल खेल रहे होते हैं जिसके कोई नियम नहीं है। आप केवल खेल-प्रसंग, एक खेल-समय में है। खेल ही उसका नियम हो सकता है। आप पाते हैं कि आप खेल रहे हैं। यह अनुभव होता है कि अब मैं रंगों के साथ खेल रहा हूँ, कि अब रूप के साथ खेल रहा हूँ या कि रेखा के साथ। आप अपने इर्द-गिर्द की इन कुछ चीज़ों के साथ खेल रहे हैं और आप अक्सर पाते हैं। जब मैंने नीले रंग में ग्रे को देखा तब मैं खोज नहीं रहा था–वह अचानक एक सन्दर्भ में नीला, ग्रे जैसा दीखने लगा। आप आश्चर्य से भर जाते हैं। आपने सोचा नहीं था और वह आपको मिल गया। सोच कर आप खेल शुरू नहीं करते हैं। आप अक्सर पाते हैं ख़ुद को खेल के बीच और खेल के दौरान, अचम्भे के रूप में, रंगों को, रंग सम्बन्धों को, रंग संगतियों को।

पीयूष :

हम अक्सर हर खेल में कहीं न कहीं हिंसा के तत्त्व पाते हैं। आपके लिए यह खेल एक अहिंसक क़िस्म का खेल है या इसमें कहीं न कहीं हिंसा है?

अखिलेश :

हाँ, हिंसा है। उसमें हिंसा है और वह आक्रामक ढँग से रंगों को सन्दर्भ में लाने की है। यह रंग के लिए हिंसा है। जब तक आप हिंसा नहीं कर रहे होते हैं तब तक कुछ प्रकट नहीं हो रहा होता है। चित्र बनाने में उत्तेजना का क्षण नहीं मौजूद हुआ होता है। यह हिंसा किसी को नुकसान नहीं पहुँचा रही है, इस हिंसा में किसी की हत्या नहीं हो रही है। इसका स्वरूप मानसिक है, शारीरिक नहीं है। रचना क्षण हिंसा से भरा हुआ है। हिंसा शब्द का राजनैतिक अर्थ न लगायें। हिंसा समप्रयोग में भी है। अंकुरण में भी। जहाँ भी कुछ रचा जा रहा है, नया रूप धरा जा रहा

है, कुछ जन्म लिया जा रहा है वहाँ हिंसा है। एक रंग दूसरे रंग के साथ हिंसा करता है और फिर उसमें कोई सामंजस्य बैठ जाता है। दोनों स्थितियाँ बनती है। उन दोनों में कोई सम्बन्ध बन पाया या नहीं। हिंसा का तत्त्व शामिल है।

पीयूष :

क्या आपको यह लगता है कि यह खेल बिना इस हिंसा के सम्भव नहीं है? फ्रांसिस बेकन का बचपन हिंसक स्थितियों में बीता लेकिन वे कहते हैं कि उनके जीवन की हिंसा, जिस हिंसा के बीचोंबीच वे जीवित रहे, वह चित्र में की हिंसा से भिन्न है। उनका कहना है : When talking about the violence of paint, it's nothing to do with the violence of war. वे अपनी बात को और गहरा करते हुए इसे अस्तित्व की परतों से जोड़ते हैं।

अखिलेश :

चित्र शुरू करने के पहले मैं कैनवास के साथ सम्बन्ध बनाने में लम्बा समय ले लेता हूँ। उसी दौरान मुझे पता चलता है कि यह चित्र इस रंग से शुरू किया जा सकता है। सम्भवतः मुझे कैनवास से भी पता चल रहा होता है। तब मैं शुरू करता हूँ। सामने रखे कैनवास को लें। आज सुबह से मैं काफ़ी देर तक देखता ही रहा कि कौन सा रंग लूँ और इस बीच मैंने बहुत सारे रंग उठा कर इधर उधर रखे। साफ़-सफ़ाई की। लगातार बैठ कर देखता रहा, चलते फिरते सोचता रहा कि कौन-सा रंग लेना चाहिए। उसमें Yellow Ochre लगाया। फिर यलो ऑकर लगाना चाहिए, ऐसा लगा। मैंने लगा कर देखा, वह अच्छा नहीं लगा। थोड़ी देर बाद मैंने पाया कि मुझे Lemon Yellow से काम करना शुरू करना चाहिए। मैंने शुरू किया। अब वह ख़ूबसूरत लग रहा है। आगे उसका क्या होने वाला है, देखते हैं। मगर फ़िलहाल सुन्दर लग रहा है। उसमें एक खेल शुरू हो चुका है जिसमें आप अपने को रखते हैं, छिपाते हैं फिर पाते हैं; रंगों को रखते हैं, छिपाते हैं, फिर वे मिल जाते हैं। वह पीला ही आपको दूसरे ढँग से मिल जाता है।

यह पीला प्रकटन अचम्भे का सबब बन जाता है।

इस तरह यह सम्बन्ध है जो बनता बिगड़ता रहता है। हिंसा व्यक्ति सापेक्ष है।

पीयूष :

अब यह खेल शुरू हो चुका है : इसका सम्बन्ध अवकाश से भी हो सकता है या रंग से या स्वयं उस अदृश्य आवाज़ से भी जो कि अपने से बन रहे चित्र की हो सकती है या बल्कि मैं यह भी जानना चाह रहा हूँ कि यह असल में

एक फलक-अवकाश में रंग व रूप का घट रहा होना है या रंग व रूप की अपनी तलाश अवकाश को जन्म दे रही है? चित्र-संरचना व चित्र-सत्ता की जिज्ञासाएँ। क्या आप इसे आत्म-बोध की प्रक्रिया के रूप में लेते हैं?

–अपनी चाक्षुष भाषा के अनवरत अन्वेषण में?

अखिलेश :

यह आत्म-बोध ज़रूर होता है कि मैं इस तरह से नहीं देखता हूँ। जब आप चित्रित कर रहे होते हैं आपको पता चलता ही है कि यह देखना मेरा नहीं है। आप दूसरा चित्र शुरू करते हैं। उस अर्थ में वो आत्म-बोध है। इस अर्थ में बिलकुल नहीं है कि एक शैली बनाने की कोशिश में ख़ुद को जानने की चेष्टा हो। एक अनन्त अवकाश में जो रूप और रंगों का खेल शुरू हुआ है, जिसमें कई आकार जन्म ले रहे हैं, और कई आकार दूसरे आकारों की तरफ़ इशारा करते हुए नज़र आ रहे हैं। यह सब उसी के भीतर का हिस्सा है, एक अंग है। हम उसको अन्तिम बयान की तरह नहीं देख सकते हैं, जो आत्म-बोध के सन्दर्भ में है। ज़्यादातर समय यही होता है कि लोग चित्र को अपने आत्मबोध के बतौर, एक बयान की तरह रखने/देखने लगते हैं। कहते हैं, यह मनजीत बावा का चित्र है। और यह हो सकता है कि मनजीत बावा भी उसे अपने आत्म-बोध की तरह देखने लगे। मुझे लगता है कि आपको चित्र बनाते वक्त पता चलता है, यह देखना भी आपकी तरह का देखना नहीं है। अभी और ढूँढना होगा। फिर एक अनन्त यात्रा पर चल पड़ते हैं।

यह हो सकता है कि रंग और रूप की तलाश उस अवकाश को नये ढँग से संयोजित कर रही हो। जन्म दे रही है या नहीं, यह कहना मुश्किल है। रंगों का, आकारों का उस अवकाश में एक नया संयोजन आपके समक्ष प्रस्तुत हो गया। यह ही होता है। मगर यह कहना ठीक नहीं है कि वह अवकाश को जन्म दे रहा है। हालांकि कहा जा रहा है। संयोजन एक तत्त्व है जो चित्रकार के स्वभाव से संचारित हो रहा है। ऐसा एक लाल लगेगा कि ऐसा एक नीला आएगा कि ऐसा एक पीला होगा, यहाँ अन्तःप्रज्ञा भी काम कर रही है। यह उसका अपना स्वभाव हो सकता है। हर चित्रकार अलग ढँग से करेगा। हर बार एक नया संयोजन सामने आ जाएगा। उन्हीं तीन रंगों के साथ तीन अलग अलग चित्रकार तीन अलग अलग ढँग के अवकाश को संयोजित करेंगे। यह दिलचस्प है, उनकी अन्तःप्रज्ञा संयोजन बदल रही है।

पीयूष :

अपने चित्रधर्म में यह पहचान कि दरअसल यह खेल ही लुकाछिपी का खेल है क्या आपको बहुत पहले, लगभग अपने पहले ही दौर में, यह आत्म-बोध...

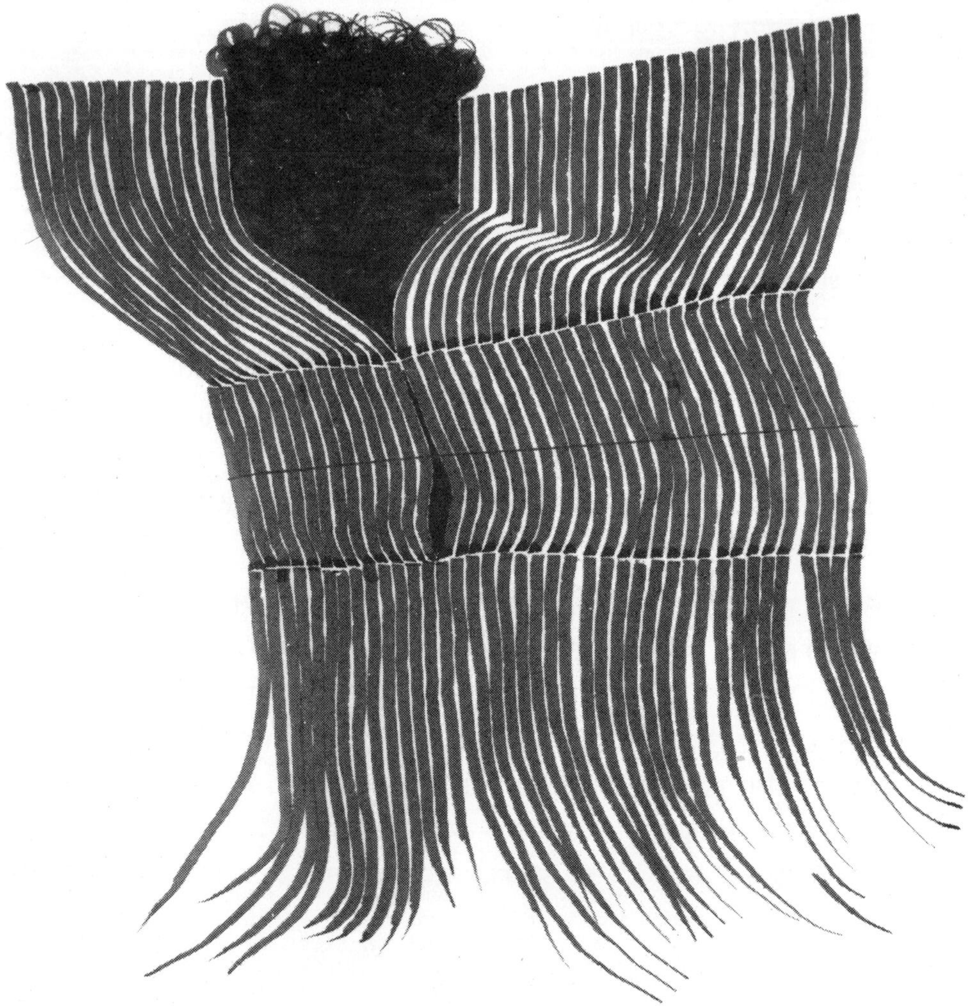

अखिलेश :

हाँ। मुझे बहुत शुरू से लगता रहा है कि मेरा चित्र-कर्म लुकाछिपी का खेल है। शुरुआती दिनों में रंगों पर मेरा झुकाव नहीं था। उस दौर में मैंने आकृतिमूलक चित्र भी बनाए। आकृति बनाना मेरे लिए आसान था। कोई भी चित्र बनाओ, फट से बन जाता। मुझे असमंजस कभी नहीं रहा–रूप या उसके सम्बन्धों या आकार को लेकर। चित्र त्वरित गति से बनते थे। एक तरह का अभ्यास था, चित्र बनाने में कभी अकादमिक ग़लती नहीं होती थी। चित्र जिस तरह से बढ़ाना चाहता, आसानी से कर पाता। मुझे लगा कि चित्र में आकृति बनाना आसान काम है, इसमें कोई चुनौती नहीं है।

उन्हीं दिनों मैंने एक लघुचित्र देखा। चित्र में अमूर्तता का अहसास हुआ। यह लघुचित्र एक अभिसारिका का है। चित्र में अभिसारिका अपने प्रिय से मिलने जा रही है और जंगल के बीच से गुज़र रही है। जंगल में भूत, प्रेत, डाकन, चुडैल, जंगली जानवर, पशु–सब अभिसारिका के इर्दगिर्द हैं। इन सबके बीच वह जा रही है। आप को सहज ध्यान आता है कि इस अन्धेरे में वह अपना रास्ता कैसे देख रही है? चारों तरफ़ गहन अन्धकार है। वह जंगल में से जा रही है। रास्ता कैसे दिख रहा होगा? फिर आपको आसमान में बिजली चमकती हुई दिखाई देती है–उस बिजली की रोशनी में वह अपना रास्ता देख रही है। आपका ध्यान बिजली पर जाता है–वहाँ बिजली की जगह दो साँप दिखते हैं। गोया साँप काम का प्रतीक हो। दरअसल, वह अपनी कामवासना के प्रकाश में जा रही है। इस अमूर्तन ने मुझे झकझोर दिया। चित्र का भाव अमूर्त है : अभिसारिका अपनी कामवासना के प्रकाश में जा रही है। मुझे रोमाञ्च हुआ। यह वह क्षण था जब अमूर्त चित्रों की तरफ़ मेरा ध्यान जाना शुरू हुआ–अमूर्तन संसार की तरफ़। उसके दो साल बाद रज़ा की प्रदर्शनी देखी और ऐसे चीज़ें जुड़ती चली गयीं। कॉलेज में अपनी पढ़ाई के अन्तिम साल तक आते आते मैं अमूर्त चित्र बनाने लगा था। आकृति में चुनौती नहीं थी। बच्चों का खेल जैसा था। चित्र फटाफट बन जाते। मुझे मज़ा नहीं आता। मैं अमूर्तन की तरफ़ आया। मेरा रास्ता कठिन होने लगा।

यह बोध इन्हीं दिनों हुआ कि चित्रकर्म लुकाछिपी का खेल है। आप खोजते और पाते हैं। चाहे रंगों या रूप की संगति पाना हो चाहे आकारों की। यह अनवरत खोज है। आप लगातार खोते-पाते हैं और चमत्कृत होते रहते हैं।

पीयूष :

अपने देखने/खोजने में क्या आप उस ओर जाते हैं जिसमें इस बात के नज़दीक जाने व जानने की कोशिश होती हो कि एक वस्तु स्वयं अपने में क्या है या आपके आत्म से जो किरणें निकलती हैं उसमें यह *देखना* घटता है?

उदाहरण के लिए जैसे एक पेड़ या एक टहनी या एक तने को *देखना* है और यह देखना कई क़िस्म का हो सकता है। एक तरह के देखने में बहुत सम्भव है कि पेड़ में तमाम तरह के रूपाकार नज़र आने लगे या उससे निकलते लगे लेकिन एक दूसरी तरह का ऐसा देखना भी सम्भव है जिसमें यह पेड़ अपने में क्या है—यह जानने-पहचानने का उपक्रम हो। बल्कि एक चीज़ अपने में क्या है, क्या हम इसे जान सकते हैं? या जैसा कि आपने कहा था कि पत्ते हरे इसलिए हैं क्योंकि उस बच्चे को वैसे दिखाई दे रहे हैं। कुछ लोगों के लिए किसी भी चीज़ को उसके अपने स्वरूप में देखना ही सच्चा देखना है, कुछ के लिए आख्यान इससे उलट है।

आपके देखने में मुख्य आग्रह व रूझान किन तरह के अवयवों से बनते हैं? आपकी अपनी चित्रभाषा के साथ इनका ताल्लुक़ क्या बनता है?

अखिलेश :

मेरे देखने में ऊष्मा का भी हाथ है।

मेरे लिए यह महत्त्वपूर्ण है कि देखने में दो रूपाकारों की संगति, दो रंगों की संगति, दो आकारों की संगति का मिलान कैसे हो रहा है। मैं किसी एक रंग को नहीं देख रहा होता हूँ। मैं दो रंगों की युति देख रहा होता हूँ जिससे एक तीसरा दृश्य पैदा हो रहा है। मेरी दिलचस्पी हमेशा दो रंगों या दो रंगों के रूपाकारों या आकारों के पास पास आने पर पैदा हो रही ऊष्मा को महसूस करने व देख पाने में है। मेरे लिए ऊष्मा ऊर्जा की तरह चित्र में मिलती है या मैं उसको पाता हूँ। मुझे मज़ा आता है कि एक रंग के बाद दूसरा रंग आया, कुछ सनसनी हुई, कुछ बवाल मचा, कुछ सुना गया, बस इतना ही।

पीयूष :

यह देखना ही रचने में घट जाना है?

अखिलेश :

नहीं। देखना स्वतन्त्र है। चित्र बनाने में वह दूसरी घटना है।

देखना प्रकृति में हो रहे और घट रहे समय में सारी चीज़ों को देखते रहने से बन रहा है, जिससे आप अचम्भित होते हैं। उसे अपने चित्र में दोहराने की कोशिश करना लगभग असम्भव है। अपने शुरुआती दौर में कभी मैं ऐसा किया करता था कि जो दिख रहा है उसको चित्रित करूँ। मैंने जाना कि असल में हूबहू चित्रित करना महत्त्वपूर्ण नहीं है। जो अनुभूति हुई, वैसा चित्रित करना महत्त्वपूर्ण है। भले यह रंगों के सहारे चित्रित किया जाय या रूपाकारों

के सहारे। महत्त्वपूर्ण यह है कि ''अभिसारिका'' मिलने जा रही है। बाक़ी दुनिया दूसरे तौर पर भी संयोजित हो सकती है। यह अनुभूति जिसमें प्रिय से मिलने की उत्कंठा है, महत्त्वपूर्ण है। अभिसारिका की अनुभूति महत्त्वपूर्ण है न कि उसके इर्दगिर्द बिछा हुआ दृश्य-जगत। प्रकृति में जो अच्छा लगा, जिसने आपका मन मोह लिया, यह अनुभूति आप दूसरे रंगों में भी पा सकते हैं।

मेरे देखने में किसी एक वस्तु या किसी एक रूप को नये ढँग से उद्‌घाटित करने का कोई प्रयास नहीं है कि इस प्याले को मैं ऐसे देखता हूँ या इस वृक्ष को ऐसे देखता हूँ। मुझे इस बात में ज़रूर मज़ा आता है कि एक वृक्ष की अनुभूति को चित्रित करने की कोशिश करूँ।

मैंने ''सहमत'' के लिए एक चित्र बनाया था। दुष्यन्त कुमार की काव्य-पंक्तियों पर : ''जिये तो अपने शहर में गुलमोहर के लिए, मरे तो अपने बग़ीचे में गुलमोहर के लिए।'' यह चित्र हरे और लाल रंग से बना था। चित्र में वृक्ष-रूप जैसा कुछ नहीं था–यह अनुभूति थी कि देखने पर गुलमोहर के पेड़ में प्रमुखतः हरा और लाल रंग नज़र आता है। पेड़ पर शाखाएँ नज़र आती है जो हरी हो सकती है, भूरी भी हो सकती है। मैंने उस अनुभूति को चित्रित किया। वृक्ष की विशालता की अनुभूति मुझे चित्र में हुई। चित्र को जितने लोगों ने देखा, सभी ने सराहा। चित्र में मैंने ऐसा कुछ अभिव्यक्त करने की कोशिश नहीं की कि यह गुलमोहर का पेड़ है जैसा कि काव्य-पंक्तियों में था। इसे रंग-युति कहें या आकारों की संगति कहें–उस वृक्ष का एहसास–मेरे लिए महत्त्वपूर्ण था। यह चित्र मैंने क़रीब 1987-88 के आसपास बनाया था। मेरे लिए देखना हमेशा रूप नहीं है–सम्पूर्णता में वे रंग-संगतियाँ व आकारों की संगतियाँ हैं, जिन सबसे मिलकर वृक्ष बना है। देखना अनुभव है। अनुभव अनुभूत किया जा सकता है।

पीयूष :

क्या यह आपका अपनी अनुभूति के स्वरूप में आना है?

अखिलेश :

हाँ, हो सकता है।

मैं वृक्ष को इसी तरह से देख पाता हूँ। रंगों में/रंग संगतियों में। प्रभाकर बर्वे ने कहा है–''जब आप एक मेज़ देख रहे हैं तब उस वृक्ष की याद आनी चाहिए जिससे यह बनी है।'' यह देखना है जिसमें वृक्ष की स्मृति है और समय है। मैं शायद इस समय को नहीं देख पाता हूँ, न देखने की कोशिश करता हूँ। मैं उस अनुभूति को देखने व पाने की कोशिश करता हूँ जो वृक्ष में है। यह किसी भी समय के वृक्ष में हो सकती है।

पीयूष :

चित्ररत होते हुए यह *अनुभूति* स्वयं में एक मार्ग है या स्वयं में एक साधन या साध्य?

अखिलेश :

साध्य हो सकती है, साधन बिलकुल भी नहीं है।

हम पाँच इन्द्रियों से जितना भी ग्रहण या अनुभव करते हैं, सब अनुभूतियाँ हैं। वास्तविक/यथार्थ जैसा कुछ नहीं है। जब हम देख या चख या सूंघ या स्पर्श कर रहे होते हैं तब समग्रता में अनुभूति ही पा रहे होते हैं। आप एक पेड़ को छूते वक्त पूरे पेड़ को नहीं छूते हैं। आप पेड़ के एक छोटे से हिस्से को छूते हैं, अनुभूति उस पूरे पेड़ की होती है। यह अनुभूति महत्त्वपूर्ण है।

पीयूष :

इसीलिए सम्भवतः आपके अपने चित्रफलक के एक ज़र्रा-व्योम में भी विराट का स्पन्दन या कामवत्ता अपने में व्याप्त हो सकती है या जिसे आपने पहले विस्तार का भाव कहा था।

अखिलेश :

हाँ, हो सकता है।

मिठाई खाते वक्त हम उसके अवयवों को नहीं देखते न उनको पाते हैं। मिठाई यानी समग्रता को पाते हैं। एक छोटे टुकड़े में भी पूरी मिठाई का सारतत्व है। यह ठीक वैसे ही है जैसे एक वृक्ष को छूना उसकी पूरी समग्रता छूना है।

पीयूष :

रंग उतने ही आदिम हैं जितनी की सृष्टि। रंगों पर लगभग हर विद्यारूप ने अपने सन्दर्भों व सिलसिलों में पर्याप्त विचार किया है—मनोविज्ञान से लेकर ज्योतिष-शास्त्र तक ने। हर सभ्यता, समुदाय व संस्कृति ने रंगों को अपने लिए परिभाषित भी किया है। हर चित्रकार रंगों को अपने लिए स्वायत्त करता और उसे अपने विशिष्ट तरह से बरतता-समझता है। यहाँ तक कि कई चित्रकारों की पहचान ही उनके द्वारा अपनाये गये रंगों के कारण है। आपके लिए रंग और उनका होना क्या है? आप रंगों को किस तरह से प्रस्तावित करते व लेते हैं?

आपकी अद्भुत रंग-समझ चमत्कृत करती है। जीवन्त रंगों की नई अर्थाभाएँ : विकीरित ऊर्जा जो रंगों में प्रकट होती है और वे रंग-धुनें भी जो चित्रोच्चारित हैं : अनिर्वचनीय ढँग से निनादित। व्यंजक ऊर्जस्विता।

अनेकानेक रंग-संगतियों की आपसी पारस्परिकता को आप किस तरह से ग्रहण करते हैं? वह क्या है जो रंगों की ओर ले जाता है? :: एक नये रंग का आविष्कार या खोज कैसे सम्भव हो पाती है? बल्कि अगर हम आपके चित्रकर्म के पहले और दूसरे दौर में जाय तो उनमें रंगों को लेकर आपकी जो अन्तःक्रियाएँ हैं वे एक तरह से अपने को उद्घाटित कर रही है या देखने को खोजने के उपक्रम में हैं और अब उसमें काफ़ी व कई क़िस्म के फ़र्क़ नज़र आते हैं। इन फ़र्क़ों की यात्रा के बारे में आप कुछ बता सकेंगे?

अखिलेश :

रंगों के प्रति मेरा आकर्षण जब मैं कॉलेज में पढ़ रहा था तभी बढ़ना शुरू हुआ। और उसमें रज़ा साहब की प्रदर्शनी, जो दिसम्बर 1978 में भोपाल में हुई, की प्रमुख भूमिका है। रज़ा की वह चित्र-प्रदर्शनी देखने हम लोग भोपाल आए हुए थे। जब गैलरी में गया तो मैं चमत्कृत रह गया। वहाँ रंगों का आलोक फैला हुआ था। रंगों को लेकर यह मेरा पहला अनुभव था। पहली बार मुझे यह समझ में आया कि चित्र में रंगों की जगह है। इससे पहले तक मैं रंग को महत्त्व नहीं देता था। रंगों की उपस्थिति का अहसास मुझे पहली बार रज़ा के इन चित्रों को देखकर ही हुआ। मैं चमत्कृत था। मैंने रज़ा साहब से कहा कि क्या आप चित्र मुझे समझाएँगे? उन्होंने उलटा प्रश्न किया कि आप यहाँ कितने दिन हैं? मैंने कहा–तीन दिन हूँ। उन्होंने कहा कि प्रदर्शनी देखिए फिर बात करेंगे। मैंने तीन दिन प्रदर्शनी देखी। सुबह से शाम तक। तीसरे दिन के बाद मुझे ज़रूरत ही नहीं थी कि कोई इन चित्रों को समझाए। मैं उनके आनन्द में डूब चुका था। तीसरे दिन रज़ा साहब ने कहा कि चलिए...उन्होंने भी नोटिस किया था कि मैं तीन दिनों से लगातार गैलरी में ही हूँ। मैंने कहा कि नहीं, अब मुझे सब समझ में आ गया है।

रंगों का महत्त्व समझ आया किन्तु उसे कर पाना बहुत ही मुश्किल हुआ। जब मैं लौट कर इन्दौर आया और मैंने रंगों को इस्तेमाल करना शुरू किया–उस तरह से इस्तेमाल करना शुरू किया जैसे कि मैंने देखा था–तब मैंने पाया कि मेरे सारे प्रयास एक दुर्घटना से ज़्यादा कुछ नहीं है। उसमें कुछ भी नहीं हो रहा है और मैं कुछ भी नहीं कर पा रहा हूँ। हताशा मेरे भीतर आने लगी। दरअसल, विद्यार्थी जीवन में मैं रंगों को इस्तेमाल करने की कोशिश करता था तब ज़्यादातर समय जिस रंग पैलेट को इस्तेमाल कर रहा होता था उसमें कोई जोख़िम नहीं था। ऐसी बहुत सारी रंग-योजनाएँ हैं जिनमें किसी तरह का ख़तरा नहीं है। फिर मैं विद्यार्थी जीवन में था तो इतनी रंगों की समझ भी नहीं थी और आप इस तरह की रंग-योजनाएँ चुनते भी नहीं थे। ज़्यादातर समय वे ही रंग-योजना चुनते थे जो पाठ्यक्रम में आप पढ़ रहे होते थे। रंग की समझ या रंग के प्रति मेरा पहला आकर्षण रज़ा साहब वाली चित्र

प्रदर्शनी ही थी। फिर मेरा झुकाव रंगों का इस्तेमाल करना सीखने की ओर हुआ। रंग इस्तेमाल नहीं कर सकता हूँ, इस अक्षमता का बोध हुआ। फिर मैंने काले रंग को बरतना शुरू किया। लम्बे समय तक मैं उसमें रत-दत्त रहा। उस दौरान मुझे बहुत मज़े आते थे कि सिर्फ़ एक रंग का इस्तेमाल कर रहे हैं और उस एक रंग में कोशिशें बहुत हैं–उसमें पर्सपेक्टिव भी आना है, प्रकाश भी नज़र आए, टोन पैदा करने और नये नये टोन जानना है : मुझे मज़ा आने लगा, जो काले रंग से बनते थे। फिर वे टोन इतने हल्के होते चले गये कि लगभग सफ़ेद की तरफ़ चले गये। उन दिनों के रेखांकन लगभग सफ़ेद हुआ करते थे। फिर आप देखते और पाते थे।

इस तरह काफ़ी साल चलता रहा और मुझे यह अहसास हुआ कि काले रंग में एक उजाला छिपा है। एक रोशनी है, प्रकाश है। वह अनुभव चमत्कृत कर देने वाला था। उस दौरान मैंने कई रेखांकन लगभग सफ़ेद ही किये। इतने हल्के टोन लगा रहा होता था कि उनकी दृश्यता लगभग नहीं होती थी। काले रंग को इस रूप में पाना मेरे लिए अचम्भा था। इस अचम्भे ने मेरे भीतर यह आत्मविश्वास संचारित किया कि हो सकता है और भी रंगों के साथ मैं यह करना चाहूँ तो कर सकता हूँ। धीरे धीरे मैंने रंगों की तरफ़ आना शुरू किया। काले रंग से मैं एकदम रंगों की ओर नहीं आ गया था। बहुत समय तक लगभग monotonus/मोनोटॉनस चित्र बनाता रहा। एक ही रंग के बहुत सारे टोन में काम करता रहा। यह भी उसी तरह का था जैसे कि मैं काले रंग की ही कई टोन में चित्र बनाता रहा था। फिर कभी लाल से करने लगा कभी हरे से।

बहुत समय तक एक ही रंग में चित्र बनता रहा। बनारस शृंखला से रंगों का मैंने इस्तेमाल करना शुरू किया। उसमें बहुत सारी रंग संगतियों के प्रति मेरा आकर्षण और लगाव बढ़ने लगा। उस दौरान रंग को मैं भौतिकीय तौर पर भी कैनवास पर महसूस करने की कोशिश करता था। रंगों का घनत्व दिखाई देता था। बहुत सारा रंग मैं एक ही समय में इस्तेमाल करता था। कैनवास काफ़ी भारी हो जाता था। उन्हीं बनारस चित्रों के दौरान मैंने जाना कि रंगों को घनत्व में लगाने की ज़रूरत नहीं है। दरअसल, रंग की गहनता महत्त्वपूर्ण है न कि रंग का शरीर। फिर मैंने उसकी तीव्रता के साथ खेलना शुरू किया। ऐसे बहुत सारे संयोजन बनते चले गये। रंगों के आपस में, एक दूसरे के साथ। वह मुझे आनन्दित करता रहा और वही मेरा प्रमुख उद्देश्य हो गया कि रंग के साथ खेलना ही मेरा चित्र-कर्म है। उसी को मैं जारी रखे हूँ और उसी में मैं कई तरह से अपने को बरतने की कोशिश करता हूँ। मैं एक ढँग से रंग लगाने की बजाय कई ढँग से लगाने की कोशिश करता रहता हूँ। अगर आप मेरे चित्रों को ध्यान से देखें तो पाएँगे कि काम करने के ढँग में एक से दूसरे चित्र में ज़मीन आसमान का फ़र्क़ है। कोई भी दो चित्र समान ढँग से बने हुए आपको नज़र नहीं आएँगे। सुरक्षित खेल खेलने के बजाय आप खेल बग़ैर नियमों के शुरू करते हैं और उसके नियम उसी खेल के दौरान, उसी खेल के अन्त तक, उसी खेल के लिए ही बनाते हैं। अगले

खेल के नियम फिर से कुछ अलग व नये हो जाएँगे। या कुछ उनका अपना संसार बनेगा। इन सबमें मुझे मज़ा आता है।

मेरे लिए यह कभी भी महत्त्वपूर्ण नहीं रहा कि मैं अपने चित्रों से कुछ हासिल करना चाहूँ। हालांकि अपने चित्रों से हमेशा बहुत कुछ मिलता रहा है। वे ही मुझे दिशा-निर्देश भी देते रहे कि ऐसे जाना चाहिए या कि ऐसे जाया जा सकता है। उस तरफ़ जाने में मैंने संकोच नहीं किया।

जब स्वामी ने लिखा कि भारतीय चित्रकार जोख़िम उठाने से डरते हैं। वे भारत भवन में मेरे शुरुआती दिन थे। स्वामी से इस पर बात भी होती रही कि आपका क्या तात्पर्य है, इस जोख़िम उठाने से। बहुत दिलचस्प बातचीत होती रहती थी। स्वामी आसान उत्तर देने वालों में से नहीं थे। वे इसके दार्शनिक पक्ष में चले जाते थे। यह सारी बातचीत अवचेतन में कहीं न कहीं काम करती रहती होगी और चेताती रहती है जब आप सुरक्षा-कवच में चले/पहुँच गये हैं।

हो सकता है कि कुछ समय तक ऐसा होता रहा हो किन्तु अब वह मेरी आदत सी है। अब आसान रास्तों से मैं कतरा जाता हूँ। अपने लिए कठिन चुन लेता हूँ। आसान नज़र आते रास्तों पर मैं जाता ही नहीं। अनजान और कठिन या दूभर लगते रास्तों पर मैं चले जाता हूँ। मैं अपने प्रति कठोर हूँ, कठिन भी। दोनों ही बातें हैं। कोई चीज़ आसानी से मुझे नहीं पच सकती। मुश्किलें मैं बढ़ाता ही जाता हूँ।

कोई भी काम करने के लिए मैं लम्बे समय तक इन्तज़ार कर सकता हूँ। मुझे इसकी ज़रूरत नहीं महसूस होती कि अभी किया जाना चाहिए या तत्काल ही कर लिया जाय कि काल करे सो आज कर आज करे सो अब। अगर काम नहीं हुआ तब भी ठीक है। बस, मज़ा आना चाहिए।

अन्धेरे में हाथ पाँव मारना सम्भवतः मेरा स्वभाव है–अन्धे कुएँ में कूद जाओ, देखो क्या होता है। जीवन में चाहे कला में। मुझे सुरक्षित खेल खेलने में मज़ा नहीं आता। जब ऐसा लगने लगता है मैं और मुश्किलें बढ़ा लेता हूँ। यह परिभाषित करना मुश्किल है कि मैं कैसे अपना रास्ता कठिन कर लेता हूँ। यह अपने आप हो जाता है। मज़ा आता है कि चुनौती है। गहरी रूचि जाग्रत हो जाती है। कुछ पता नहीं है और सबकुछ पता करना है। इस रूचि से मैं आगे चलता चला जाता हूँ।

पीयूष :

आपकी चित्र-यात्रा का दूसरा पड़ाव या चरण अगर हम बनारस-शृँखला को माने तो उसमें विभिन्न रंगान्वितयों की पारस्परिकता से सामने आने वाले सम्बन्ध उस तरह से मुखर या जटिल जान नहीं पड़ते जितना कि बाद की शृँखलाओं

में। बनारस-शृँखला में रंगों के सन्दर्भ में Mass और Volume की भूमिका अधिक मुखर लगती है। आपकी समग्र चित्र-यात्रा में हम इतने क़िस्म के बहुल फ़र्क़ पाते हैं कि उन पर सिलसिलेवार वार्ता करने का मन गहराने लगता है। उनके आपसी सम्बन्धों व अन्तःसूत्रों पर भी।

अखिलेश :

हाँ, यह दिलचस्प है कि बनारस-शृँखला के चित्रों में मेरा रंग-प्रयोग भिन्न है; उन चित्रों में रंगों को लगाने से पहले उन्हें पैलेट में दूसरे रंग के साथ मिश्रित किया है। उसमें रंग का शुद्धतम रूप पाने का मैंने कभी प्रयास नहीं किया। उन चित्रों में रंग का घनत्व ज़्यादा है। उनमें घुला हुआ प्रभाव देखने को नहीं मिलेगा। बल्कि Body of Color आप अनुभूत कर सकते हैं। इन सब रंगों को मैं पहले पैलेट पर तैयार करता और फिर कैनवास पर ले जाता। अब जो चित्र बन रहे हैं उनमें रंग बनाने की कोशिश नहीं करता। अब रंग-युति मैं सीधे कैनवास पर ही चित्रित कर रहा होता हूँ और ज़्यादातर समय मैं रंग को उसके शुद्धतम रूप में ही लगा देता हूँ। इससे भी एक रंग-युति पैदा होती है, कुछ टोन्स् आ जाते हैं और एक दूसरी तरह की ऐन्द्रिकता, रोचकता पैदा होती है। कैनवास को पैलेट की तरह बरतने में रंगों का व्यवहार बदल गया है। वे चमक में धूमिल हो जाते हैं और धूसर झिलमिला उठते हैं। फिर भी इसका सिद्धान्त नहीं बनाया जा सकता।

पीयूष :

चित्र-फलक-सतहों और Texture में इस सन्दर्भ से भी बहुत फ़र्क़ आया है।

अखिलेश :

बहुत फ़र्क़ आया है।

बीच के एक दौर के कुछ चित्रों में 'body of color' महत्त्वपूर्ण रहा। बाद में मैंने जाना रंग की गहराई महत्त्वपूर्ण है बजाय शरीर के। यह मुझे रोचक लगा। मैंने पुराने ढँग से रंग लगाना बन्द कर दिया। मैं अपने और पुराने रंग लगाने के ढँग पर चला गया। मेरे शुरुआती चित्रों में बहुत पतले रंगों का इस्तेमाल किया गया है मगर उनकी गहनता अक्षुण्ण है। एक तरह से मैंने रंग लगाने के बारे में सीखा फिर उसको अपने लायक न पाया और छोड़ दिया। मैं वापिस अपनी पुराने रंग लगाने की योजना पद्धति पर चला आया हूँ।

जिन दिनों मैं काले रंग से चित्र बना रहा था, उनमें तरलता में एक प्राञ्जलता थी। रंग एक–काला–ही था पर मैं अपनी रंग-योजना तय करता था। वह इतने पारदर्शी होते थे कि एक के ऊपर एक, दो stroke/स्ट्रोक लगाने से

दोनों ही दिखते थे जैसे कि अब इन चित्रों में वापस होता है कि पिछला और अगला दोनों ही स्ट्रोक दिखाई देते हैं। वे उसी तरलता की तरफ़ चले जाते हैं। जब मैं बॉडी ऑफ़ कलर लगा रहा था तब मेरा ध्यान प्राञ्जलता की तरफ़ नहीं होकर उनसे उत्पन्न होने वाले टेक्सचर की तरफ़ था। मुझे टेक्सचरस् में आनन्द आता और मैं उन में अपने को बरतता। बाद में मैंने पाया कि यह टेक्सचर भी मैं उसी तरलता में पा सकता हूँ, उसी पतले और हल्के ढँग से रंग लगाने में और वह प्राञ्जलता भी, जो मेरे पास पहले के चित्रों में थी। काले रंग वाले चित्रों में गहनता भी थी और लालित्य भी। मैंने बाहरी प्रभाव छोड़ दिये और वापस अपने पुराने ढँग से रंग लगाने पर चला गया। यह सहज प्रक्रिया है। इस प्रक्रिया में आप बहुत सारे रंगों से चित्र बनाते चलते हैं। चित्र की तकनीक पर आप उतना ध्यान नहीं देते जितना कि चित्र के कथ्य पर। यह भी सम्भव है कि आप आगे फिर किसी दिन पेस्टल में काम करने लगे।

बनारस शृँखला में जो टेक्सचर है वह रंगों की घनी बुनावट से बनने वाले टेक्सचर थे और वे चित्र-फलक से अपना कोई सम्बन्ध नहीं रखते थे। लेकिन अब जो टेक्सचर है उनका बहुत गहरा सम्बन्ध चित्र फलक से है। चित्र-फलक का इस्तेमाल करते हुए ही टेक्सचर पैदा हो रहा है। अब रंग और कैनवास टेक्सचर का एक हिस्सा भी है और उससे स्वतन्त्र भी है। रंग अपने शुद्धतम रूप में है। इसलिए रंग उस तरह से व्यवहार नहीं कर रहे हैं जैसा कि बनारस शृँखला वाले चित्रों में कर रहे थे। अब वे ख़ुद ही मिल रहे हैं दूसरे ढँग से। अब चित्र-फलक एक पैलेट की तरह भी काम कर रहा है और उसमें जो रंग मिल रहे हैं, वे बहुत तरह से मिल रहे हैं। यह सब मेरे चित्र-खेल का हिस्सा बनता जा रहा है। पहले मैं यह खेल बाहर से खेलता था; अब उसके अन्दर जा कर के खेलने की कोशिश करता हूँ। अब उस रंग के साथ, उस टेक्सचर के साथ, उस ब्रश-स्टोक के साथ, मैं प्रयास करता हूँ कि वह रूप धारण करे। पहले वह एक तरह का विभाजन था और उस विभाजन को मैं रंगों से भरता था फिर उसी विभाजन से एक आयाम पैदा होता था। और उसमें रेखांकन का तत्त्व भी काम करता रहता था। उसमें मैं रेखांकन भी करता था और एक तरह का Perspective उसमें पैदा हो जाता था। यह यथार्थवादी पर्सपेक्टिव से भिन्न होता था। अब चित्रफलक, रंग, रूप, रेखाएँ सब के साथ आप चित्राकाश में है। यह सब एक है और इसी से रूप प्रकट होने वाला है।

पीयूष :

जब आपके चित्रों के रंगों में घनत्व ज़्यादा था तब क्या आप कुछ शिल्प-कृतियों से भी यह प्रभाव ग्रहण कर रहे थे?

अखिलेश :

शिल्प में घनत्व महत्त्वपूर्ण है जिसके साथ एक शिल्पकार सम्बन्ध बनाता है। बडा दिलचस्प है कि तीन/चार मूर्तिकार एक समय में पैदा हुए। ज्याकॉमेती, ब्रांकूसी, हेनरी मूर, और मार्शल दूशां। दूशां को मैं मूर्तिकार नहीं कहूँगा मगर अभी सन्दर्भ में वह बात आएगी। यह तीनों–ब्रांकूसी, हेनरी मूर और ज्याकॉमेती–अलग अलग ढँग से शिल्प में अपने को बरत रहे थे। हेनरी मूर सिर्फ़ आयतन के साथ बातचीत कर रहे थे तो ज्याकॉमेती शिल्प से आयतन हटा रहे थे और ब्रांकूसी की चिन्ता न आयतन था न हटाना या घटाना–वे शिल्प में गति लाने की कोशिश कर रहे थे। और तीनों अपने ढँग से इसमें सफल रहे। जब आप मूर के शिल्प देखते हैं उनमें जबर्दस्त आयतन पाते हैं और ज्याकॉमेती के शिल्प रेखांकन जैसे लगते हैं, उनमें आयतन नदारद ही हो गया है और ब्रांकूसी के शिल्पों में गति आपको नज़र आती है। उसी वक्त मार्शल दूशां इन तीनों घटकों या शिल्प बनाने और इस सारी संरचना के विरुद्ध जो ''बना-बनाया ऑब्जेक्ट''/Readymade Object है उसी को शिल्प की तरह रख रहे थे। उन्होंने शुरू किया फिर बहुत सारे कलाकार उस दिशा में काम करने लगे। मेरे ख़याल से उनके विचार को आगे बढ़ाने में Jeff Koons/जेफ कून्स ने कल्पनाशीलता से काम लिया। वे अभी के मूर्तिकार है और चित्र भी बनाते हैं–''बने-बनाये ऑब्जेक्ट्स'' को लेकर उन्होंने बहुत दिलचस्प प्रयोगधर्मी काम किये हैं। ये सारे कलाकार अपने ढँग से शिल्प में अपने को बरत रहे थे। उसी बरतने में मार्शल दूशां इस बरतने के खिलाफ़ ''*देखने*'' को बरत रहे थे कि देखना ही महत्त्वपूर्ण है और ये मैंने Fountain/फाउंटेन बनाया है जो कि एक Urinal Pot/यूरिनल पॉट था।

मुझे नहीं लगता कि मेरे चित्रों में कोई शिल्प की अनुभूति है और न मैं उसमें कोई आयाम लाने की कोशिश करता हूँ कि वो एक तीसरा आयाम बने और कुछ आयतन नज़र आए या ऐसा कुछ हो कि उसका एक तीसरा आयाम भी बन सके किन्तु जिस अवकाश के साथ मैं व्यवहार कर रहा हूँ उस के साथ वास्तुशास्त्री भी सम्बन्ध बनाता है और शिल्प भी अवकाश में है; मुझे लगता है वहाँ खुला आकाश है या उसकी अनन्तता है और यहाँ कैनवास की अनन्तता है, जिसे आप अपने ढँग से महसूस करते हैं। मेरे चित्रों में तीसरा आयाम हो सकता है, अनुभूति का है। वह आयतन का नहीं है न पर्सपेक्टिव का।

पीयूष :

आपके तीस साल के कामों को देखने पर यह साफ़ लगता है कि चित्र-संरचनाओं में रंगान्वितियों से लेकर अवकाश को बरतने के ढँगों तक में–चाहे वह आयाम-तत्व का सम्बन्ध हो या Perspective का–उल्लेखनीय क़िस्म के फ़र्क़

आए हैं। हाल की चित्र-शृँखलाओं में फलक-सतह पर रंग-संयोजनों का एक खास तरह का Interplay मुखर है। आपकी समग्र चित्र-यात्रा में इन फ़र्क़-चिह्नों को आप किन रूपों में लेते हैं?

अखिलेश :

Linear Perspective में Vanishing Point का विचार है, दूर की चीज़ छोटी, पास की चीज़ बड़ी दिखाई देती है। हमारी आँख लैंस है, देखने में वेनीशिंग पोइंट है–दो समानान्तर रेखाएँ जा कर एक बिन्दु पर मिल जाती है। यह Leonardo Da Vinchi/लियोनार्दो दा विंची ने प्रस्तावित किया था। मेरे ख़याल से मैंने इस सन्दर्भ को कभी खंगालने की चेष्टा नहीं की–लीनियर पर्सपेक्टिव मेरे लिए कभी भी बहुत आकर्षित करने वाला तत्त्व नहीं रहा।

जो पर्सपेक्टिव है वह मेरे बनारस से पहले वाले कामों में और उसके बाद वाले कामों में नहीं है। किन्तु बीच का एक काल-खण्ड़/Period है जिसमें उसकी एक झलक आपको नज़र आ रही होगी। वह मुझे भी नज़र आई थी। मुझे याद है कि जब मैं उन चित्रों को बना रहा था तो आयाम के विचार के साथ खेला करता था, उसमें मज़ा आता था। हालांकि मैंने उसे यथार्थवादी ढँग से रखने की कोशिश नहीं की। न तो वह यथार्थवादी चित्रण था और न ही बनारस को देखने के बाद के चित्र थे। वे उस एक काल्पनिक बनारस के चित्र थे, जिसे मैंने देखा नहीं था। मैं बनारस देखना चाहता था और बनारस गया भी, लेकिन बग़ैर देखे वापस चला आया। इस चित्र-शृँखला की शुरुआत वहाँ से होती है। मैंने काफ़ी समय तक उन चित्रों पर काम किया जब तक मैंने बनारस नहीं देख लिया। मैंने बनारस उस वक्त देखा जब मुझे इसी बनारस-शृँखला के चित्रों की प्रदर्शनी लगाने का मौक़ा मिला। यह मेरे लिए सुखद आश्चर्य था कि बनारस के जितने भी लोग आए उन सभी को चित्रों में बनारस नज़र आ रहा था। यह वह बनारस था जिसे मैंने नहीं देखा था और जो देखा था वह चित्रित न था। बनारस मैंने उस दिन से देखना शुरू किया जिस दिन मैं प्रदर्शनी के लिए वहाँ पहुँचा था। यह चित्र बहुत पहले से बन रहे थे। मैं पहली बार बनारस एक कलाशिविर में गया था। वहाँ जाने से पहले मैंने अपने एक दोस्त श्रीकान्त–वे पखावज बजाते हैं–का पता गुन्देचा बन्धुओं से लिया। यह तुलसीघाट का कोई पता था। रेल में तुलसीघाट के बारे में सोचता रहा कि क्या जगह होगी जहाँ तुलसीदास बैठते होंगे, रामचरित मानस पढ़ते होंगे और लोग सुनने आते होंगे। मुझे लगा कि तुलसीघाट ज़रूर देखना है। जब बनारस पहुँचा, सुबह के चार बज रहे थे। आयोजक मुझे अपनी कार में बैठा कर बनारस के बाहर जे. कृष्णमूर्ति फाउंडेशन के guest house/गेस्ट हाउस ले आये। मैं बनारस देखे बग़ैर बनारस के बाहर राजघाट पर पहुँच गया था। दस दिन हम लोग वहीं रहे। बनारस के चित्रकारों से रोज़ बात चलती रही कि

तुलसीघाट देखना है, और हम जा नहीं पाए। इस बीच, दूसरे तीसरे दिन, मैंने एक चित्र बनाना शुरू किया। चित्र पूरा होने पर मैंने उसका शीर्षक रखा–"तुलसीघाट"। प्रदर्शनी का उद्घाटन करने के लिए बनारस के कमिश्नर आए थे। वे सभी चित्रकारों से यह पूछ रहे थे कि आपने क्या बनाया है। उन्होंने मुझसे भी पूछा कि आपने क्या बनाया है। मैंने कहा–"तुलसी घाट।" बोले, 'नहीं, यह तुलसीघाट नहीं है।' मैंने कहा–"हो सकता है नहीं हो।" समारोह में वे जहाँ बैठे वहाँ सामने मेरा चित्र लगा हुआ था। समारोह कोई दो ढाई घण्टे तक चलता रहा–पुरस्कार वग़ैरह बँटते रहे। समारोह ख़त्म हुआ, वे मञ्च पर से कूदते हुए-से आए और मुझसे बोले–"यह तुलसीघाट ही है।"

यह वाकया बहुत महत्त्वपूर्ण है। उसी व्यक्ति ने चित्र को देखे बग़ैर ख़ारिज कर दिया कि यह तुलसी घाट नहीं है। जब दो ढाई घण्टे लगातार देखा, उन्हें महसूस हुआ कि यह तुलसी घाट है। यह वह तुलसी घाट था जिसे मैंने भी नहीं देखा था, मगर बनाया था। यह तुलसी घाट मैं दस साल बाद जाकर के देखता हूँ। चित्र में अनुभूत यथार्थ है उसका अर्थ है, तथाकथित यथार्थ का नहीं।

पीयूष :

मेरा ख़याल है कि यह अपने अनुभूत यथार्थ का मूर्तीकरण तो नहीं है।

अखिलेश :

यह चेष्टा नहीं है। जो तुलसीघाट मैं बना रहा था वह अनुभूति और आस्था का तुलसीघाट था। वास्तविक तुलसीघाट को जानने का और हूबहू चित्रित करने का मेरा कोई प्रयास नहीं था। मुझे इस विचार से बहुत रोमाञ्च हुआ कि यहाँ एक ऐसी जगह है जहाँ तुलसीदास बैठा करते थे। रामचरित मानस पढ़ते थे और लोग उसको सुनने आया करते थे। कैसी वह जगह होगी–इसकी अनुभूति थी चित्र में। उसमें कोई मकान, घाट, गंगा–ऐसा कुछ भी नहीं बनाया हुआ था।

पीयूष :

कल्पना, स्वप्न और वास्तविकता के सन्दर्भ में इस *अनुभूति* को आप किस तरह से लेते हैं?

बल्कि प्रकृति या किसी भी वस्तु को संसार में देखना, जिसे हम यथार्थ कहते हैं और उससे एक खास तरह का आनन्द मिलना और एक चित्रकार के रूप में, चित्र-फलक पर सृजित से आनन्द मिलना : क्या यह दो अलग आनन्द है? इनके बीच क्या तात्विक क़िस्म का भेद है? मसलन एक चाँद चित्र में है और एक चित्र के बाहर : यह दोनों क्या है? अगर इन दोनों के बीच कोई *भेद* है तो यह भेद आप पर कैसे उद्घाटित होता है?

अखिलेश :

वास्तविकता या कि यथार्थ से प्राप्त अनुभव ही कल्पनाओं को जन्म देता है, ऐसा मुझे लगता रहा है। यह कल्पना ही है जो स्वप्न बुन रही है। वास्तविकता, कल्पना और स्वप्न का अटूट सम्बन्ध है। चित्र का यथार्थ वास्तविकता को कल्पना के सहारे, स्वप्न की तरह, दर्शक के लिए प्रकट कर देता है। चित्रकार जितना कल्पनाशील होगा उतना अजूबा स्वप्न प्रकट करेगा। इस स्वप्न प्रकटन में अनुभव का स्तर अनुभूति तक पहुँचाएगा। ज़्यादातर लोग देखते नहीं हैं। यह मेरा अनुभव है। चित्र एक वास्तविकता है। उसमें चित्रित सतह एक वास्तविकता है। उसकी अनुभूति अवास्तविक है। मोनालिसा में आप जो देखते हैं और जो अनुभूत करते हैं वह यथार्थ और स्वप्न जैसा है। मोनालिसा का मूर्त रूप आपके भीतर अमूर्त अनुभूति जगाता है। यह अनुभव का सार ही महत्त्वपूर्ण है।

मैं दृश्य जगत की नाटकीयता से प्रभावित होता हूँ। हर क्षण वह बदलती जा रही है। यह नाटकीयता रंगों में है। उनके प्रकटन में है। दो रंगों को पास लाने में है। डूबता हुआ चन्द्रमा अत्यन्त नाटकीय होता है। उस का डूबना लोग देखते भी नहीं है। आप के आँगन में लगा आम का वृक्ष उतना ही नाटकीय है, जितनी सहजता से आप उसे बचपन से देखते आ रहे हैं। हम अपने देखने को सहज ही नकारते हैं। देखने का कोई अनुभव व्यक्ति के पास नहीं होता। अचम्भित कर देने वाले दृश्य उसे शब्द मुक्त कर देते हैं। दृश्य की नाटकीयता अतुलनीय है। शब्द संसार तुलनात्मक है।

वास्तविकता दरअसल नाटकीय है। हम अपने ''देखने'' को नहीं देखते। यह नाटकीयता कल्पना से स्वप्न रूप में प्रकट चित्र-पहेली बन दर्शक को लुभाती है। मेरे चित्रों में रंग-रेखाएँ एक रूप को प्रकट करती हैं जो कि आपके आँगन में उगे आम के वृक्ष जितना ही स्वाभाविक है। किन्तु इस रूप की नाटकीयता से आपका सम्बन्ध बचपन से नहीं है इसलिए उलझन पैदा हो रही है। आम का हर वृक्ष उतना ही अपरिचित है। उसमें उतनी ही नाटकीयता है जितनी मेरे चित्र में। हर आम का वृक्ष दूसरे से अलग है किन्तु हम देखने का सरलीकरण कर लेते हैं।

हम अपरिचित, अन्जान, अनभिज्ञ, अपरिमित, असंख्य, अन्यथा, असीमित से डरते हैं। इनका सरलीकरण नहीं हो पाता।

जो चाँद कैनवास पर है और जो चाँद आसमान में है, इनमें कल्पना और यथार्थ का भेद है। अगर हम उस चाँद को, जो आसमान में है, यथार्थ जैसी कोई अवस्था मान ले–जो कि अवधारणा ही है–तो उसका चित्र कल्पना है। इस कल्पना में चाँद का होना इतना महत्त्वपूर्ण नहीं है। चाँद का होना उसके इर्दगिर्द चित्रित संसार से सिद्ध हो रहा

है। कैनवास पर सिर्फ़ चाँद नहीं बना है। आसमान भी है, तारे भी हैं, अन्धेरे में डूबे हुए वृक्ष भी हैं। वहाँ पहाड़ भी हैं, नदियाँ भी हैं। वे लोग भी हैं जो उस चाँदनी में हैं। ऐसे अनन्त संयोजन हो सकते हैं जो उस चाँद के वहाँ होने पर चाँद की कल्पना को साकार कर रहे हो। आसमान के इस वास्तविक चाँद को जब आप निर्दिष्ट कर रहे होते हैं तब आप सिर्फ़ उसका ज़िक्र कर रहे होते हैं जबकि चित्र में उसके साथ का संसार वहाँ मौजूद है और वह चाँद के सन्दर्भ में है। वह कल्पना है अपने सन्दर्भ में। इस मसले पर रेने माग्रित के चित्र देखने चाहिए। यथार्थ और अयथार्थ की यह जो दुविधा है, उसे वह बहुत ख़ूबसूरत ढँग से अपने चित्रों में लाया है। वह सारे समय इसके साथ खेल रहा है कि यह जो शब्द है अण्डा, इसका अण्डे से कोई सम्बन्ध नहीं है; यह आकाश भी हो सकता है। दरअसल, वह प्रश्न कर रहा है। जो शब्द बना हुआ है, वह कुछ और भी हो सकता है। यह शब्द है इसका चित्र से कोई सम्बन्ध नहीं है। रेने माग्रित का प्रसिद्ध चित्र है–"The Treachery of images"। उसमें पाइप चित्रित है। और चित्र में लिखा है यह एक पाइप नहीं है। आप देखें, वास्तव में वह पाइप नहीं है, आप उसको पी नहीं सकते। आप उसे जला नहीं सकते। आप उसके साथ कुछ नहीं कर सकते। आप उसको देख सकते हैं। सो यह पाइप नहीं है। किन्तु एक पाइप के साथ आप यह सब कर सकते हैं। यह एक बात हो गयी, दूसरी यह जो ''पाइप'' शब्द इस पाइप को दिया गया है, यह भी सच नहीं है, वह भी ज़रूरी नहीं है, यानि इसको आप कुछ और भी कह सकते थे। यह रूढ़ि कुछ और भी हो सकती थी। पद और पदार्थ का भेद स्पष्ट है।

पीयूष :

क्या यह वही बात है कि अभी तक जितना भी जाना गया है या एक व्यक्ति ने जितना जान लिया है उससे परे भी, उससे बाहर भी, *कुछ है जिसे* जाना जा सकता है।

अखिलेश :

मेरा ख़याल है कि उससे बाहर ही संसार है। भाषा दरअसल कुछ भी प्रस्तावना नहीं रखती। वह हमेशा एक स्थानीय भाषा है। आप यह दावा नहीं कर सकते हैं कि यह मनुष्यों के लिए बोली जाने वाली भाषा है। कोई भी भाषा छः अरब लोगों के बीच बोली/समझी जाने वाली नहीं है। भाषा की सबसे बड़ी समस्या यह है कि वह सभी मनुष्यों को सम्प्रेषित नहीं करती। कितना ही उत्तम चीनी साहित्य आपके सामने रखा हो वह आपके लिए बेकार है, आपको चीनी भाषा नहीं आती। और उसका अनुवाद हो नहीं सकता। भाषा की एक स्थानियता है; वह छोटे से क्षेत्र में काम करती है–समग्रता में अपने को कभी भी व्यक्त नहीं कर पाती। वह सभी मनुष्य के लिए उपलब्ध नहीं है। वह किसी खास देश व परिस्थिति और काल में रहने वाले लोगों के द्वारा बरती जाने वाली एक स्थानीय भाषा है। संस्कृत के महाकाव्य

उस व्यक्ति के लिए किसी काम के नहीं हैं जो संस्कृत नहीं जानता। ऐसा सभी भाषाओं के साथ है। मेरे ख़याल से इस भाषा की सीमा को रेने माग्रीत रेखांकित कर रहे हैं। लिखा जा रहा आकाश शब्द सम्पूर्ण नहीं है। क्योंकि आकाश कुछ और भी है। इसके अलावा भी है।

पीयूष :

जैसे अशोक जी (वाजपेयी) का एक वाक्य है : भाषा मनुष्य का एकमात्र अनन्त है।

अखिलेश :

बिलकुल सही बात है।

मगर सिर्फ़ उसी भाषा को बोलने वाले मनुष्यों के बीच में। अशोक जी का यह वाक्य एक फ्रेंच व्यक्ति नहीं समझ सकता या जर्मन। क्योंकि यह हिन्दी में बोला गया वाक्य है। इसका अनुवाद असम्भव है।

पीयूष :

बनारस-शृँखला के चित्रों की ओर लौटे तो क्या आपको लगता है कि उन चित्रों में प्रकाश-छाया का खेल उस तरह से व उन मायनों में मुखर नहीं है जितना कि वह बाद में उजागर होने लगता है? अलावा इसके वे चित्र जिस तरह से भावित करते हैं उनमें अनुपस्थिति और ऐन्द्रियता संग मृत्यु और शृँगार या इन चारों तत्त्वों के आपरी विलय रो उपजने वाले भावों की उत्प्रेक्षाएँ....

अखिलेश :

नहीं, अगर आपका संकेत अवसाद की तरफ़ है तो अवसाद को मैंने अपने चित्रों में कभी भी कोई जगह नहीं दी और ना मैंने ऐसा कोई प्रयास किया है कि प्रकाश और छाया का कोई एक संयोजन मैं वहाँ पर लेकर के आया हूँ। मेरे सारे सरोकार या चिन्ताएँ या कर्म का केन्द्र दो रंगों को पास लगाने का है, ऐसे रंगों को जिनकी युति बराबर बैठती हो–जिनके पास आने से शृँगारिक अनुभूति आए जिसे मैं आकारों से नहीं लाना चाहता हूँ और न ही किसी रूप को रख कर के लाना चाहता हूँ। यह मैं रंग से लाना चाहता हूँ हालांकि मेरे बहुत सारे चित्रों में यह रूप से भी आती है।

हैदराबाद में हमारी एक दोस्त है जो कला आलोचक है–अतिया अमजद। बाद में उन्होंने गैलरी खोल ली। उन्होंने ही सबसे पहले मेरे चित्रों में शृँगारिकता को लक्ष्य किया। वे पहली दर्शक थीं, जिन्होंने मुझसे बोला–"अखिलेश

शृँगारिकता तुम्हारे चित्रों का core है।'' दरअसल, मैं प्रयास करता हूँ या मुझे दिखता ही वैसा है, वह अपने आप ही होता जाता है यह कहना मुश्किल है। चित्रों में मेरी इच्छा यह रहती है कि शृँगारिकता मैं रंगों के सहारे ले आऊँ। यह जो ऐन्द्रिकता है उसे मैं रंगों के जरिये प्रकट करने की कोशिश करूँ। उसमें मैं कहाँ तक सफल होता हूँ यह नहीं पता किन्तु प्रयास वही रहता है। एक लड़का लड़की पास आ रहे हो, उसमें जो ऊष्मा है, वैसे ही किन्हीं दो रंगों की युति में हो, उनके पास आने पर वह ऊष्मा संचारित होनी चाहिए। कई बार यह हो भी जाता होगा। उसमें मुझे यह सब नज़र नहीं आता कि काला रंग अवसाद का प्रतीक है–काले रंग में भी आप उतना ही आनन्द ले सकते हैं और काले रंग के दो टोन को भी आप वैसे ही रख सकते हैं जिसमें ऊष्मा संचारित हो जाय। मुझे रूढ़ियों में विश्वास नहीं है। मज़ा आता है जब आप कैनवास पर रंगों के साथ, रूप के साथ, खेल रहे होते हैं। फिर आप को ज़्यादा ख़ुशी तब होती है जब फ्रांस के किसी एक दर्शक ने आपके चित्रों को देख कर एक कविता लिखी। दूसरी संस्कृति में पली-बढ़ी महिला आपके चित्रों से प्रेरणा पा गई। पिछले वर्ष मैं मित्रों के साथ अपने चित्र display कर रहा था। यह दक्षिणी फ्रांस में बारहवीं शताब्दी से बसे गोरबियों की बात है। वह महिला आई और चित्र देखने लगी। उसने मुझसे फ्रांसिसी में कुछ कहा लेकिन फ्रांसीसी मुझे आती नहीं थी सो मैंने कोई जवाब नहीं दिया–वह चित्र देख-दाख कर चली गयी। तीन दिन बाद जब प्रदर्शनी का उद्घाटन हुआ तब उस गाँव के मेयर ने अपने भाषण के आरम्भ में यह कहा कि इन महिला ने अखिलेश के चित्रों को देखकर एक कविता लिखी है, वह मैं पढ़ना चाहता हूँ। मेरे चित्रों में ऐसा क्या था जिसने दूसरी संस्कृति की महिला को इस स्तर पर प्रभावित किया कि वह एक कविता रचती है? ऊष्मा का यह रूपान्तरण–यह एक संस्कृति से दूसरी संस्कृति में चले जाना–उन चित्रों से सम्भव हो सका। उन रंगों से संचारित हुआ। अच्छा लगता है कि आप मुक्त हुए। वैसे ही जैसे कमिश्नर ने कहा कि हाँ, यह तुलसीघाट है। यह कुछ ऐसी ही बात हो जाती है।

सालों से मेरी दो जगह जाने की इच्छा थी, एक बनारस और दूसरा जैसलमेर, और दोनों जगहों पर मैं कभी नहीं गया था। एक दिन हमारे दोस्त गुन्देचा बन्धु अपने दोस्त के साथ आए। वे शायद जैसलमेर या राजस्थान के थे, मुझे यह मालूम नहीं था। वे अमेरिका से आए थे। गुन्देचा बन्धु शाम को उन्हें हमारे यहाँ खाने पर ले आए। मैं उन्हें बनारस-शृँखला के चित्र दिखा रहा था, वे बहुत ध्यान से देखते रहे, और फिर बोले, यह जैसलमेर है। मेरे लिए यह एक और अचम्भा था कि इसमें जैसलमेर कहाँ से आ गया? यह गहनता विचारों की, शायद उसमें परिलक्षित हो गयी हो, परिवर्तित हो गयी हो, और उनको दिखने लगा। वे अपनी युवावस्था से अमेरिका में रह रहे हैं। जैसलमेर की उनकी स्मृति है बचपन की है, वो उसको ही सम्बोधित थे। जैसे कि वह बनारस के लोगों को बनारस की तरह

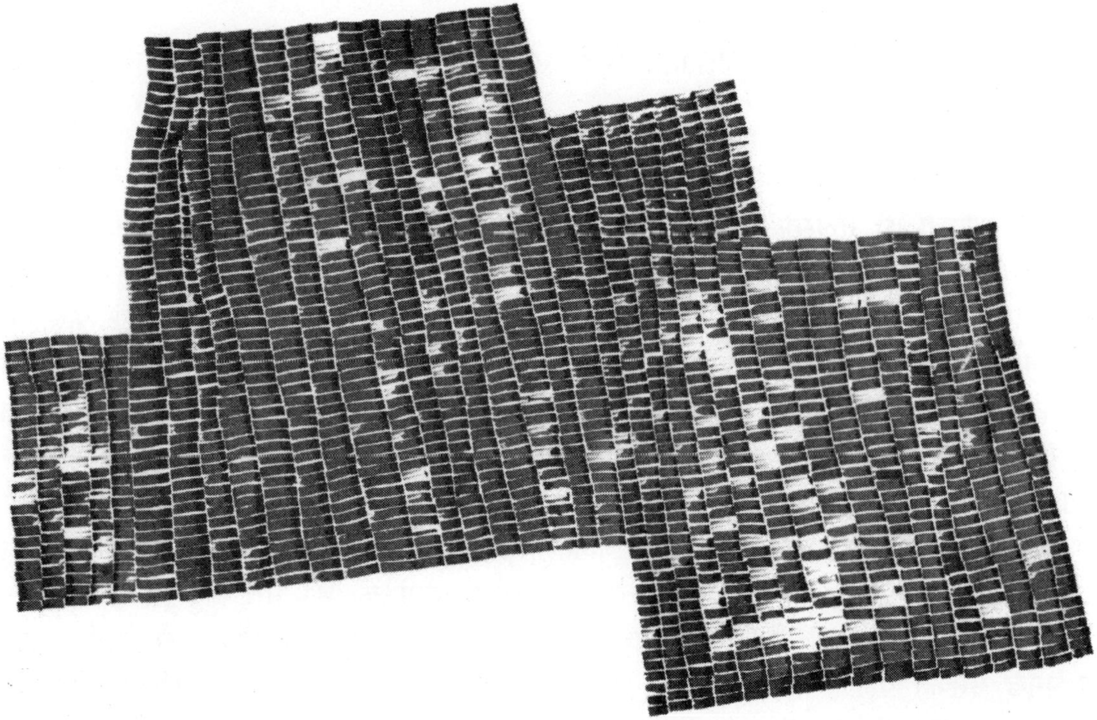

सम्बोधित है। चित्रों को लेकर यह दिलचस्प वाकये हैं जो मेरे साथ हुए हैं। ये सारी घटनाएँ रंगों से हो पा रही हैं। यह बात मुझे चमत्कृत करती है। विश्वास बढ़ाती है और प्रेरणा देती है।

पीयूष :

अपने अर्न्तभूत सरोकारों पर एकाग्रता अनवरत आपका मुख्याधार बनी रही है। हर चित्र मानो अलग धातु से बना है पर सबमें कुछ है जो सबमें कमोबेश समान है।

अपनी चाक्षुष सौन्दर्यदृष्टि व शास्त्र के सन्दर्भ में चित्रकारिता के किन मूल्यों को आप अपने लिए सर्वोपरि मानते व वरीयता देते हैं?

अखिलेश :

मेरी दृष्टि में चित्रकला की सुन्दरता का तत्त्व रंगों से बनता है और उन रंगों के आपसी सम्बन्धों से बनता है। उन रंगों का कैनवास के अवकाश के सम्बन्ध से बनता है। मेरी दृष्टि उसी सम्बन्ध को विस्तार में जानने की कोशिश करती है या उसी के विस्तार को देखने की कोशिश करती है या मैं किन्हीं दो रंगों के पास आने को महसूस करना चाहता हूँ जिसमें ऊष्मा है–जिसमें लालित्य है। मुझे आकर्षित करता है कि चित्र में किन्हीं दो रंगों की एक नयी युति को खोजा जा सके या पाया जा सके या हासिल कर सकें। उनमें शृँगारिकता पैदा की जा सके। अब उसकी शास्त्रीयता आदि के बारे में, वह बनती है या नहीं बनती है, यह मुझे पता नहीं और न ही मैंने कभी इस पर विचार किया है कि इसका शास्त्र सम्बन्ध है या नहीं। यह ज़रूर है कि यह सब इसी परम्परा में आता है जिस परम्परा में मैंने अपने चित्र-कर्म को जाना-समझा और किया है। मेरे चित्रों में मालवा की धरती है। मालवा के रंग हैं। अनुभूति, शृँगारिकता, रहस्य-रोमाञ्च सभी मालवा का है। मेरी अनुभूतियाँ, रंग और सारी समझ मालवा-प्रदेश की है। इन्हीं मालवा लघु चित्रों से आई है। मालवा की लोक-संस्कृति से लड़ती/झगड़ती रही है। मेरा प्रमुख सरोकार यही है कि इन रंगों के साथ एक नये ढँग से अपने को खोजने की कोशिश करता हूँ। ज़्यादातर समय निष्फल ही होता हूँ–आप एक नयी रंग-युति या एक नयी रंग-संगति नहीं ढूँढ पाते हैं। फिर भी बहुत सारे चित्रों में ऐसा हो सका है कि मुझे बहुत ही मज़ा आया–बहुत ही नये ढँग से मैंने किसी एक रंग को पाया।

अब रंगों के साथ इतना मेलजोल और इतना संवाद होने के बाद जब Munich/म्यूनिख में प्रदर्शनी के बाद रंग की दूकान पर हम लोग गये, वहाँ मुझे एक्रेलिक के फ्लोरोसेंट रंग मिले। बाक़ी रंगों की तरह ही मैंने इन्हें भी

ख़रीदा। अब इन फ्लोरोसेंट रंगों को लगाने में मुझे वही सहजता महसूस होती है जो अन्य रंगों को लगाने में होती है। रंग भेद मुझे नज़र नहीं आता। मैं उन सारे रंग को समान रूप से बरतता हूँ–अभ्यास कहें या चेतना कहें या अवचेतन, वह आपको प्रेरित करती है। एक ही रंग के कई टोन आप दूसरे रंग के साथ रखते हैं और फिर नयी रंग-संगति बनती दीखती है। आप उस चित्र में अपना निवेश शुरू कर देते हैं। इस तरह से मेरे लिए चित्र-कर्म या चित्र बनाने की मेरी दृष्टि सब रंगों के इर्दगिर्द ही फैलती चली गयी है–रंग केन्द्र में और बाक़ी सारी चीज़ें गौण हैं। उसमें रूप है, रेखाएँ हैं, आकार हैं और अन्य तमाम चीज़ें हैं। प्रथमतः रंग ही प्रमुख है।

पीयूष :

आपके चित्र-संसार में बहुत बार ऐसा लगता है कि कोई रंग या कुछ रंग-युतियाँ किन्हीं पारम्परिक स्त्रोतों से भी अपना सत्व ले रही है। यह सत्व-ग्रहण या इन रंग-असर के ये अवतरण आपके अपने चित्रों में उस पारम्परिक स्त्रोत से रंग को लेने में उसे–कहीं इस फ़र्क़ व ध्यान के साथ कि–वे कहीं भी उन पारम्परिक रंग-संगतियों या रंगों को जब अपने लिए लेते हैं तब उन्हें कभी भी खण्डित नहीं करते हैं बल्कि एक खास तरह की निर्बन्धता देते हैं। यह निर्बन्धता वह बात जान पड़ती है जिससे कि सत्व-ग्रहण किये गये रंग आपके अपने रंग में आ जाते हैं। हो सकता है कि यह अटकल-बात आपके रंग-दर्शन का प्रस्थान बिन्दु बनती हो कि उसमें किसी...या चित्र-चेतना में सांस्कृतिक व्याप्ति को भी वे एक तरह से तोड़ देते हैं लेकिन उनका–आपके रंगों का–यह तोड़ना जो है वह एक छोर पर तो पारम्परिक स्त्रोतों से अपना सत्व ले भी रहा है और फिर उन्हें अक्षुण्ण भी बनाए रख रहा है, लेकिन...

अखिलेश :

चित्रकला की परम्परा किसी एक देश-काल की नहीं है, किसी एक परिस्थिति की नहीं है। इस परम्परा में लियोनार्दो भी है और वान गॉग भी। पिकासो, मातीस भी है। स्वामीनाथन, हुसैन और रज़ा भी है। यह सब एक परम्परा में ही काम कर रहे हैं और यह सब लोग पुनःपरिभाषित करते हुए, अपना रूप पाते हुए, एक निरन्तरता में लगातार परम्परा के निर्वहन के प्रमाण के रूप में, आपके सामने मौजूद हैं। अब आप इस चित्रकला परम्परा के साथ कितना सहज सम्बन्ध बना सकते हैं यह आप पर निर्भर करता है। आप उसको कितना समझते हैं, कितना आत्मसात् करते हैं, क्या अपने लिए रखते हैं और क्या छोड़ देते हैं, ये सब भी इसमें शामिल रहता है। यह एक विशाल परम्परा है जिसमें भीम बैठका से लेकर आज तक के चित्रकारों तक आप चले आते हैं। यह प्रमाण रूप मौजूद है। इन के साथ

आपके सम्बन्ध का क्या होता है या आप उनको कैसे अपने चित्र में बरतते हैं या नहीं बरतते हैं, यह एक अलग बात है मगर एक तरह की संक्षिप्तता आपके पास रहती ही है। आप उसको पुनःपरिभाषित करते हैं या उसके साथ एक नया सम्बन्ध बनाते हैं। यह सम्बन्ध बनाना हमेशा स्थानीय स्तर पर की जाने वाली गतिविधियाँ हैं। दरअसल आप अपनी स्थानीयता को सार्वभौम कर देते हैं। यह सार्वभौमिता–इन पूरी परम्पराओं के साथ–लड़ती-झगड़ती अपनी जगह बनाती है।

मेरे ख़याल से यह काम किसी आलोचक का हो सकता है कि कैसे वह इसको ढूँढता-समझता-देखता है कि मसलन हुसैन साहब ने क्या किया है जो इस दुनिया की चित्रकला की परम्परा के सन्दर्भ में परिभाषित होता है। यह देखने का काम किसी एक चित्रकार का काम नहीं है। वह अपना काम करता रहता है और हुसैन की चित्रकला से अपनी तरह का सम्बन्ध बनाता है। वह चित्रों में परम्परा को पुनःपरिभाषित करता हुआ समकालीन स्थानीयता का समावेश करता है।

पीयूष :

स्थानीयता का यह सार्वभौम विस्तार जिसमें सम्भवतः यह दोनों किसी एक शब्द में घुल जाते हैं–

अखिलेश :

यह स्थानीयता चित्रकार ने परवरिश में पाई है। इस स्थानीयता का सन्दर्भ उसका संसार है। सोचने-समझने-देखने का उसका स्थान है। इस स्थानीयता के सहारे वह एक सम्बन्ध चित्रकला से बनाता है, सार्वभौमिता से। मेरे ख़याल से यही सार्वभौमिता मनुष्यता को सम्बोधित है। यही स्थानीयता सार्वभौम हो जाती है।

पीयूष :

जिसे कि आपने चित्रकला की परम्परा कहा?

अखिलेश :

हाँ।

जो कि एक परम्परा है। परम्परा को चित्रकार पुनःपरिभाषित करता है–अपनी स्थानीयता के अंश घोलता है। सबसे अच्छा उदाहरण पिकासो का उपलब्ध है। वह स्पेन से आया, पेरिस में रहा और उसने कभी अपनी स्थानीयता को छोड़ा नहीं। लगातार उसका चित्रण करता रहा और यह चित्रण सार्वभौम हुआ।

पीयूष :

आपके चित्रों को लेकर मुझे बराबर यह लगता रहा है कि उनमें एक खास तरह की स्थानीयता है लेकिन वह एक निर्बन्ध स्थानीयता है।

अखिलेश :

यह कुछ वैसा ही है जैसे कोई व्यक्ति नोर्वे से चलकर मालवा पहली बार आया हो। मालवा का सौन्दर्य उसको प्रभावित करने ही वाला है। तब वह क्या तत्त्व है, वह क्या चीज़ है, जो उसको प्रभावित कर गयी है या उसको सुन्दर लगी है। मैं अभी भी, जो कुछ भी कर रहा हूँ, वह सारी समझ मालवा के रंगों की ही समझ है, वह मेरी स्थानीयता की ही घुट्टी है। जहाँ एक दूसरा दृश्य फैला हुआ है। बहुत ही गड्डमड्ड-सा, धूसर-सा जिसमें कोई रंग अपनी वैयक्तिक्ता में नहीं है। और उस धूसर में बहुत ही चटख रंग पहने हुए स्त्रियों का आना-जाना भी आप देखते हैं। उस धूसर रंग के साथ उस चटख रंग का एक सम्बन्ध बनता हुआ आपको नज़र आता है। मेरे चित्रों में लगभग वो ही होता है। ज़्यादातर समय इन्हीं की संलग्नता होती रहती है। धूसर रंग है, मरा हुआ रंग है और दूसरा खिला हुआ रंग है। इन दोनों के बीच का एक सम्बन्ध दर्शक ढूँढते, पाते हैं। यह उस वक्त, जब आप चित्र बना रहे थे, तब नहीं देख पाते थे या आपका इतना खुला हुआ विचार भी नहीं था। या आपके सामने एक ही लक्ष्य था कि एक ख़ूबसूरत Landscape/लैण्डस्केप/भूदृश्य बनना चाहिए। अब आप देख पाते हैं या देख रहे हैं कि असल में यह मालवा की महक है। इन दो रंगों के आपसी सम्बन्धों की सुन्दरता है। उसको छोड़ते नहीं है, आप उसी के साथ चलते रहते हैं। मेरे ख़याल से यही स्थानीयता सबको प्रभावित करती है। सभी के लिए उतनी ही आकर्षित हो जाती है जितनी की मेरे लिए।

पीयूष :

तब स्थानीयता महज़ एक Reference-Point नहीं है।

अखिलेश :

यह सन्दर्भ-बिन्दु नहीं है। यह अवचेतन में बैठी हुई है। यह सन्दर्भ यथार्थवादी चित्रण में सम्भव है। मेरे चित्र मालवा के दृश्यचित्र नहीं है। मैं उसी के बीच बड़ा हुआ और मैंने उसी को देखा है। मेरा अनुभव-संसार वही है। अब वह ख़ुद को प्रकट करता रहता है। मैं उसको पुनर्संयोजित करता हूँ। यह पुनर्संयोजन ऐसा नहीं होता कि आप इसे जानकर कर रहे हो। जब चित्र बना रहा होता हूँ तब मेरे मन में यह नहीं होता है

कि कोई एक धूसर रंग लगाकर चटख रंग लगाऊँ। ख़ुद को न दोहरा पाने की मेरी अक्षमता ही मेरे सृजन का केन्द्र है।

पीयूष :

शायद इसलिए भी स्थानीयता एक बन्धन न होकर एक अजस्त्र शक्ति व ऊर्जा-स्त्रोत है।

अखिलेश :

हाँ, अपनी अनुभव सम्पदा है। या जिसे शक्ति या स्त्रोत कहें या ऊर्जा से भरा हुआ एक केन्द्र कहें। मगर मेरा ख़याल है कि यह काम तो किसी कलालोचक का ही है। यह मेरे लिए भी कहना मुश्किल है कि बन्धन है या नहीं।

पीयूष :

एक चित्रकार का अपना अनुभव-वितान एक खास तरह से उसकी अपनी स्थानीयता से बना है और उससे वह संवाद की स्थिति में लगातार बना रहता है लेकिन यह उसका महज़ कोई एक बीता समय या अतीत नहीं है बल्कि वर्तमान है। वर्तमानता की यह स्थानिकता अपने चित्रलोक में आप किस तरह से प्रकट होता हुआ अनुभूत करते हैं? इस के संग अपने सम्बन्ध पर क्या आप कुछ कहना चाहेंगे?

अखिलेश :

जब मैं चित्र बना रहा होता हूँ तब इन तरफ़ ध्यान नहीं होता है। मैं ऐसा प्रयास करने की कोशिश भी नहीं करता हूँ जिसमें ये सारे सम्बन्ध उजागर हो या प्रकट हो या बनते-बिगड़ते दिखायी दे। आप चित्र बना रहे होते हैं। यह सारी चीज़ें उसमें होती जा रही होती हैं या नहीं होती हैं, जिन्हें आप बाद में देख कर...हालांकि यह सब बात करना भी गलत प्रयास ही है क्योंकि आप जिस भी ढँग से चित्र को व्यक्त करने की कोशिश करें या अपने चित्रानुभव को व्यक्त करने की कोशिश करें, वह उससे परे जाकर के खड़ा हो जाएगा। वह उस सीमा में खड़े होने की जगह ही नहीं रखेगा। जब आप अपने चित्र-कर्म को परिभाषित कर रहे होते हैं तब चित्र-कर्म उससे बाहर है। वह उसमें नहीं रहा। इसके बाद भी आप चित्र बनाने वाले हैं। किसी भी कला को परिभाषित करना मुझे असम्भव लगता है। खासतौर पर जब वह घट रही हो।

पीयूष :

लेकिन यह आत्मालोचना का हिस्सा भी हो सकता है।

पारिभाषिकता को हम उस आत्मालोचना के सन्दर्भ में भी ले सकते हैं जिसके लिए आपने कहा था कि आत्मालोचना एक चित्रकार की रचनात्मकता के लिए किसी और चीज़ से ज़्यादा मददगार होती है।

अखिलेश :

क्यों न इसको हम इस सन्दर्भ में देखें : *छोड़ने* के सन्दर्भ में। इन चीज़ों को आप छोड़ते जाते हैं। मेरे ख़याल से अपने चित्रों में मैं उन चीज़ों को छोड़ देता हूँ जो चीज़ें मुझे अपने अनुकूल नहीं लगती हैं। मेरा स्वभाव उन चीज़ों को छोड़ता रहता है जो अनुकूल नहीं है। तब यह समझना चाहिए कि स्वभाव क्या है और इसने रूप कैसे लिया। उस में फिर ये सब शामिल हो सकती हैं। स्थानीयता वाला जो अंग है, वह भी उसमें आ जाता होगा और...लेकिन मुझे फिर यह दुविधा नज़र आ रही है कि जैसे ही मैं इसको परिभाषित करने की कोशिश करूँ कि यह मेरा स्वभाव है, तब यह उससे परे जाना वाला है। उस स्वभाव को पकड़ लेना एक अन्तिम अवस्था जैसा हो जाएगा। तब आपका हर चित्र अद्वितीय हो सकता है जैसा कि नहीं होता है। ऐसे बहुत सारे चित्रकार होते हैं जिनके जीवन में कोई एक चित्र ऐसा होता हो जो अद्वितीय बना। मगर जो प्रतिभासम्पन्न है, जैसे पिकासो या हुसैन, उनके जीवन में शायद पाँच सात अद्वितीय चित्र आ जाए। उनके एक से ज़्यादा चित्र महत्त्वपूर्ण हैं। उनको देखेंगे तो फिर से आप यह पाएँगे कि उनमें भी विरोधाभास नज़र आ रहा है। आप यह नहीं कह सकते कि पिकासो का स्वभाव सिर्फ़ ''ले मोज़ेल दाविन्यो'' है। वह ''गुएर्निका'' में भी प्रकट हो रहा है। या हुसैन का स्वभाव सिर्फ़ ''ज़मीन'' में ही प्रकट नहीं होता है बल्कि ''मकड़ी और लैम्प के बीच'' में भी दीखता है।

पीयूष :

आपके चित्र-स्वभाव को समझने के सिलसिले में अगर हम आपके पिछले लगभग एक दशक के चित्रों को लें तो उनमें एक खास तरह की Sensuality का स्वर बहुत मुखर है जिसे आप रंगों के जरिये रचते हैं। यह ऐन्द्रियता सभी दर्शकों तक सम्प्रेषित भी होती है। लेकिन ऐन्द्रियता क्या आपके चित्रों का वह सार्वभौम तत्त्व है जो कि सम्प्रेषित होता है? एक दूसरे स्तर पर यह एक तरह का धोखा भी हो सकता है कि जो सम्प्रेषित हो रहा है वह दरअसल– जैसे कि अगर रज़ा साहब का शब्द लें, तो वह–सार-तत्व कहीं छूट तो नहीं रहा?

अन्ततः अगर हम अनेकानेक गड्ढों के बजाय एक गड्ढे पर एकाग्र रहते हुए उस में लगातार ख़ुदाई करते चले जाय तब वह जो पानी फूटता है वह दरअसल आत्मा की भाषा का ही पानी सम्भवतः हो। तब आत्मा की भाषा का सम्प्रेषण–क्या यह सम्भव है?

अखिलेश :

मेरे चित्र बनाने में सम्प्रेषण मेरा उद्देश्य बिलकुल नहीं है। न मैं कुछ सम्प्रेषित करने की कोशिश करता हूँ न कुछ व्यक्त करने की। मेरे चित्र पहली बार फ्रांस में प्रदर्शित हुए या जर्मनी में या कैलीफोर्निया में या वाशिंगटन में हुए। यहाँ सब अलग अलग संस्कृतियों से आने वाले लोग हैं और सब अलग तरह की समझ रखने वाले लोगों का संसार है–इन सभी जगहों पर मेरे चित्रों को सराहना मिली या पसन्द किया गया। वह क्या चीज़ है जिस तक मैं पहुँचा हूँ–ऐसा सोचने में आता है। मुझे लगता है कि चित्र बनाने के दौरान जो आनन्द आपने लिया है और उसमें जितना आपका फंसावड़ा है–वह आनन्द–दूसरे तक भी पहुँच जाता है : इसमें आपका *तिरोहित* होना ही उस आनन्द को दूसरे तक पहुँचाने में सहायक है। यह मनुष्य मात्र को सम्बोधित है, किसी संस्कृति को नहीं। यह किसी एक संस्कृति से पैदा हुए कुछ प्रतीकों की बात नहीं है या उनके कुछ संकेत हैं या जो भी संकेत हो सकते हैं, उन सबका चित्रण नहीं है। यह एक मनुष्य द्वारा किया जा रहा है जो सभी मनुष्य के लिए समान है। स्वामीनाथन का उदाहरण देना चाहिए। वे अपने चित्र बनाने के कर्म में उस जगह चले गये जहाँ ख़ुद पारदर्शी हो गये। ख़ुद हट गये अपने चित्रों से। जो चित्र हैं वे ही अपने प्रमाण के रूप में प्रस्तुत हुए–उन सारे मनुष्यों के लिए जो किसी भी संस्कृति से आ रहे हो। सबको उतना ही सहज लगता है जैसे उन्हीं का किया हुआ है। ऐसा मैं कर पाऊँ यह मेरी कोशिश है।

पीयूष :

हाँ।

इस तरह की व्यंजक पारदर्शिता...

अखिलेश :

जहाँ चित्र देश काल और परिस्थिति की सीमाओं को लांघ चुका है। अनुभव के क्षेत्र में चला गया है, निरन्तरता की अवस्था में पहुँच गया है, जो सभी को आकर्षित करती है। सभी को समान रूप से लुभाती है। इस पर कुछ कहना जल्दबाज़ी होगी बल्कि थोड़े और समय मुझे काम करते रहना चाहिए। फिर शायद मैं इसको समझने की कोशिश करना शुरू करूँ।

यह मुझे अच्छा लगता है कि मेरे चित्र सभी लोगों के द्वारा पसन्द किये जाते हैं चाहे वे किसी भी संस्कृति में रहने वाले मनुष्य हो। रंग किसी संस्कृति के नहीं हैं और न रूप किसी संस्कृति का है–वह सभी मनुष्यों के लिए समान रूप से उपलब्ध है। अब आपको रंग का वह सन्दर्भ देखना है जो सारे मनुष्यों को सम्बोधित है। वह किसी एक

संस्कृति की रूढ़ि को नहीं दिखलाता हो बल्कि वह उन रूढ़ियों से मुक्त हो, अपनी अवस्था में पहुँच गया हो। ख़ुद की अवस्था में पहुँच गया हो। इस पर अभी मैं भी विचार करता ही रहता हूँ कि बात क्या है, अतः कुछ भी कहना कच्चा परोसना होगा।

पीयूष :

आपके चित्रों में व्याप्त ऊर्जा-तत्व पर चर्चा करें। मुझे कई बार ऐसा लगता है कि उसमें पुरुष-ऊर्जा प्रमुख है। यिन और यांग का मिलन या प्रकृति और पुरुष जैसे दो ध्रुवों में जो ऊर्जाधर्मिता है...

अखिलेश :

मेरी दिलचस्पी पुरुष प्रकृति के नज़दीक आने से उत्पन्न हुई ऊष्मा के चित्रण में है। यह ऊष्मा अमूर्त है। यह कहना ठीक नहीं है कि ऊष्मा पुरुष-स्वभाव से संचालित है। इन सबसे परे किसी प्रतीक को अपने चित्रों में लाने की मेरी कोई चेष्टा नहीं है। रज़ा की दिलचस्पी पुरुष और प्रकृति दोनों में है। पुरुष-प्रकृति स्वभाव में मौजूद प्रकृति में है। उनके चित्रों में तान्त्रिक, सांकेतिक भाषा का भरपूर उपयोग किया जाता है जिससे वे स्वयं भी मुतास्सिर है। मेरे चित्रकर्म में मेरी दिलचस्पी इन में नहीं है। सांकेतिक भाषा के प्रति मेरा ध्यान इसलिए भी ख़त्म हुआ कि इसमें विस्तार की गुंजाइश नहीं है। रज़ा उसको दूसरे रूप में, अनन्त तरह से प्रकट करते रहते हैं–उद्‌घाटित करते रहे हैं। पुरुष, प्रकृति को कई रूपों में अपने चित्रों में दोहराते/रचते हैं। मेरे चित्रों में पुरुष-प्रकृति के नज़दीक आने में ऊष्मा का अहसास है...ऊष्मा को मैं कैसे किन्हीं दो ठण्डे रंगों में पकड़ सकूँ, कैसे दो विपरीत रंगों में ला सकूँ, यह मेरा प्रयास रहता है। मैंने कभी इस योजना से चित्र नहीं बनाया कि मुझे ऊष्मा का चित्रण करना है। ऊष्मा अपने स्वभाव से चित्र में आ जाती है या दो रंगों के पास आने से आ जाती है। ठीक उसी तरह से जैसे प्रकृति में अनेकों अपरिचित आकार कैनवास पर आकर परिचित रूप की तरह दिखने लगते हैं। मैं अपरिचित आकारों को फिर से परिचित रूप में पाने की कोशिश करता हूँ। फिर उनसे अपरिचय बन जाता है, उस ऊष्मा के चलते। चाहे वह ऊष्मा की शृँगारिक उपस्थिति हो या तात्विक या भले चित्रकार ऊष्मा की कगार पर चल रहा हो। दूसरी तरफ़ गिरने के ख़तरे उसमें हैं। मैं रूपाकारों से लुकाछिपी का खेल जारी रखता हूँ। अपरिचय के कोहरे से रूपाकारों को निकाल कर परिचित संसार में लाता हूँ तब वे वापिस अपरिचित हो जाते हैं।

पीयूष :

आपने कहा कि ''मेरी दिलचस्पी पुरुष प्रकृति के नज़दीक आने से उत्पन्न हुई ऊष्मा के चित्रण में है। यह ऊष्मा अमूर्त है।'' सृष्टि का अपना ऋत है जिसका एक आयाम उस जैवीयता से सम्बन्धित है जहाँ सृष्टि की रुचि इस

बात में है कि इस ऊर्जा के मार्फ़त जीवोत्पत्ति होती रहे–मैथुनी प्रारूप। और दूसरा वह मानवीय आयाम है जिसमें ऊर्जा की प्रकृति/स्वभाव के सन्दर्भ में ऊर्जा के मानवीय रूपान्तरण पर आग्रह है। मेरी जिज्ञासा *स्वयं इस ऊष्मा/ऊर्जा के प्रति* आपकी दृष्टि व response को लेकर है कि यह आपके लिए क्या है और आप इसे कैसे आत्मसात् करते हैं?

अखिलेश :

जीवन चक्र सृष्टि में मौजूद है और इसी चक्र में ऊष्मा या ऊर्जा की निष्पत्ति है। मैथुनी प्रारूप सृष्टि का ही दिया हुआ है। इसमें कुछ भी अप्राकृतिक नहीं है। ऊर्जा का प्रवाह, ऊर्जा की उपस्थिति का प्रकटन दो वस्तुओं के पास आने से होता है। दो रंगों की ऊष्मा दर्शक को चकित करती है। यह रंग भी सृष्टि का ही अंश है। रंगों का पास आना भी सृष्टि की ही करामात है। उन्हें देखना भी दो चीज़ों का जुड़ना है। हर बार दो विपरीत या समानार्थी वस्तुओं, क्रियाओं या संज्ञाओं का संयोग ही एक और अर्थ पैदा कर रहा है।

इस अर्थ के पैदा होने में मेरी ही नहीं बल्कि मनुष्य मात्र की दिलचस्पी है। इस अन्जान से, जिससे वह भयभीत है, वह आकर्षित होता है। यह अन्जान, रोमाञ्च पैदा करता है। रोमाञ्च, और आकर्षण प्रकृति में भरा हुआ है। इसी आकर्षण को मैं अपने चित्रों में लाना चाहता हूँ।

पीयूष :

कैनवास पर चाहे वे रूप यानी रंगाकार हो या रंग-युतियाँ या दो रंगों का पास में आना–क्या यह एक तत्त्व का दूसरे तत्त्व के परिप्रेक्ष्य में अवस्थित होना है? एक चित्रकार के अपने अवबोध से सन्दर्भांकित?

अखिलेश :

एक चित्रकार अपने देखने के सन्दर्भ में परिप्रेक्ष्य पैदा करता है। वह परिप्रेक्ष्य पैदा होता है। यह चित्रकार का प्रयास नहीं होता। वह अपने द्वारा इस दुनिया को देखे जाने में–इस दूसरे ढँग को–रंगों के सन्दर्भ में या आकारों या रेखाओं के सन्दर्भ में, समझने की कोशिश करता है। इससे एक परिप्रेक्ष्य बनता है जिसमें चित्रकार का स्वभाव आलोकित होता है। यह हर चित्रकार के लिए अलग हो सकता है। अलग सन्दर्भ हो जाते हैं। मैंने उदाहरण रखा था : एक फूलदान चालीस चित्रकार बना रहे हैं तब सन्दर्भ सबके अलग हो गये/जाएँगे। इन सन्दर्भों के कारण चित्रों का एक दूसरा परिप्रेक्ष्य तैयार हो गया। इस परिप्रेक्ष्य को स्वयं वह चित्रकार समझता है या नहीं, यह मुझे नहीं पता। इस नये परिप्रेक्ष्य का पैदा होना और इसे समझना चित्रकार के लिए महत्त्वपूर्ण है। चित्रकार अपने इन

सन्दर्भों को किन परिप्रेक्ष्य में रख रहा है अथवा रख पा रहा है या नहीं, यह अलग बात है। यह परिप्रेक्ष्य लियोनार्दो ने सबसे पहले अपने चित्र में रखा था। एकरेखीय परिप्रेक्ष्य। वह आँख के लैंस होने की बात करता है। हमारी आँख ऐसे देखती है जहाँ दो समानान्तर रेखाएँ क्षितिज पर जाकर मिल जाती है। वास्तव में ऐसा नहीं होता। लियोनार्दो इस भ्रम को अपने चित्रों में रख रहा है। एकरेखीय परिप्रेक्ष्य के सन्दर्भ में यह एकदम ठीक है। ऐसा दिख रहा है। वान गॉग इस परिप्रेक्ष्य को बदल देता है। हवा भी देखने में महत्त्वपूर्ण भूमिका अदा कर रही है। हमें अपने देखने में हवा शामिल करनी चाहिए। वान गॉग अपने ढँग से हवा शामिल करता है। वह दो ब्रश-स्ट्रोक के बीच में जगह छोड़ता है और ऐसी अनुभूति पैदा करता है कि देखने में हवा भी शामिल है। उस के बाद पिकासो प्रस्ताव रखते हैं कि दरअसल हम बहुत सारे देखने को एक साथ रखते हैं। एक object/ऑब्जेक्ट की हमारी स्मृति अनन्त है। जब हम यह स्मृति-अनन्त महसूस कर रहे होते हैं तब ऑब्जेक्ट का आकार ख़त्म हो जाता है। उदाहरण के तौर पर कप को लें। एक कप Cubistic/क्यूबिस्टिक ढँग से चित्रित करने में लगभग कप नहीं रह जाता है। चारों तरफ़ के देखने को मैं एक साथ चित्रित करता हूँ। ऑब्जेक्ट ख़त्म हो गया है। जब सन्दर्भ बदल रहे हैं, परिप्रेक्ष्य बदलता जा रहा है। अपने देखने में हर चित्रकार अपने सन्दर्भों को जितने प्रामाणिक ढँग से रखता है उतना उसका देखना महत्त्वपूर्ण माना जाता है या माना जा सकता है। सारे समय, सारे चित्रकार, अपने व्यक्तिगत अनुभव को देख रहे होते हैं। मुझे ये दो चीज़ें ऐसी दिख रही है, कि इन दो चीज़ों का पास आना ऐसा दिख रहा है। वे चित्रित करते हैं। चित्रण में उनका अपना परिप्रेक्ष्य पैदा होता है। यह चित्रकार का सम्भवतः प्रयास नहीं है। यह लियोनार्दो, वान गॉग और पिकासो का देखना था। परिप्रेक्ष्य का पैदा होना महत्त्वपूर्ण है। चाहे वह जान के हो या अनजाने हो। दोनों सन्दर्भ में।

पीयूष :

क्या आपको कभी ऐसा भी लगता है कि कई ज़िन्दगियाँ हो ऐसी जिनमें आप एक ही रंग में बरत रहे हो? ताल्मुद ने कहा था : ''यदि एक स्वप्न की व्याख्या नहीं की जाती तो यह बिना-पढ़ा पत्र रह जाता है।'' रंगों को लेकर आपको स्वप्न आते हैं?

अखिलेश :

कभी ग़ौर नहीं किया कि मुझे रंगों को लेकर सपने आते हैं या नहीं। मुझे सपने आते हैं। दिलचस्प होते हैं। अलग तरह के होते हैं। आने वाले दो-चार दिनों में मैं दुबई जाने वाला हूँ और हुसैन साहब से मिलने वाला हूँ। परसों सपना देखा कि मैं और हुसैन साहब दुबई में है। बातचीत चल रही है। अब मैं दुबई कभी गया नहीं हूँ।

सपने में मैं पहले से दुबई जा चुका हूँ। सपने की दुबई में कई जगहों पर बाबा (हुसैन साहब) के साथ गया। उनसे बात चल रही है। बातचीत में कृष्ण खन्ना आ गये हैं, रामकुमार आ रहे हैं और बातचीत दूसरी तरफ़ चली गयी है।

व्यक्ति-विशेष से सम्बन्धित यानी व्यक्तिवादी सपने मुझे ज़्यादा आते हैं। मैं कभी लिखने वाला हूँ–स्वामीनाथन और हुसैन की बातचीत। हालांकि ऐसी बातचीत कभी हुई नहीं। मेरे सामने वे तीन बार मिले हैं। दोनों की बातचीत हुई है। इन बातचीतों का मैं दर्शक-श्रोता रहा हूँ। बहुत दिलचस्प क़िस्म की हल्की-फुल्की बातचीत है। कुछ संकेत भी है, अपने ढँग से देखने के, अपने ढँग से ख़ुद को बरतने के। दोनों तरफ़ से। इन्हीं बातचीतों को मैं विस्तृत करने वाला हूँ।

अपने सपनों से मुझे कुछ दूसरी तरह के संकेत भी मिलते हैं। जब तक मेरे पिता मौजूद थे वे कभी मेरे सपने में नहीं आए। अब इतना आते हैं जैसे कि वे यही है। सपनों में बहुत बार ऐसी चीज़ों की तरफ़ भी इशारा हो जाता है जो मेरे वर्तमान चित्र से सम्बन्धित है या उसके सन्दर्भ में है। सपने आते रहते हैं लेकिन इन सपनों का रंगों से कोई सम्बन्ध नहीं होता।

स्वप्न काफ़ी मदद करते रहे हैं मुझे। सपनों से मदद मिलती रहती है। अब जैसे व्यावहारिक जगत में किसी एक समय में किसी व्यक्ति का व्यवहार मुझे समझ में नहीं आया कि उसने ऐसा क्यों किया, कुछ समय बाद सपना आ जाता है कि ऐसा हुआ–वह एकदम साफ़ हो जाता है। ज़्यादातर लोग मन में गाँठ बना लेते हैं कि किसी ने उनके साथ कुछ बुरा किया। किसी एक बात को पकड़ कर बैठ जाते हैं, व्यथित रहते हैं। यह व्यथा मेरी सपनों में खुल जाती है कि *वह घटना ऐसे हुई थी*। यह मुझे मदद करती है, अपने को बराबर बनाए रखने में।

पीयूष :

समझ लेना क्या उससे मुक्त होना है?

अखिलेश :

सही परिप्रेक्ष्य में देखना शुरू होना है। समझ लेना मुक्त होना बिलकुल नहीं है। आप चीज़ों को सही परिप्रेक्ष्य में रखने-समझने-बरतने लगते हैं। मान लीजिए कि दुबई में मेरे साथ कुछ ऐसा घटने वाला था जो मुझे बुरा लगता। अगर ऐसा होता तब इस बात का सपने में खुलासा हो जाता। मैं यह तय कर सकता था कि मुझे दुबई जाना है या नहीं। आप चुन सकते हैं। किन्तु सपना अद्‌भुत रहा है। पूरे सपने में दुबई के न जाने कौन से हिस्से में हम

लोग गये हैं। बाबा लगातार बहुत उत्साह में कई चीज़ें बता रहे हैं। कई तरह की बातचीत चल रही है। ऐसा कोई भी संकेत नहीं है जो negative हो। सपनों से मुझे मदद मिल जाती है कि मुझे यह करना चाहिए कि नहीं। मुझे जाना चाहिए कि नहीं।

मेरे सपनों में भूतकाल कम रहा, भविष्य के सपने ज़्यादा रहे हैं। होने या हो सकने वाली चीज़ों की तरफ़ मेरे सपनों का झुकाव ज़्यादा है बजाय उसके जो हो चुका है। प्रतिशत निकालने पर अतीत के सपने कम निकलेंगे। सपनों से भूतकाल की व्यथित कर रही चीज़ें समझ में आने लगती हैं। उन्हें मैं ठीक नहीं कर सकता किन्तु मुझे पता हो गया है। सपनों में मेरी दिलचस्पी यह जानने में रही है कि वे मुझसे क्या कह रहे हैं, किन सन्दर्भों में बात कर रहे हैं, उनमें किन दिशाओं के संकेत हैं। जान लेने पर मैं उन संकेतों पर अमल करने वाला हूँ।

पीयूष :

रंगों के प्रति आप में एक तरह का परिग्रह-भाव है या अपरिग्रह?

अखिलेश :

दोनों है। मैं दोनों के साथ काम कर रहा होता हूँ। दरअसल, मैं एक रंग चुनते वक्त दूसरे रंग को छोड़ता हूँ। हो सकता है अगली बार दूसरे रंग को चुनते वक्त पहला रंग छोड़ दूँ। परिग्रह व अपरिग्रह के सन्दर्भ में मैं रंगों को नहीं देखता हूँ। मैं दुनिया में मौजूद सभी रंगों के साथ अपना रिश्ता बनाने की कोशिश करता रहता हूँ। जब जिस रंग के साथ सामना हुआ या जिस रंग के साथ सम्बन्ध बैठा तब उस रंग के साथ अपना रिश्ता बनाया। जब तक नहीं बनाया तब तक नहीं बनाया। इसका अर्थ यह नहीं है कि उस रंग को मैंने छोड़ दिया है। हो सकता है बाद में कभी सम्बन्ध बन जाए। सारी चीज़ें महत्त्वपूर्ण हैं।

माध्यम बदलने पर रंगों की range/परास भी बदल जाती/ता है। silk screen/सिल्क स्क्रीन के रंग acrylic/एक्रेलिक के रंग नहीं है। रंग वही कैडमियम पीला है किन्तु उसका व्यवहार व गहनता भिन्न है। वही पीला रंग दूसरे माध्यम में आने पर वैसा व्यवहार नहीं करता जैसा वह एक्रेलिक में कर रहा है। यह नया सम्बन्ध चित्रकार के साथ बनने लगता है। ऐसा नहीं है कि मैं किन्हीं खास तरह के रंग चुनता हूँ और किन्हीं खास तरह के रंग छोड़ देता हूँ। मौक़ा पड़ने पर जिन्हें छोड़ा हुआ है उनके साथ भी मैं अपने को बरतता हूँ। अपने को खपाता हूँ। यह एक लगातार चलने वाली प्रक्रिया है। किसी देश काल परिस्थिति में एक तरह के रंग मैं लगा रहा हूँ और दूसरी में दूसरी तरह के। तीसरी में शायद तीसरी तरह के।

पीयूष :

एक वह चित्रकार जिसके लिए सबसे महत्त्वपूर्ण रंग और उनका वैविध्य, ऐश्वर्य व लालित्य का विलक्षण खिलाव है, उसके यहाँ एक भौतिक मायने में रंग-पैलेट का सीमित होना?

अखिलेश :

Ives Klein/इव्स क्ले ने जीवनभर नीले रंग में चित्र बनाए। कोई कह सकता है कि उनकी रंग-पैलेट सीमित थी–उसमें एक ही रंग था। किन्तु ऐसा नहीं है। इव्स क्ले ने एक रंग में जो पाया है वह शायद बहुत सारे चित्रकार अपने जीवनभर के काम में नहीं पाते। इव्स क्ले का अपने को नीले रंग में बरतने का भौतिक प्रभाव यह भी हुआ कि उनके नाम से वह रंग बनने लगा। अब रंगों की दुनिया में एक रंग IKP blue के नाम से है। यह इव्स क्ले का नीला है। नीले रंग की एक प्रामाणिक उपस्थिति : एक रंग पैदा हो गया संसार में। कला की कोई परिभाषा नहीं हो सकती। एक ही रंग इव्स क्ले ने बरता पर उस एक रंग में अनन्त सम्भावनाएँ खोज डाली। अगर वे बहुत सारे रंग में अपने को बरतते तब भी उतने ही प्रामाणिक होते। सीमित होना, भौतिक अर्थों में हो सकता है कि वह एक रंग है। एक रंग, अनुभव और अनुभूति के स्तर पर, अनन्त है। इव्स क्ले के लिए एक रंग अनेक रंगों के बराबर है। रंग-पैलेट या रंगों की बहुतायत या रंगों का एक होना, गौण है। एक कलाकृति से स्पन्दित या ऊर्जस्वित हो रही अनुभूति महत्त्वपूर्ण है। अनुभूति में क्या घटा, क्या हुआ या एक चित्रकार अपनी चित्रकृति में क्या कर पाया, यह महत्त्वपूर्ण है बजाय इसके कि एक चित्रकार चार रंग लेकर काम कर रहा है या चालीस।

रंग-पैलेट चित्रकारों के अपने स्वभाव से बन जाती है। एक चित्रकार अपनी रंग-पैलेट तय कर काम नहीं करता। स्वामीनाथन के सन् 85 तक के काम देखें। यह उनके चिड़िया-शृँखला के काम हैं। इस शृँखला की रंग-पैलेट सीमित रंग-पैलेट है। इस शृँखला के पहले व बाद के कामों में रंगों का प्रभुत्व नज़र नहीं आता। इस शृँखला के अलावा उनके कामों में बहुत सारे रंगों की उपस्थिति है। हर चित्र का अपना अलग आनन्द है। यह चित्रकार के द्वैत को दर्शाता है, एक तरफ़ वह साफ़-करीने से रच रहा है जिसमें आकारों का सीमित उपयोग है और दूसरी तरफ़ वही चित्रकार अपने को बिलकुल ही दूसरी ढँग से बरतता है। स्वामीनाथन इन विरोधाभासों को बहुत अच्छे से उजागर करते हैं : चित्र अत्यधिक रंगों से ही नहीं बल्कि सीमित रंगों से भी बन जाता है।

पीयूष :

आपके चित्रात्म ने अनेकानेक स्त्रोतों से स्वयं को संवारा-समृद्ध किया है। क्या हम इस बिन्दु पर बात कर सकते हैं?

अखिलेश :

मुझ पर बहुत से चित्रकारों के प्रभाव देखने को मिलेंगे और मैं अलग अलग समय पर अलग अलग चित्रकारों से बहुत प्रभावित भी होता रहा हूँ। उनके काम करने की शैली या कल्पना की उड़ान, इन सबसे मैं अचम्भित भी होता रहा हूँ। यह जिज्ञासा कि उसने यह किया कैसे है या क्या किया होगा। कल्पनाशीलता और उसका प्रकटन पहले फिर उसका निर्वहन मुझे आकर्षित करता है। जानने की इस कोशिश में मुझसे कई ऐसे चित्र बने हैं या कई सालों तक मैंने चित्र बनाए हैं जिनमें आपको यह लगे कि यह स्वामी की तरह का है या रामकुमार का प्रभाव इसमें दिख रहा है या रज़ा के जैसा कुछ नज़र आ रहा है। मैंने चित्रों से बहुत सीखा है।

जब मैंने पहली बार स्वामीनाथन को अपने रेखांकन दिखाए तो वे बोले–रामकुमार के जैसे हैं। उस वक्त मैं रामकुमार के दो चार चित्रों से ही परिचित था, ''माचूं-पिचूं'', ''खण्डहर'' आदि। रामकुमार ने लम्बे समय तक बनारस शृंखला के श्वेत श्याम रेखांकन बनाए हैं, उनसे मेरा कोई परिचय नहीं था। वे मैंने देखे भी नहीं थे। बाद में देखने को मिले। वे रेखांकन लगभग वैसे ही थे जैसे मैं कर रहा था। यह भी एक ढँग हो सकता है।

निर्मल जी (वर्मा) ने मुझे एक क़िस्सा सुनाया था। उनके यहाँ कुछ फ्रांसिसी कलाकार आयें। वे नेशनल गैलरी ऑफ़ मॉडर्न आर्ट देखकर आ रहे थे। वे निर्मल जी से मिले और उन्होंने सिर्फ़ दो चित्रकारों के नाम लिए जो उन्हें वहाँ अच्छे लगे। एक रामकुमार और एक मैं। उन्हें यह नहीं पता था कि रामकुमार इनके बड़े भाई है। यह भी नहीं पता था कि यह अखिलेश को जानते हैं। आदि आदि। निर्मल जी को बहुत ही ख़ुशी हुई। उन्होंने बतलाया होगा, मेरा फ़ोन नम्बर वग़ैरह भी दिया। वे जब यह सुना रहे थे उनके चेहरे पर ख़ुशी देखी जा सकती थी। कोई समानता दिखी होगी। मुझे नहीं मालूम। जो चित्र उन्होंने गैलरी में देखा था वह रामकुमार जैसा बिलकुल नहीं था–कोई 1989 का चित्र था वह। और स्वामीनाथन ने जब मुझे कहा था तब वे चित्र 79-80 के हैं। कुछ ऐसे अनजाने प्रभाव भी होंगे और कुछ ऐसे भी जिनसे सीधे ही प्रभावित होकर मैंने चीज़ों को अपना लिया। जानने की कोशिश में मैंने कई बार उस तरह के चित्र बनाने के प्रयास किये जैसे कि स्वामीनथन बनाते हैं या कि रज़ा बनाते हैं। उनके आकार या उनके बनाए रूपों को मैंने नहीं लिया, उनके प्रयासों को मैंने ज़रूर आज़माया। हो सकता है कि रंग लगाने के ढँग को लिया हो। एक कलाकार कैनवास की तरफ़ बढ़ता कैसे है, यह मैं जानना चाहता हूँ।

यह जो सारे प्रभाव हैं–जिसमें दूसरे चित्रकारों के प्रभाव भी हैं–इन सब से मैंने बहुत सीखा है : मैं अपने को परिष्कृत करता गया–इन देखने-समझने-जानने के प्रयासों से।

यहाँ मैं स्पष्ट करना चाहूँगा कि भारतीय चित्र-संसार में प्रभाव को बुरी नज़र से देखा जाता है, चित्रकला के संसार में यह बातें सकारात्मक ढँग से देखी जाने वाली चीज़ें हैं। हिन्दुस्तान में हिकारत से देखा जाता है। एक नये चित्रकार को ख़ुश ही होना चाहिए कि उस पर किसी चित्रकार का प्रभाव दिख रहा है। उसका मतलब वह परम्परा में है। अपनी परम्परा में काम कर रहा है जो कि अच्छी ही बात है। उसमें भटकाव नहीं है। आप परम्परा को पुनःपरिभाषित करते हैं। दरअसल, आप नया प्रयोग नहीं कर रहे होते या नया प्रस्तावित नहीं कर रहे होते हैं। उसी को पुनःपरिभाषित करते हैं। परम्परा, आधुनिक रूप में खड़ी हो जाती है। वान गॉग का उदाहरण लें। वान गॉग जिस वक्त चित्र बना रहा था, बहुत ही आधुनिक चित्र थे। उस वक्त तक जो भी चलन था वैसा नहीं था जो वान गॉग चित्रित कर रहे थे। किन्तु वान गॉग के चित्र आज एक परम्परा है। उस वक्त आधुनिकता का प्रमाण मान उन चित्रों को ख़ारिज कर दिया गया था, प्रदर्शनी में नहीं लगाया जाता था, आज वही चित्र, चित्रकला की परम्परा के रूप में, आपके सामने खड़े हैं। इस तरह से परम्परा पुनःपरिभाषित होती रहती है। पिकासो ने अपने ढँग से किया। उसने बहुत ही नये ढँग से ''ले मोज़ेल दाविन्यों'' को रख दिया। यह बहुत दिलचस्प है कि एक वक्त की आधुनिकता ही आगे जाकर के परम्परा का रूप ले लेती है। पिकासो के चित्र ''ले मोज़ेल दाविन्यों'' को आधुनिकता का प्रमाण नहीं माना जाता है, अब वह परम्परा है। पिकासो के चित्र अब चित्रकला की परम्परा का हिस्सा है।

पीयूष :

यह जो एक परम्परा का बनना है, उसे आप किस तरह से समझते व चिह्नित करते हैं?

अखिलेश :

मेरे ख़याल से एक चित्रकार की चिन्ता का विषय यह नहीं है कि वह एक परम्परा बनाए। वह दरअसल अपना काम कर रहा होता है, उसके जाने के बाद या आप देखें कि वान गॉग के जाने के सौ साल बाद उनके चित्रों को ऐसी स्वीकृति मिली। उस वक्त के सबसे बड़े चित्रकार को ऐसी स्वीकृति नहीं मिल सकी। अब वान गॉग दुनिया के प्रमुख चित्रकार माने जाते है–उस वक्त उन्हें एक पागल की तरह देखा जाता था। वान गॉग को यह नहीं मालूम था कि वह एक परम्परा की शुरुआत कर रहा है। वह अपना काम कर रहा था। या लियोनार्दो को नहीं पता था कि वह ''मोनालिसा'' बना कर किसी एक परम्परा को जन्म दे रहा है। या पिकासो को नहीं पता था कि वह ''ले मोज़ेल दाविन्यों'' से एक परम्परा को जन्म दे रहा है।

पीयूष :

इस सन्दर्भ में मुझे आपका कहा एक वाक्य याद आता है कि मौलिकता जैसे शब्द से दरअसल आपको एक तरह की चिढ़ है।

अखिलेश :

मौलिकता का विचार मुझे हास्यास्पद लगता है। मैं चित्र बनाता हूँ उनमें मौलिकता खोजना मेरा काम नहीं है। मौलिक किस सन्दर्भ में कहेंगे? एक चित्रकार ब्रश, कैनवास, रंग वैसे ही इस्तेमाल कर रहा है जैसे हज़ार साल से होता आ रहा है। उसमें वह मौलिक कहाँ से हुआ या किन अर्थों में मौलिक हुआ–रूप के या रंग के या आकार के या किस प्रकारान्तर से नयी चीज़ को उसने जन्म दिया? दिलचस्प है यह देखना कि Damein Hirst/डेमियन हर्स्ट ने एक कलाकृति बनाई “for The God of Love”। एक खोपड़ी है और उसे हीरों से मढ़ दिया। यह कृति इन दिनों चर्चा में है। उसने मृत्यु और प्रेम के बीच सम्बन्ध बिठाया है। ''प्रेम का देवता'' और ''मृत्यु''। खोपड़ी, बिलकुल साफ़ है कि एक मरे हुए व्यक्ति की है, उसको बहुत ख़ूबसूरत ढँग से अलंकृत कर दिया–हीरों से। बहुत सारे लोग यह कह सकते हैं कि यह एकदम उसका मौलिक विचार है। किन्तु आप थोड़ा सा पीछे जाय, उलट पलट कर देखें तो ऐसे सजावट के सामान भी बना करते थे जिसमें कुत्ते की खोपड़ी को रत्नों से मढ़ा गया है। शिकार किये हुए जानवरों की खोपड़ियाँ दीवारों पर सजाई जाती रहीं हैं। डेमीयन हर्स्ट ने मनुष्य की खोपड़ी सजा दी। दरअसल, यह पुनःपरिभाषा ही है जो मौलिकता के अर्थ में देखी जा सकती है–जिसकी कि वह कोशिश नहीं कर रहा है। वान गॉग ने कभी अपनी किसी चिट्ठी में यह नहीं लिखा कि मेरे मौलिक काम है। जबकि वह एक पूरी परम्परा को नकार, दूसरे ढँग से काम कर रहा था।

पीयूष :

लेकिन एक चित्रित काम को देख कर ही यह कहा जाता है कि वह मौलिक है। क्या आपको नहीं लगता कि मौलिकता स्वयं से अपने सन्दर्भ और मानक ले आती है–जो कि उससे पहले दरअसल नहीं हुए होते हैं?

अखिलेश :

हाँ, वह प्रस्तावना है। वान गॉग ने देखने का नया ढँग प्रस्तावित किया। जैसे लियोनार्दो ने वेनीशिंग पोंइट की प्रस्तावना रखी है। दरअसल, मौलिकता का अर्थ यहाँ पर यह हो सकता है कि मसलन इस कप को आप देखते कैसे हैं? इस कप को हज़ारों लोगों ने देखा हुआ है और हज़ारों ढँग से चित्रित भी किया हुआ है। मैं कैसे देखता हूँ।

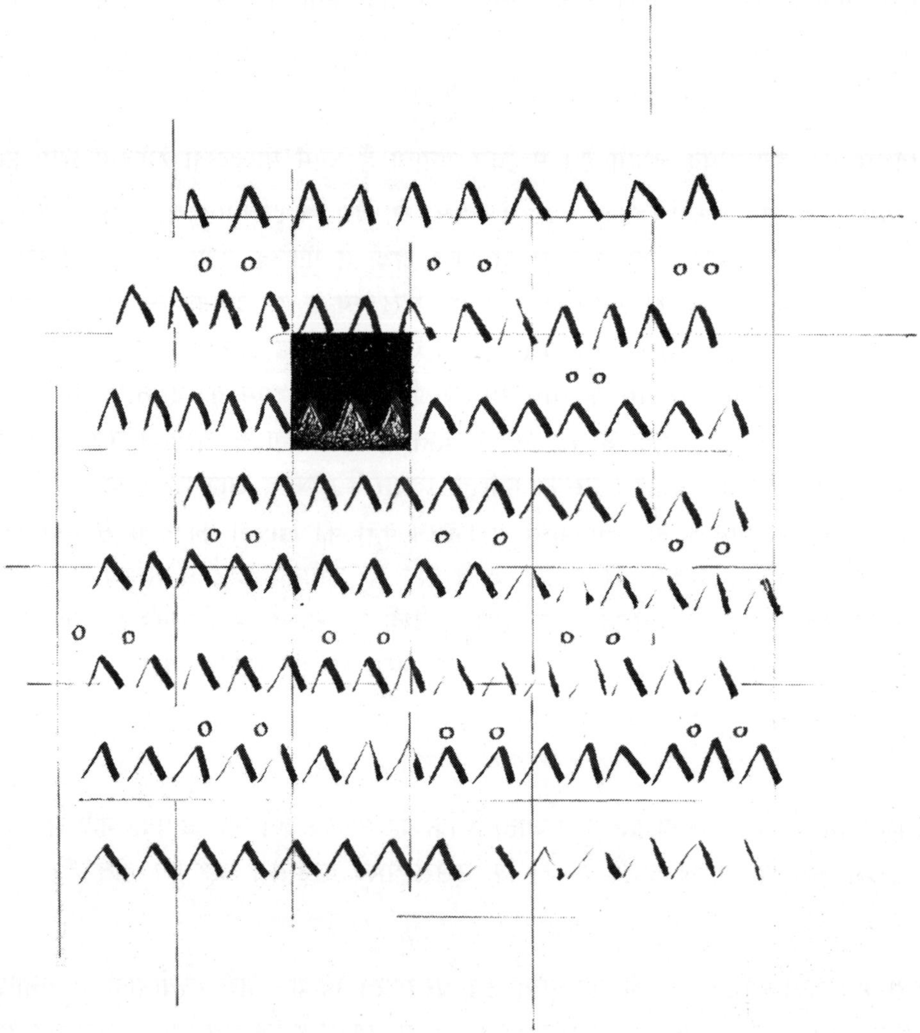

यह देखना नितान्त व्यक्तिगत है। अपने में अनूठा है। हर व्यक्ति का अपना देखना है। इसको चित्रित करना, अपने "देखने" को प्रस्तावित करना ही, चित्रकला की परम्परा है। यही मौलिकता हो सकती है। चित्र बनाने का ढँग पुराना ही है।

पीयूष :

अपूर्वानुमेयता...

अखिलेश :

हाँ। "देखना" कभी भी दो व्यक्तियों का मिल नहीं सकता। आप अपने देखने तक पहुँच पा रहे हैं या नहीं, इसका प्रयास सतत रहता है जिसे शायद मौलिकता के सन्दर्भ में देखा जा सकता है। लेकिन ऐसा नहीं कह सकते हैं कि चित्रकर्म अपने में कोई मौलिक चीज़ है। वह सदियों से हो रहा है मगर यह देखना उसका अपने नज़दीक पहुँचना, एक नयी प्रस्तावना रखना है कि यह नया रूप प्रस्तुत हुआ। जो शायद परम्परा बनने वाला है। यह जो "देखना है" वह अगर सुदृढ़ और निश्चित है तब एक परम्परा में बदलने वाला है।

सारे चित्रकार दरअसल अपने इस "देखने" को ही खोजने का उपक्रम करते रहते हैं। कई लोग पहुँचते हैं उस तक, कई लोग नहीं पहुँच पाते। उसमें कुछ ऐसे विलक्षण हैं जैसे हुसैन या स्वामीनाथन हैं–वे पहुँच जाते हैं अपने देखने के नज़दीक और एक नया संसार आपको देखने को मिलता है। उन्होंने अपने देखने को प्रस्तानित कर दिया है। दरअसल हम ऐसा देखते हैं–हम से मतलब मनुष्य ऐसा देखता है।

पीयूष :

अपने को देखने के खोजने के उपक्रमों में आपके चित्रलोक में एक निरन्तरता भी बनी रही है।

अखिलेश :

स्वामीनाथन ने अपने किसी एक लेख में ज़िक्र किया है कि–"जब औद्योगिक क्रान्ति हुई और तमाम मिलें और फेक्ट्रियाँ खुल गयीं। इससे फैले प्रदूषण और धुएँ के कारण वहाँ हर चीज़ पर कालिख जमने लगी। तब लंदन के एक इलाक़े में पेड़ों पर रहने वाली इल्लियों ने अपने रंग बदल लिए। अब वे काली होने लगी।" निरन्तरता का, जीवन का प्रश्न उनके सामने खड़ा हुआ तो उनके जीन में ही परिवर्तन आ गया। अब वे हरे से काले रंग की होने लगीं। एक ऐसी भाषा होनी चाहिए जो सभी मनुष्यों को समान रूप से अभिव्यक्त करती हो। जैसे कि इस प्रसंग में। तभी निरन्तरता की बात जानी जा सकती है।

पीयूष :

लेकिन क्या यह सम्भव है? जैसा कि आपने कहा–एक ऐसी भाषा होनी चाहिए जिसे मनुष्य मात्र आपस में समझ सके। मुझे यह बहुत आतंकित कर देने वाला वाक्य भी लग रहा है और सुन्दर भी।

अखिलेश :

जब आप दूसरी भाषाओं के लोगों से मिलते हैं तब जो भाषा आपको सम्प्रेषित कर पाती है वह चित्र की ही भाषा होती है। आप जो कहना चाहते हैं और जो पाना चाहते हैं, उसी के सहारे अभिव्यक्त कर जाते हैं। कोई एक भाषा हो जिसमें सभी मनुष्य अपने को व्यक्त कर सकें इससे बेहतर कुछ नहीं हो सकता। तब शायद कई अनसुलझे प्रश्न, पहेलियाँ आदि सुलझ सके। मनुष्य बेहतर ''मनुष्य'' होने की तरफ़ बढ़ सके। हिंसा, लोभ, ईर्ष्या आदि कम हो।

तीन

तीन

पीयूष :

दो रंगों या रंग-युतियों अथवा दो रूपाकारों के बरक्स रंग और रूप के आपसी साहचर्य पर आपका अवधान क्या भिन्न तरह से संचरित होता है?

अखिलेश :

चित्र में मेरा प्रयास कभी आकार गढ़ने का नहीं रहता। मैं कभी भी किसी रूप को पाने की कोशिश नहीं करता हूँ। मैं एक रंग रचता हूँ और चित्र में उस रंग का एक आकार बन जाता है। यह आकार उतना ही अपरिचित होता है जितना कि वे दूसरे आकार जिन्हें हम प्रकृति में देखते हैं। चित्र में यह रूपाकारों की प्राकृतिक अवस्था ही है और हो सकता है वे कहीं नहीं, यहीं मिले। चित्र में रूप-उपस्थिति से परिचय होता है भले वे रूप अपरिचित हो। अपरिचित

और परिचित में सिर्फ़ इतना फ़र्क़ है कि मसलन हम बकरी को लगातार देख रहे होते हैं इसलिए उसके रूप से परिचित रहते हैं। चित्र में बकरी का रूप तत्काल एक बकरी की स्मृति जगाता है। चित्र में एक ऐसा रूप जिसे पहले कहीं नहीं देखा है उससे तालमेल नहीं बैठ पाता क्योंकि यह रूप पहली बार देखने को मिला है। यह रूप चित्र में लगाये गये रंग का ही है। यह रंग का रूप है जो चित्र में प्रकट है। मेरी दिलचस्पी रूप में न होकर उन दो रंगों को रखे जाने में है जिससे दो रूपाकार बन रहे हैं। दोनों अपरिचित रूपाकार है किन्तु इनसे ऊष्मा पैदा हो रही है, उत्सर्जित हो रही है। यह ऊष्मा दर्शक तक पहुँचती है।

और जिन्हें आप रूप व आकार कह रहे हैं उन्हें मैं रंगाकार कहना चाहूँगा। वे रंग से उपजे आकार हैं। कैनवास पर मेरी कोशिश उन रंगों या रंग-संगतियों को लाने की है जो एक चित्र बनाते वक़्त मुझे प्रभावित कर रही है। हो सकता है कि वे रंग-युतियाँ आप दोबारा दूसरे कैनवास पर न लगाए। रंग-संगतियाँ बिठाने में जन्म लेता आकार नितान्त अपरिचित आकार है। मुझे इसमें मज़ा आता है कि दो विपरीत स्वभाव को साथ में रख दिया जाय। मेरे चित्रों में सीधी रेखाएँ भी हैं, और उच्शृंखल, स्वतन्त्र रेखाएँ भी। दोनों की संलग्नता भी। दो विपरीत स्वभाव को पास लाना मेरे चित्र का आनन्द है। ऐसा रंगों के साथ भी होता है, आकारों के साथ भी। मेरे चित्रों में स्वतन्त्र स्वभाव वाले आकार मौजूद हैं तो निश्चित रूपाकार भी। विपरीत स्वभाव को साथ मिलाने और उनके बीच संगति ढूँढने की कोशिश है। खड़ी या आड़ी रेखाओं के साथ स्वतन्त्र रेखाएँ भी हैं और उनकी युति बन जाती है, उनका एक सम्बन्ध उद्घाटित होने लगता है। मुझे चमत्कृत करता है। हर बार यह एक नया सम्बन्ध होता है और हर बार नये ढँग से उद्घाटित होता है।

पीयूष :

चित्र-फलक पर रंगाकारों के प्रकट होते समय आप किस हद तक पहले से यह जान रहे होते हैं कि इन्हें फलक पर यहाँ, इस स्थल पर आना है या फिर यह चित्र बनते समय लगातार बदलते रहते हैं और आपकी पूर्वदर्शिता का इसमें कोई हस्तक्षेप नहीं होता?

दूसरा, आपके चित्रों में रंगाकार/आकार कभी एकल नहीं होकर एकाधिक है : क्या आप में कभी इस तरह की इच्छा जगती है कि चित्र में सिर्फ़ एक ही रंगाकार प्रकट हो या वह बग़ैर आकार के हो?

तीसरा, आपकी बात से यह तो पकड़ में आता है कि ये आकार अपरिचित आकार है जिन्हें हम सिर्फ़ यहाँ इस चित्र में ही देख रहे होते हैं, कहीं और नहीं। लेकिन इन अपरिचित आकारों के सन्दर्भ में भी आप Illustrational और non-illustrational आकार को कैसे अलगाते है? क्या यह मुद्दा आपके लिए महत्त्व रखता है?

अखिलेश :

रंगाकार का प्रकटन या आकार का चित्रण पहली बार ही मैं तय करता हूँ। पहले आकार के आते ही कैनवास का सन्दर्भ बदल गया। अब ख़ाली जगहें और उस आकार के सन्दर्भ में अगला आकार का स्थान तय होगा। यह एक ऐसी स्थिति है जो लगातार बदलती रहती है। हर बार नया सन्दर्भ है। मैं ख़ुद को सिर्फ़ खुला रखता हूँ कि मैं इन सन्दर्भों के प्रकटन में अन्जान को न खो दूँ। जब मैं चित्र बना रहा होता हूँ तब यह सब होता रहता है अवचेतन स्तर पर और उसकी निष्काम उपस्थिति, रूप की निष्काम उपस्थिति ही मुझे प्रेरित करती है उसमें काम जगाने को। काम से रस और रस से अनुभूति।

मुझे अक्सर लगता रहा है चित्र में सिर्फ़ एक रंग से रस पैदा करना चुनौती भरा है। यह चुनौती सम्भवतः मैं आगे उठाने की कोशिश करूँ। अभी अनेक आकार और उनका साहचर्य और उनके मतभेद, उनका लड़ना-झगड़ना, उनके जज़्बात, उनके सम्बन्ध यह सब आकर्षित करते हैं। इस बहुवचनात्मकता से एक रस पैदा करना चुनौती भरा है। इसमें एक आकर्षण, एक भाव भरना चुनौतिपूर्ण है।

इन आकारों में सन्दर्भ हैं, उदाहरण हैं। इन आकारों में रंग हैं, रेखाएँ हैं। इनमें रूप हैं, प्रारूप हैं। माया है लीला है। और ये वास्तविक हैं। हम जितना ही इनकी उपस्थिति पर विचार करते हैं उतना यह जटिल होता जाता है। इसमें सामंजस्यता पैदा करना/रस पैदा करना/इनसे उलझना, टकराना, रूबरू होना यह सब ही महत्त्वपूर्ण है।

Illustrational और non-illustrational आकारों से आपका तात्पर्य सम्भवतः परिचित आकार को दर्शाने वाले और अपरिचित आकार को दर्शाने वाले आकार होगा। मेरे लिए यह हमेशा Illustrational रहा है। ये परिचित आकार ही अपरिचय पैदा कर रहे हैं। आपके जाने हुए संसार से ही अन्जाना संसार पैदा हो रहा है। मेरे लिए हर आकार उतना ही दूभर है जितना उसका परिचित होना।

पीयूष :

आकृतिमूलक काम में संलग्न आधुनिक कलाकारों के साथ यह एक अलग से रेखांकित किया जाने वाला बिन्दु है कि लगभग सभी कलाकारों ने अपने आत्म चित्र बनाए हैं लेकिन अमूर्तन में काम करने वाले कलाकारों के साथ ऐसा नहीं है। आपको क्या लगता है कि ऐसा क्यों है?

आपने भी एक आत्म चित्र बनाया है–''अन्तिम भोज के बाद आत्म चित्र।'' ''आत्म चित्र'' का ख़याल आपको कैसे सूझा? आपने बतौर माध्यम एक्सरे लिया है। आपका आत्म चित्र अद्‌भुत अन्तर्दृष्टि का मूर्तीकरण है–एक छोर पर

यह Image की Appearance या कहें एक्सरे की literalness को फ्रांसिस बेकन के अर्थाशयों में–जिनसे बेकन आजीवन जूझते रहे–बरकरार रखता है तो दूसरे छोर पर नये आयामों की सृष्टि भी। कभी देखने पर लगता है यह कृति Cocteau के वाक्य का चरितार्थन है : Each day in the mirror I watch death at work./हर दिन आइने में मृत्यु को मैं काम करते देखता हूँ।'' कभी देखने पर लगता है यह कृति योग वाशिष्ट की कल्पना से प्रेरित है। कभी, परस्पर भिन्न तरह की व्याख्याएँ व अनुभूतियाँ, सर उठाने लगती हैं। पिकासो के बारे में कहा फ्रांसिस बेकन का पद ध्यान में आता है : The Brutality of Fact.

अखिलेश :

आत्म चित्र करने की एक लम्बी परम्परा रही है। पश्चिम में ज़्यादा, हिन्दुस्तान में कम। शायद ही किसी मीनियेचर चित्रकार ने अपना आत्म चित्र बनाया हो। हम जिस आधुनिक कला की बात कर रहे है उसका बोलबाला बीसवीं शताब्दी में प्रमुखतः देखा जाता है। और इसी शताब्दी में व्यक्ति चित्र लगभग नहीं हुए हैं। चाहे वे अमूर्त चित्रण करने वाले कलाकार हो चाहे आकृतिमूलक काम करने वाले। इसका एक बड़ा कारण यह भी है कि अब व्यक्ति चित्र के लिए कैमरा उपलब्ध है। जिस ज़माने में कैमरा जैसी कोई चीज़ नहीं थी उस ज़माने के चित्रकारों ने आत्म चित्र बहुत बनाए। वे आत्म-चित्र बाक़ायदा एक परम्परा की तरह नज़र आते हैं। इसमें विविध प्रमाण आधुनिक चित्रकारों के दीखते हैं। किसी एक चित्रकार ने यहाँ तक कहा है कि मेरे चित्र ही मेरे आत्म चित्र है। उसका यह दार्शनिक पक्ष नज़रअन्दाज़ नहीं कर सकते। इस तरह के आत्म चित्र करने की परम्परा में मार्शल दूशां का एक बहुत ही ख़ूबसूरत आत्म चित्र है। वह कोलाज है। ऐसे अन्यान्य हैं। डेमियन हर्स्ट ने सुन्दर आत्म चित्र खींचा है। वह फ़ोटोग्राफ़ है किन्तु एक लाश के साथ। अलग अलग समय पर उसके अलग अलग प्रकटन होते रहे हैं। आधुनिक समय में भी बहुत सारे चित्रकारों ने आत्म चित्र दूसरे ढँग से बनाए हैं। कैमरे द्वारा खींचे गये फ़ोटोग्राफ़ या जैसे सीधा सीधा मैं दीखता हूँ वैसा नहीं है; कोई और दूसरा उद्यम उन्होंने किया है। उसी ढँग से यह एक्सरे मैंने लिया। मैंने लिया नहीं, यह एक्सरे कराना पड़ा। वे बीमार व्यक्तियों के एक्सरे लेते हैं, जो स्वस्थ हैं उनके नहीं लेते। जब मैं एक्सरे कराने गया तो उन्होंने मना कर दिया कि एक्सरे नहीं हो सकता है। फिर मैं एक डॉक्टर मित्र के पास गया। उनसे एक बीमारी का पर्चा लिखवाया। फिर एक्सरे हुआ लेकिन वह ठीक नहीं हुआ–बीमारी के हिसाब से उन्होंने एक्सरे ले लिया जिसमें skull का हिस्सा ज़्यादा था। मुझे ऐसा नहीं चाहिए था। मुझे चाहिए था जैसे सामने से फ़ोटो खींचा जाता है। लेकिन ऐसे किसी भी बीमारी में एक्सरे नहीं लिया जाता होगा। मैं अपने डॉक्टर मित्र से वापस एक पर्चा लिखा कर फिर गया। और फिर उन्होंने एक्सरे लिया। तब भी उन्होंने खोपड़ी का हिस्सा ज़्यादा रखा। माथे का हिस्सा

ज़्यादा रखा। और वह भी ठीक सामने फोकस नहीं था। अब जो आप सब देखते हैं वह दरअसल तीसरा प्रयास है जिसमें लगभग सामने रखा है। फिर भी आप ध्यान से देखेंगे तो वह सामने नहीं है जैसे कि कैमरे रख कर खींचे जाते हैं। थोड़ा ऊपरी कोण/Top angle है उसका। मैं जो कोण चाह रहा था उसमें यह और सामने आना चाहिए था, थोड़ा नीचे की ओर। जैसे कि कैमरे से खींचा जाता है। किन्तु शायद ऐसे किसी भी बीमारी में एक्सरे नहीं लिया जाता होगा। इसलिए वह भी नहीं लिया जा सकता था। चूँकि तीन बार बिलावजह एक्सरे हो चुका था इसलिए हमारे डॉक्टर मित्र ने भी मना किया कि नहीं अब रहने दो, यही ठीक है। सो वह ठीक ठीक आत्म चित्र भी नहीं है जैसा मैं चाहता था वैसा।

वह आत्म चित्र "काग़ज़ के साथ" प्रदर्शनी के लिए मैंने खास तौर पर इसलिए भी किया था कि प्रदर्शनी भी कुछ अलग तरह की थी और उसमें मेरे कैनवास पर बनाए चित्र नहीं थे जो मैं पहले दिखा रहा था। इस प्रदर्शनी में काग़ज़ पर किये काम थे जिसे आप कोलाज की श्रेणी में रख सकते हैं। उसी तरह से यह भी एक कोलाज था। मेरे आत्म चित्र का कोलाज।

दूसरी बात आपने "अन्तिम भोज" की रखी है। लियोनार्दो का एक प्रसिद्ध चित्र है—"द लास्ट सपर"/The Last Supper, जिसमें जीसस अपने अनुयायियो के साथ अपने जीवन का अन्तिम भोज ले रहे हैं। उसके बाद वे क़ैद हो जाते हैं और दूसरे दिन उनको फाँसी दे दी जाती है। यह सम्भवतः लास्ट सपर विषय का पहला चित्र नहीं है किन्तु लियोनार्दो का यह चित्र अत्यन्त प्रसिद्ध हुआ। इस चित्र के कई तरह के अर्थ भी निकाले गये। इन सबसे परे यह चित्र मुझे हमेशा से ऐसा लगता रहा है कि अधूरा चित्र है और इसमें लियोनार्दो ने कुछ इस तरह से चित्रित किया है जैसे अपने तेरह शिष्यों के साथ जीसस फ़ोटो खिंचाने बैठे हो। "लास्ट फ़ोटोग्राफ़"/अन्तिम छायाचित्र। आप कल्पना कीजिए कि तेरह लोग एक मेज़ पर खाना खाने बैठे तब ऐसा सम्भव नहीं है कि वे एक पंक्ति में बैठ जाय। वे मेज़ के चारों तरफ़ बैठेंगे। इस चित्र में वे सब एक तरफ़ बैठे हैं, सामने की तरफ़। उनके सामने मेज़ रखी है और मेज़ पर खाना, मदिरा वग़ैरह रखी है। यह चित्र इस कदर परम्परा में आरूढ़ है कि अन्यान्य चित्रकारों ने इस विषय पर चित्र बनाए हैं और लगभग सभी ने इसी तरह से कि जीसस अपने शिष्यों के साथ फ़ोटो खिंचाने बैठे हैं! लियोनार्दो ने जब बनाया था उस वक्त कैमरा नहीं था किन्तु बाद में बीसवीं शताब्दी तक, अभी तक, चित्र बनते रहे हैं और उनका संयोजन वही है। किसी ने भी लियोनार्दो के संयोजन में ज़रा भी छेड़छाड़ नहीं की। चाहे वे आंद्रे सीरानो हो या एण्डी वारोल। बल्कि एण्डी वारोल ने उसी चित्र को उठा कर reproduce किया है। ठीक वैसा का वैसा ही। यह चीज़ मुझे हमेशा खटकती

रही कि ऐसा क्यों है कि तेरह लोग खाना खाने बैठे हैं और एक ही तरफ़ बैठ गये? मैंने जो चित्र बनाया उसमें तेरह लोग उस टेबल के चारों तरफ़ बैठे हैं। जाहिर है कि वह bird eye view से देखा गया चित्र है। कुछ संयोजन ऐसे मिलते हैं जो लियोनार्दो से भिन्न है। हुसैन ने बनाए हैं : ब्लू लास्ट सपर और रेड लास्ट सपर। सलवाडोर डाली ने बनाए हैं। सूजा ने बनाए हैं। ये कुछ संयोजन ऐसे है जो लियोनार्दो से भिन्न है। वे ऐसे नहीं है जिसमें जीसस फ़ोटो खिंचाने बैठे है! बहरहाल, सबका अपना अपना देखना होता है। अभी भी लियोनार्दो का संयोजन आरूढ़ है। कोई भी चित्रकार ''द लास्ट सपर'' की कल्पना करेगा तो पहले वही करेगा जो लियोनार्दो ने चित्रित किया है। यह दिलचस्प है।

पीयूष :

अगर हम आपके आत्म चित्र पर लौटे तो वह क्या था जिसने आपको कैनवास या काग़ज़ से हटकर एक अन्य माध्यम के मार्फ़त इस आत्म चित्र तक पहुँचाया?

अखिलेश :

जैसे मैंने बताया कि इस तरह के प्रयोग हुए हैं, आत्म चित्रण की दुनिया में, जिसमें यहाँ तक कहा गया कि मेरे आत्म चित्र ही मेरे चित्र है। चूँकि मैं यह प्रदर्शनी अलग तरह के कामों की कर रहा था तो उसमें आत्म चित्र भी अलग तरह का होना चाहिए। सो उसी के चलते मैंने यह सोचा था कि चूँकि मैं कोई पेंटिंग नहीं दिखा रहा हूँ तो क्यों न एक एक्सरे आत्म चित्र की तरह रखूँ। खोपड़ी हो।

पीयूष :

आपका attempt क्या था?

अखिलेश :

उसमें सिर्फ़ एक साधारण आत्म चित्र था। मैं चाहता था कि मेरा आत्म चित्र हो और वह उस तरह का न हो जो सामान्यतः आत्म चित्र के नाम से जाने जाते हैं।

पीयूष :

आकृतिमूलक कामों के साथ एक बड़ा ख़तरा Illastrational Form का रहा है। एक वह कलाकार जो निरन्तर अमूर्तन से संलग्न रहा है उस कलाकार का एकदम से Image....

अखिलेश :

Image की बात करें तब वह एक खास तरह से अमूर्त चित्र में भी मौजूद है। वह भी रूप का प्रकटन है। यह वह रूप है जो अपरिचित है। इस मायने में वह एक्सरे, आकृतिमूलक कामों में नहीं है। यह मेरा वह रूप है जो प्रचलित नहीं है।

पीयूष :

यह एक मनुष्य की खोपड़ी का एक्सरे है।

अखिलेश :

लेकिन मनुष्य की खोपड़ी का एक्सरे कैसा होता है इसकी कोई परिचित धारणा मन में नहीं है। जब आप एक्सरे देखते हैं तब पहली बार देखते हैं कि अच्छा क्या यह ऐसा होता है। सामान्य तौर पर एक्सरे कोई भी नहीं कराता है। मसलन यह ऐसा नहीं है जैसे कि स्टूडियो में जाकर लोग अपने फ़ोटोग्राफ़ खिंचाते हैं। इसलिए यह ऐसा कोई भी परिचित रूप धारण नहीं करता है। मैंने इससे पहले कभी किसी मनुष्य के सिर का कोई एक्सरे नहीं देखा था और उसका मुझे भी आश्चर्य हुआ कि अच्छा क्या एक्सरे ऐसा होता है। जब पहली बार देखा, मुझे लगा कि इसमें बहुत सारी चीज़ें वैसी नहीं है जैसा मैंने सोचा था। चूँकि आपने देखा हुआ नहीं है, सोचा ही है सो उसका प्रकटन आप के लिए हमेशा अपरिचित है जिसे आप अपने परिचय के दायरे में ले आते हैं। यूं मेरा वह आत्म चित्र एक अमूर्त आत्म चित्र है जिसका आकृतिमूलकता से कोई सम्बन्ध नहीं है।

पीयूष :

एप्रोच अमूर्त है यद्यपि एक आकृतिमूलक उपस्थिति है कि यह मनुष्य की खोपड़ी है।

लेकिन कैनवास पर आपके जो रंगाकार या रूपाकार आते हैं, प्रकट होते हैं उनमें उस क़िस्म की literalness नहीं है। यह जिज्ञासा सहज ही मन में जगती है कि आकृतिमूलक काम के सन्दर्भ में Illastrational form और non Illastrational form को आप कैसे अलगाते हैं? आपके कैनवास पर आते आकार आपके चित्रों में ही पहली बार प्रकट होते हैं इसलिए अपरिचित हैं और उससे पहले वे कहीं और अस्तित्ववान् नहीं हैं। इस मायने में अपरिचित है। इन अपरिचित आकारों का भी अपना एक Illastrational स्वरूप होता ही है। अपने चित्रों में आते रूपाकारों के सन्दर्भ में उनके Illastrational रूप-पहलू के बारे में आप का सोच क्या है?

अखिलेश :

फ्रांसिस बेकन Illastrational रूप की जिस समस्या से गुज़र रहे हैं वह उनके काम में दिखती है। वे उस धार पर चल रहे हैं जहाँ पर वे Illastrational दुनिया में गिर जाने वाले हैं। उनको इस का भय ज़्यादा सताता रहा कि वो उस तरफ़ न चले जाय। इसलिए उनके कामों में तोड़फोड़ दीखती है। कभी कभी ज़बरदस्ती भी जिसमें वह कलाकृति की मांग से उत्पन्न हुई तोड़फोड़ नहीं है। वे Illastrational और non Illastrational form के बीच झूल रहे थे। हर कलाकार की अपनी कुछ समस्याएँ होती हैं जिनसे वह जूझता है। यह समस्या पिकासो की नहीं रही कि वह Illastration कर रहा है या नहीं कर रहा। यह उस का सन्दर्भ नहीं था। वह इलस्ट्रेशन करते हुए भी उसमें रचता था। उसमें भी उसको रूप मिल जाते थे। बेकन के साथ ऐसा नहीं था। बेकन को यह भय था कि वह बहुत ही ज़्यादा इलस्ट्रेटिव कलाकार है जो कि वह था भी। सारे समय कोशिश करता रहा कि वह non Illastrative form में चला जाय। इसमें कोई शक नहीं कि अपने काम में वह उस्ताद था।

मेरे चित्रों में पहली बार प्रकट हो रहे अमूर्त रूपाकारों का Illastration, चित्र के रूप में नहीं बल्कि कल्पना के रूप में मौजूद है। उस कल्पना में आप अतिरंजना भी करते हैं। कोई एक दृश्य देखा और उस दृश्य को यथार्थ से काट कर अतियथार्थ में रख दिया। उसके विस्तार में दाखिल हो गये या उसमें काट-छांट की। मैं दो उदाहरण देना चाहूँगा। सलवाडोर डाली अपने रूपाकारों के साथ ऐसा ही करता था। वह उन्हें यथार्थ से उठाता और उन्हें अतिरंजित कर देता। ठीक उसी वक्त रेने माग्रीत उसमें काट-छांट करता था। वह अतिरंजित नहीं करता था। वह उसी रूपाकार में काट-छांट कर रहा था। एक एलीमीनेट कर रहा है और दूसरा एक्ज़ेज़रेट कर रहा है। यह हर कलाकार करता रहता है, अपने ढँग से रूप से निपटता, उलझता रहता है। यथार्थ से अपने वे रूप निकालते रहता है जो उसे चाहिए। इन सारे अमूर्त रूपाकारों का प्रतिफलन कहीं न कहीं मौजूद है। मेरे चित्रों में, चित्र रूप में मौजूद है। अब इन रूपाकारों का अनुभव कहीं और हो सकता है, मेरे चित्रों को देखकर, इनके पहले नहीं। इनकी आकृतिमूलकता की पहली जगह मेरा कैनवास ही है जिसमें उन्होंने अपनी आकृति को पाया। अब ये किसी और दृश्य का सन्दर्भ/reference बन सकते हैं। मगर ये किसी का सन्दर्भ नहीं है। मौटे तौर पर यह फ़र्क़ आकृतिमूलक चित्रों में और अमूर्त चित्रों में नज़र आता है।

पीयूष :

आपके चित्रों में प्रकट हो रहे रूपाकार कहीं से भी रेफरेंशियल नहीं हैं, तब वे उस मायने में एक तरह से referencial phenomena से आज़ाद है। कैनवास पर प्रकट होने के बाद ही उनका किसी तरह का देश-काल सृजित हो सकता है। कैनवास पर इनका होना क्या Absolute तरह से अवतरित होता है?

अखिलेश :

इसका दावा मैं नहीं करूँगा। इसका दावा करना ठीक नहीं है।

इसको ऐसे ही ले सकते हैं कि यह आपके चित्र बनाने के दौरान पैदा हुए रूपाकार हैं। मैं उसे परम तत्त्व/Absolute की तरह नहीं देखता हूँ। उनका यहाँ पर प्रकट होना मेरा इस खेल में शामिल होने का कारण है। आप इस खेल में सारे समय कुछ खोजते है, कुछ पाते है। मेरे साथ यह ज़्यादा होता है कि मैं बहुत बार बग़ैर कुछ पाये खेल से बाहर आ जाता हूँ। जब लगता है कि इस में कुछ पाया है तब दर्शक को भी लगता है। यह सभी के लिए समान रूप से आश्चर्यचकित कर देने वाला प्रकटन होता है। अब उस प्रकटन का सन्दर्भ वह ख़ुद है। वह किसी सन्दर्भ से नहीं आया है, वह अपने सन्दर्भ में मौजूद है। वह किसी सन्दर्भ की तरफ़ इशारा भी नहीं कर रहा है। अपने प्रकटन का जश्न मना रहा है। हो सकता है एक दर्शक की रूचि जाग्रत हो और न भी हो। हम इसी तरह से देखें कि उसका Illastration पहली बार इस कैनवास पर प्रकट हुआ है और इसका पहले से मौजूद Illastration से कोई सम्बन्ध नहीं है। अगर इसमें अनुगूँज है तब वह किसी एक परम्परा की है जो कि चित्रकला की परम्परा है, जिससे उसका एक सम्बन्ध है। जिसको आप सुनते हैं, देखते हैं, जानते भी हैं। आप उसको इस तरह नहीं देखते हैं कि ये कोई मंगल ग्रह से आयी हुई चीज़ है ! इसी संसार में रहते-अनुभव करते हुए, उसी से उत्पन्न एक कलाकृति है। इसका अनुभव और लोगों को भी उतनी ही तीव्रता से हुआ होगा किन्तु वे चित्रकला नहीं करते इसलिए उसका प्रकटन वहाँ नहीं हुआ, यहाँ चित्र में हुआ। अगर वे कविता लिखते हैं, तब उन अनुभवों का प्रकटन उस कविता में हो सकता है या नृत्य या संगीत में हो सकता है। वहाँ उसका रूप अलग हो जाएगा। किन्तु ये रूपाकार तो निश्चित ही अपने प्रकटन में पहली बार इस कैनवास पर मौजूद हैं।

पीयूष :

हाल के बरसों में बनाए गए आपके ज़्यादातर चित्रों में बतौर हाशिये छोड़ी गयी पट्टियाँ है जो लगभग हमेशा लम्बवत् ही है...हम जानते हैं कि यह पारम्परिक चित्रों में भी...

अखिलेश :

दरअसल, मैं नहीं चाहता कि चित्र को इस तरह से देखा जाय। चित्र साधारण रूप की तरह है जैसे कि अन्य है। हर चित्रकार का काम करने या चित्र शुरू करने का अपना ढँग होता है। सबके अपने अलग ढँग होते हैं।

यह ढँग भी मेरा नहीं है। आपने जिस ओर संकेत किया वह बहुत बार नहीं होता है। जो चित्र में स्थायी नहीं है उसके बारे में कोई ऐसी बात भी नहीं कर सकते हैं। वह मेरे लिए महत्त्व नहीं रखता। वह एक समय में है, हमेशा नहीं।

पीयूष :

नहीं, अगर मसला किन्हीं स्थायी-बिन्दु का है तब तो शायद हमें फिर से इस पर पुनर्विचार करना चाहिए क्योंकि आपके पिछले कुछ बरसों के ज़्यादातर चित्रों में यह बराबर है।

अखिलेश :

लेकिन पहले के चित्रों में नहीं है इसलिए स्थायी नहीं माना जाना चाहिए। इसको लेकर मैंने कभी कुछ खास सोचा नहीं है।

यह उपस्थिति इतनी महत्त्वपूर्ण नहीं है कि वह चित्र को बना बिगाड़ रही है। दरअसल चित्र उसके भीतर है, उसके अलावा, उसके साथ। चित्र के साथ उसका होना चित्र में लगाये गये रंगों की आभा को बढ़ाने के लिए भी है। बहुत बार भीतर का रंग, हाशिया चित्रित करने से, प्रमुखता से उभर आता है। अमूमन जब मैं इस तरह के हाशिये चित्रित कर रहा होता हूँ तब एक रंग के लिए उसी रंग का हाशिया रहता है मसलन orange/ओरेंज के लिए ओरेंज ही हाशिया है। दूसरी तरह के हाशिये ऐसे हैं जिसमें मैं विपरीत रंग का इस्तेमाल करता हूँ, उससे भी चित्र के रंग प्रमुख हो जाते हैं। तीसरी तरह का हाशिया और छोड़ता हूँ जो कि उस चित्र की पार्श्वभूमि ही होती है। इस तरह से हाशिया चित्र के भीतर हो रही गतिविधियों के बीच, उस रंग को प्रमुख तरह से, उभार देता है।

आप चित्र में रंगों का उपयोग करते हैं और किसी एक रंग पर आपका जोर होता है। उस जोर को विपरीत रंगों से या उसी रंग के बड़े आकारों से लाते-चित्रित करते हैं। वह उसी तरह का एक ढँग है जिसमें मैं विपरीत रंगों को भी उजागर कर रहा होता हूँ। जब ऑरेंज को प्रमुख रंग की तरह उभार रहा हूँ तब उसके विपरीत दूसरा रंग अपने उभार में, ऑरेंज की आभा में आलोकित हो जाता है। एक वक्त ऐसा महसूस होता है कि ऐसा किया जाना चाहिए और मैं ऐसा करता हूँ। उसको आप नियोजित नहीं कर सकते है, चित्र को संयोजित करते है। यह हाशिया कभी बहुत चौड़ा होता है, कभी बहुत पतला, कभी सामान्य आकार का।

यह हाशिये Vertical/वर्टीकल ही होते हैं। जब Horizental/हॉरिजेंटल होते हैं तब वे टूटे हुए होते हैं। एक लगातार पट्टी की तरह नहीं होते। जब इनकी मदद की ज़रूरत नहीं होती तब वे नहीं होते हैं। कैनवास के अवकाश को बाँधने के लिए मैं इसका इस्तेमाल बिलकुल भी नहीं करता हूँ। यह एक ढँग से काम शुरू करने का तरीक़ा है। बहुत बार मैं यह नहीं करता। कई बार दूसरे ढँग से करता हूँ।

पीयूष :

कुमार गन्धर्व का वाक्य है कि ''मैं हर बार गाता हूँ और हर बार मर जाता हूँ और हर बार एक नया।''...यह नश्वरता का बोध है जिसमें एक खास तरह से अमरत्व भी है...।

अखिलेश :

स्वामीनाथन ने कहा है–''मेरे चित्र, मेरा समाप्त होना है। मेरे चित्र इस बात के प्रमाण हैं कि अपने चलने की निरन्तरता में मैं इस क्षण यहाँ इस चित्र में रुका था।'' यही बात कुमार गन्धर्व कह रहे हैं।

स्वामीनाथन अपने चलने की निरन्तरता इंगित कर रहे हैं; चित्र बनाना उनके लिए गौण/secondary है। चलना मुख्य है जैसे कि कुमार जी के सन्दर्भ में गाना, उनका चलना है। स्वामी चित्र बनाने को अपना चलना नहीं कहते। उनके लिए यह रुक जाना है।

यह दिलचस्प है कि स्वामीनाथन जीवन से कला को अलगाते हैं–जीवन को कला का अंग न मानते हुए अलगाते हैं। अपने किसी साक्षात्कार में उन्होंने कहा है–''ऐसी कला में मेरा कोई विश्वास नहीं है जो मनुष्य को नीचा दिखाती है।'' स्वामीनाथन ने बड़ा काम यह किया कि उन्होंने आदिवासी कलाकारों को नागर कलाकारों के समकक्ष रखकर उनकी कला को समकालीन कला की तरह बरता और दिखलाया। यहाँ पर स्वामी कला से ज़्यादा भरोसा जीवन पर कर रहे हैं, अपनी निरन्तरता, अपने चलने पर, बजाय चित्रकला के। यह दिलचस्प है। दोनों–कुमार गन्धर्व और स्वामीनाथन–अपने कर्म को अलग अलग सन्दर्भ में रख रहे हैं। कुमार जी के लिए उनका गाना रचनात्मकता है और यही निरन्तरता है जबकि स्वामी के लिए उनका चित्र बनाना उस क्षण हुई उनकी मृत्यु का प्रमाण है।

पीयूष :

चित्रकला के दो महत्त्वपूर्ण आयामों रंग और अवकाश के अलावा टेक्सचर को लेकर आपका सोच क्या है?

अखिलेश :

टेक्सचर अवकाश का एक आयाम है। अवकाश में टेक्सचर उस जगह की रंग-योजना नहीं तैयार कर रहा है। वह अवकाश देखने में बदलाव लाता है। आप टेक्सचर से पहले लगाए रंग को ज़रा उकसाते या उसकी गहनता को थोड़ा-सा झकझोरते हैं। फिर दूसरे रंग का इस्तेमाल करते हैं। टेक्सचर अवकाश नहीं है। अवकाश का पहलू है मगर

रंग का पड़ोसी है। रंग की अनुभूति में फ़र्क़ पैदा कर सकता है। देखने में लोच पैदा करता है। देखने में व्यवधान भी पैदा कर सकता है। कई बार आप टेक्सचर लाने का प्रयास करते हैं, कई बार नहीं करते। टेक्सचर कई ढँग से पाया जा सकता है। रंग प्रयोग से भी टेक्सचर लाते हैं, ब्रश स्ट्रोक से भी लाते हैं। रंग Application/एप्लीकेशन से भी ले आते हैं। चित्र में टेक्सचर, अवकाश और रंग जितना ही महत्त्वपूर्ण पक्ष है। टेक्सचर emotion पैदा करता है। रंग अनुभूति को गहराता है। टेक्सचर अवकाश में, देखने में, rupture और चित्र अनुभव में उतार-चढ़ाव ले आता है। टेक्सचर की दुनिया सीधी न होकर बारास्ता जाती है। चित्र प्रकाश में आलोक फैलाना टेक्सचर का काम है। इस आलोक में भाव और रहस्य उद्घाटित होते हैं।

पीयूष :

ज़्यादातर समय आप ब्रश से काम करते हैं। ब्रश को बरतने के आपके ढँग क्या है? फ्रांसिस बेकन कहते हैं : ...often the tension will be completely changed by just the way a stroke of the brush goes on. It breeds another form that the form you're making can take.

अखिलेश :

मेरे ब्रश को बरतने का ढँग अत्यन्त साधारण है। जैसा मैं जानता हूँ। और जैसा मेरा हाथ मेरी कलाइयों की क्षमता और सीमाएँ हैं। मेरे लिए ब्रश का बदलना भी महत्त्वपूर्ण होता है। ब्रश की बनावट उसके आघात को तय करती है। ब्रश की बनावट रंग से टेक्सचर पैदा करती है। ब्रश का Sable Hair होना या Hog Hair होना चित्र में भाव या संवेग का निर्धारण कर सकता है।

कई बार ब्रश की कठोरता चित्र के विषय में गहराई भर देती है। यह सब चमत्कार जैसा लगता है। ब्रश की सम्भावनाओं से मैं चमत्कृत होता रहता हूँ। अब Sable Hair से भी मुलायम बालों वाले Synthetic ब्रश मिलते हैं उनसे काम करने में अधिक lyrical होने का अंदेशा रहता है। ये ब्रश भावनाओं से भरे रहते हैं। चित्रों के मुताबिक उनका चुनाव महफ़ूज रहता है। चित्रों में Texture/टेक्सचर पैदा करने में भी मदद करते हैं।

ब्रश मैं साधारण ढँग से ही इस्तेमाल करता हूँ।

पीयूष :

पिछले अरसे से आप पियानो भी सीखने में लगे हैं...

अखिलेश :

हाँ। इससे पहले मैंने स्पेनिश गिटार बजाना सीखना शुरू किया था। कॉलेज जाता था उन्हीं दिनों गिटार सीखने भी जाता था। उसके काफ़ी सारे सबक भी लिए। गिटार के टूट जाने से सीखना बन्द हो गया। मुझे लगा कि शायद यही ठीक हो कि मैं चित्र बनाने में ही अपने को बरतता रहूँ। दुबारा मैंने गिटार नहीं सीखा न कभी बजाने का मौक़ा आया। उन दिनों मैं गिटार अच्छा बजा लेता था। जितना भी सीखा था, अच्छे से सीखा था। अब मैंने पियानो सीखने की शुरुआत की है। पियानो सीखना मैं सिर्फ़ मोत्ज़ार्ट को सलाम कर सकूँ, इसके लिए रहा। मोत्ज़ार्ट की पियानो-संरचनाएँ अद्‌भुत हैं। मैं चाहता हूँ कि इनमें से कुछ संयोजन बजा सकूँ या बजाना सीख सकूँ। यह उस महान संगीतकार को मेरी श्रृद्धाञ्जलि होगी। लेकिन लगता नहीं कि यह आगे जाने वाला है। कारण कुछ बहुत ही भौतिक है। पियानो बेसुरा हो जाता है और बेसुरे पियानो से सीखना घातक है। समस्वरित करने वाला मुम्बई से आता है। भोपाल में नहीं है। कुछ सबक मैंने सीखे थे। अभी पियानो उतरा रखा है, बन्द पड़ा है।

पीयूष :

क्या कभी बागवानी या इस तरह की चीज़ों का भी आपको शौक़ रहा है?

अखिलेश :

बागवानी मेरा प्रिय शौक़ हुआ करता था। बचपन में हमारे घर में आँगन था। आँगन में मैं सब चीज़ों का प्रयास करता था। भुट्टे भी उगाता और वे बहुत अच्छे आते थे। मेरे बारे में सब कहते थे कि इसका green hand /हाथों में बरकत है–मैं किसी भी पेड़ को लगाऊँ, वह लग जाता था। किन्हीं भी परिस्थितियों में लगाऊँ, वह लग जाता था। अच्छे से फल जाता था। जितनी चीज़ें मैं लगाता, वे बहुत उर्वर ढँग से आतीं। घर में आँगन होने से यह बड़ी सुविधा रही कि मैं तरह तरह की चीज़ें उगा सकता था। मैं सारी सब्जियाँ उगाता। फिर मैंने हिम्मत की और भुट्टे भी लगाए। भुट्टे बहुत आए। छोटा-सा आँगन था और कुछ सौ सवा सौ पेड़ ही लग सकते थे। मैं मेहनत करता, गोडाई और ज़मीन तैयार करके उगाता। फिर बाद में छूट गया। अभी भी अगर मैं किसी ऐसी जगह रहने लगूँ जहाँ ज़मीन है तब मैं ज़रूर बागवानी अपना लूँगा। अब कोई एक रिश्ता है वह, अपने आप ही है। एक दिलचस्प घटना हुई। मैंने गुलाब का एक पौधा लगाया। वह ख़ूब बड़ा हो गया। मुझे सलाह मिली कि पेड़ की जड़ों को थोड़ा धूप दिखाना चाहिए। मेरी समझ बेवकूफी भरी थी। मैंने पेड़ खोदा और छत पर सूखने रख दिया। वह दो दिन वहाँ रहा। फिर किसी का ध्यान गया। बोले–यह थोड़े ही कहा था। जड़ों को धूप दिखाने का मतलब

है उसके आसपास की मिट्टी खोद कर अलग कर देते हैं, उस तक धूप पहुँचती है। मैंने वही पेड़ वापस लगाया। वह लग गया। पहले से ज़्यादा बड़ा हो गया। गुलाब और ज़्यादा अच्छे आने लगे। वह पेड़ लगभग मर गया था। मैंने उसे निकालने से पहले उसकी छंटाई-कटाई ख़ूब कर ली थी। उसे काफ़ी काटपीट कर धूप में रखा था। वह ख़ैर अज्ञानतावश था। जब मैंने जाना उस पेड़ से माफ़ी मांगी। फिर उसको लगाया। वह लग गया। उसने मेरी इज़्ज़त रख ली।

पीयूष :

मुझे ध्यान आता है कि आपने मोत्ज़ार्ट के संगीत पर भी एक चित्र-शृंखला बनाई है।

अखिलेश :

दरअसल, संगीत मुझे पसन्द है।

पीयूष :

यूं देखें तो मोत्ज़ार्ट और बीथोवेन दो ऐसे शख़्स है जिनके स्वभाव बहुत भिन्न है। मोत्ज़ार्ट और बीथोवेन को लेकर आप किस तरह से सोचते हैं?

अखिलेश :

मोत्ज़ार्ट सांगीतिक उपस्थिति है, बीथोवेन हताशा की। मोत्ज़ार्ट का गहरा सम्बन्ध संगीत से है, बीथोवेन का अपने जीवन से। मोत्ज़ार्ट अद्‌भुत संगीतकार है। उन्होंने ऐसा संगीत रचा कि पश्चिमी शास्त्रीय संगीत को उससे बाहर जाने के लिए बहुत जद्दोज़हद करनी पड़ती है। फिलिप ग्लास और जान केज जैसे आधुनिक व प्रयोगधर्मी composer's कम्पोजर्स भी मोत्ज़ार्ट से बाहर नहीं जा पाते हैं। यह देखना बड़ा दिलचस्प है।

मुझे पश्चिमी शास्त्रीय संगीत ही पसन्द है, ऐसा नहीं है। मुझे संगीत पसन्द है। संगीत की समझ मुझे भारतीय संगीत सुनने से ही मिली है।

मुझे मोत्ज़ार्ट पसन्द आ सकता है या कोई और भी। मैं ऐसी किसी स्थिति में नहीं हूँ कि संगीत पर आधिकारिक बातचीत कर सकूँ और यह कह सकूँ कि यह बेहतर है या वह।

पीयूष :

नहीं, सवाल शायद अनुभूति का है।

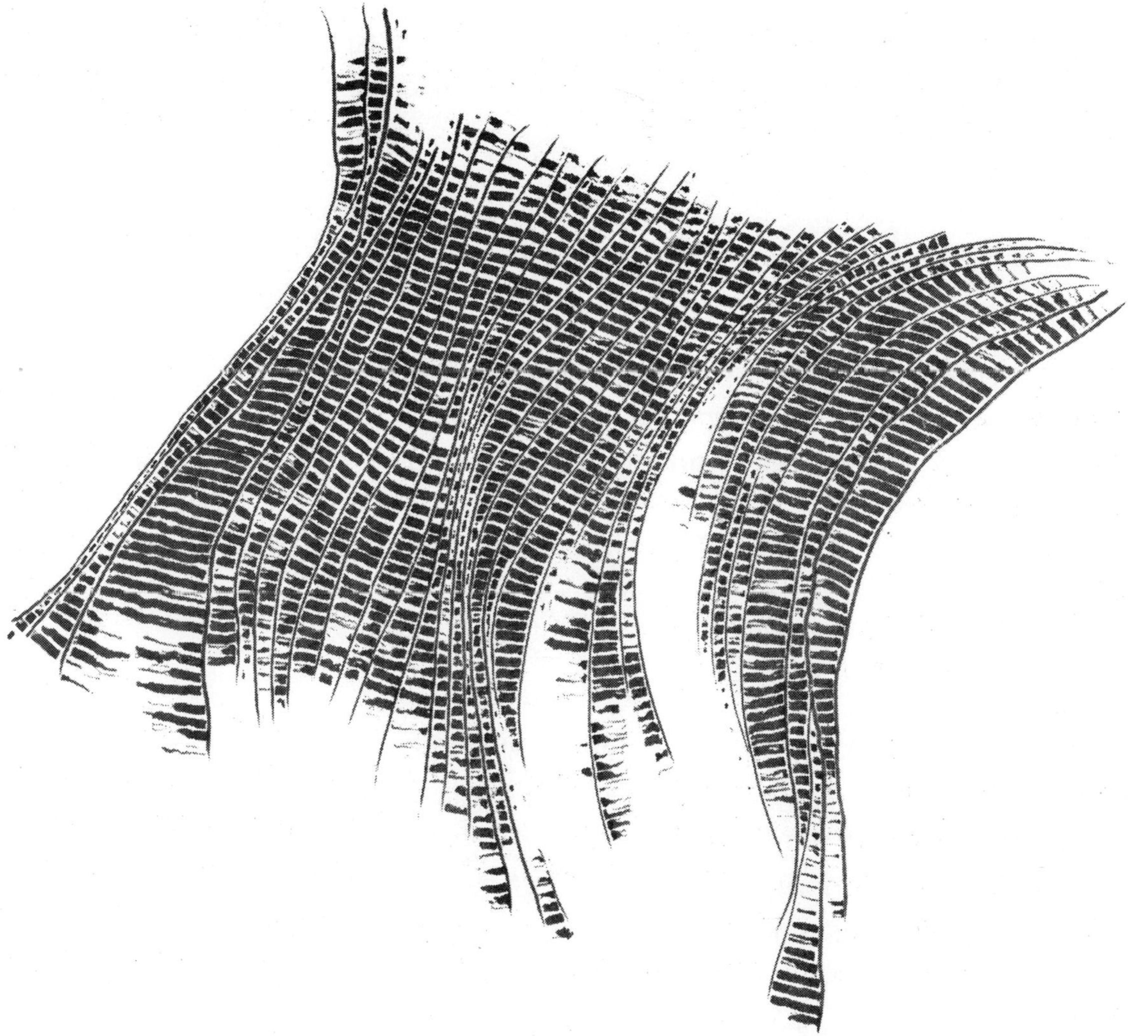

अखिलेश :

मोत्ज़ार्ट अविश्वसनीय उपस्थिति है। मोत्ज़ार्ट की आकस्मिकता विलक्षण है। यह आकस्मिकता किसी अन्य संगीतकार में इतने ऊँचे स्तर पर नहीं मिलती है। उनके संगीत में लगातार रचनात्मकता का एक प्रवाह व प्रभाव सुनने को मिलता है। मोत्ज़ार्ट के संगीत की अनुभूति गहरी व सांगीतिक होती है। बीथोवेन के सन्दर्भ में मुझे कभी ऐसा नहीं लगा। बीथोवेन की कुछ रचनाएँ ज़रूर अच्छी है।

पीयूष :

बीथोवेन को सुनते वक्त आपको किस तरह की अनुभूति होती है?

अखिलेश :

बीथोवेन और मोत्ज़ार्ट में कोई तुलना नहीं हो सकती। साधारण संगीतकार बहुत सारे होते हैं। विलक्षण संगीतकार अकेला होता है। दोनों में ज़मीन आसमान का फ़र्क़ है। मोत्ज़ार्ट एक विलक्षण प्रतिभा है जबकि बीथोवेन हज़ारों हैं। बीथोवेन ने ऐसा नहीं रचा है जिससे परम्परा खड़ी हो गयी हो। वह मोत्ज़ार्ट की परम्परा में ही रच रहा है।

पीयूष :

लेकिन एक परम्परा का खड़ा होना अपने में कोई प्रतिमान नहीं हो सकता।

अखिलेश :

पियानो एक वाद्य है। मान लीजिए। एक संगीतकार पियानो की अपनी अनन्त उपस्थिति से प्रभावित होकर पियानो बजाने लग सकता है। मोत्ज़ार्ट पियानो से संगीत बजाता है। मोत्ज़ार्ट के लिए संगीत महत्त्वपूर्ण है, वाद्य नहीं। यह छानबीन महत्त्वपूर्ण नहीं है कि मैं वाद्य में *ऐसा* भी कर सकता हूँ या मैं *ऐसा* बजाता हूँ। बीथोवेन वाद्य की सम्भावनाओं में खो जाता है, संगीत में नहीं रह जाता। थोड़ी देर बाद में वह कर्कश लगने लगता है। वाद्य में कुछ भी करते रहो, अन्तहीन है। जब कलाकार अपनी प्रतिभा दिखाने लगे अथवा अपना कौशल या तकनीकी दक्षता तब इसमें संगीत कहाँ है?

मोत्ज़ार्ट संगीत के आनन्द में डूबा हुआ व्यक्ति है। उसके जीवन की हताशा उसके संगीत का अंग नहीं है। बीथोवेन के सन्दर्भ में यह स्पष्ट नज़र आता है कि वह अपनी योग्यता और अयोग्यताओं से प्रभावित होकर रचनाओं में अपने

को...हालांकि इन पर बात करना बहुत ठीक नहीं है। मैं ज़्यादा जानता-समझता नहीं हूँ। अपने आनन्द के लिए संगीत सुनता हूँ जिसमें बीथोवेन भी सुनता हूँ। निस्सन्देह बीथोवेन की कुछ रचनाएँ बहुत सुन्दर है लेकिन वह मुझे विलक्षण नहीं लगता। जैसे कि पिकासो के सामने मोदग्लियानी मुझे विलक्षण नहीं लगता। मोदग्लियानी जैसे बहुत थे, पिकासो एक ही था। वान गॉग एक ही था।

दरअसल, बहुत सारे चित्रकारों की आहुति से एक वान गॉग पैदा होता है। आहुतियाँ फिर शुरू होती है फिर एक पिकासो पैदा होता है। बहुत सारे संगीतकार, चित्रकार या कवियों की आहुतियाँ डलती जाएँगी कि किसी क्षण कोई एक विलक्षण आने वाला है जो पूरे रचना-कर्म को एक दूसरे ढँग से परिभाषित कर देगा। मोत्ज़ार्ट के बाद अभी कोई आया नहीं है। बाद के संगीतकार अभी आहुति में काम आ रहे हैं और उनकी संगीत की समझ आने वाले विलक्षण संगीतकार के लिए काम आने वाली है। वह लायेगा। मनुष्यता के लिए एक उपहार।

मैं संगीत अपने लिए सुनता हूँ। यह एक झूठ होगा अगर मैं यह कहूँ कि मेरे चित्र बनाने में संगीत का बड़ा योगदान है। मेरे चित्रों में जो छन्द, लय, ताल है वह सभी कलाओं में समान रूप से विद्यमान है। इनका प्रकटन अलग अलग है। वह कविता में भी है, नृत्य में भी। मूलतः कुछ चीज़ें हैं जिनके संयोजन चित्रकार तरह तरह से उद्घाटित करते रहते हैं। लय या ताल के अर्थ में सांगीतिक उपस्थिति दिखती है। मेरे चित्रकर्म में यह आवश्यक तत्त्व नहीं है।

मैं अपने चित्रों की सफ़ाई संगीत से नहीं प्रस्तुत कर सकता। मेरे चित्रों की सचाई, उनकी सफ़ाई नहीं है। वे अपने में हैं। उन्हें सहारे की ज़रूरत नहीं है। यह कहना झूठ होगा कि मेरे चित्रों में जो होता है वह संगीत सुनने के कारण होता है। यह बात अलग है कि मैंने अपनी एक प्रदर्शनी के चित्र मोत्ज़ार्ट की संगीत-रचनाओं के नाम रखे। यह मेरी श्रृद्धाञ्जलि है, नमन है महान संगीतकार के नाम। इस प्रदर्शनी के चित्रों का मोत्ज़ार्ट के संगीत से कोई सम्बन्ध नहीं है–उसमें सम्बन्ध खोज पाना भी कठिन है। मैं मोत्ज़ार्ट का संगीत सुन सका इस कृतज्ञता का ज्ञापन मैंने अपने चित्रों के शीर्षक रख कर किये। सिर्फ़ इतना भर है।

पीयूष :

अभी हाल ही में वरवर राव से जब यह पूछा गया कि माओवादी हिंसा में निर्दोष लोग मारे जाते हैं तो उन्होंने टका-सा जवाब दिया कि ये सब ब्योरे की बातें हैं। यह कितना भयानक है कि एक कवि को निर्दोष इन्सानों का मारा जाना सिर्फ़ ब्योरे की बात लगती है–यह वाक्य उस उत्स से आता है जहाँ अपने उदात्त लक्ष्य के भेस में इन्सानी ज़िन्दगी को हकीर समझा जाता है। या अमरीका ''कोलटरल डैमेज'' जैसा नया पारिभाषिक शब्द गढता

है। ओरहान पामुक ने दोस्तोवस्की के उपन्यास ''डेमोंस'' पर विचार करते हुए यह लिखा है कि दोस्तोवस्की उन्हें आत्मा की गोपन भाषा सिखा रहे हैं, उन्हें उनकी दुनिया में ले आ रहे हैं जो दुनिया को बदलने की स्वप्न-अग्नि में जलते हुए उन सारे लोगों को धोखा देने और उनका अपमान करने व उन्हें कमतर साबित करने में आनन्द लेते हैं जो उनकी ज़ुबान नहीं बोलते या जो उनसे सहमत नहीं। बहरहाल, आपकी बात से ऐसा लगता है कि ''आहुति'' एक तरह से ऐतिहासिक अनिर्वायता है जिसमें आला दर्जे के कलाकारों के अलावा बाक़ी के सब *ब्यौरे की बातों* के खाते में डाले जा सकते हैं। क्या आप ''आहुति'' की रूपकात्मकता के सन्दर्भ में अपने विचारों को ज़रा विस्तार दे सकेंगे?

अखिलेश :

''आहुति'' ब्यौरे की बातें नहीं है। वरवर राव से एक राजनैतिक प्रश्न पूछा गया जिसका राजनैतिक जवाब उन्होंने दिया। ये आहूतियाँ अपनी प्रतिभा के अनुसार हैं। अनेकों आहुतियों से यज्ञ सम्पन्न होता है। पिछले पाँच सौ वर्षों में पाँच चित्रकार ही नहीं हुए, पचासों हुए किन्तु कुछ ऐसे हैं जो इन सबकी आहुतियों का मर्म अपने चित्र में ले आते हैं। यह लगभग वैसा ही है, सबका सार इकट्ठा कर अपने चित्रों में पिरो लेने जैसा। इसे समय के सन्दर्भ में–ऐतिहासिकता के सन्दर्भ में–देखने की अनिवार्यता नहीं है। इतिहास का सन्दर्भ राजनीति है या राजनीति का सन्दर्भ इतिहास। यह दोनों अपने होने का प्रमाण एक दूसरे से खोद निकालते रहे हैं। कलाओं का वास्ता भविष्य से है जहाँ इतिहास की भूमिका पाने वाले की है।

किसी भी चित्रकार का सन्दर्भ उसके अपने चित्र के लिए महत्त्वपूर्ण है। कोई भी चित्रकार पूरी ईमानदारी और अपनी सम्पूर्ण क्षमताओं के साथ काम करता है फिर हम कैसे उसे निर्दोष मारे गये लोगों के ब्यौरे में डाल सकते है? बहुत से चित्रकारों की आहूति से तात्पर्य उन चित्रकारों के छोटे-बड़े योगदान, वान गॉग या पिकासो या किसी भी चित्रकार को कला संसार समझने में मदद करते हैं। ये मदद कुछ ऐसी है कि ये वो बन्द दरवाज़ें हैं जहाँ उसे नहीं जाना है बल्कि इस दरवाज़े की ऊपरी खिड़की से झाँक कर वह देख सकता है कि यह रास्ता किस तरह का है।

पीयूष :

आपने चित्र बनाने के अलावा भी यदा-कदा कई क़िस्म के अन्यान्य रचनात्मक काम और भी किए हैं जैसे मञ्च-सज्जा या अपने कुछ मित्रों की किताबों के आवरण-आकल्पन इत्यादि।

अखिलेश :

मञ्च-सज्जा के सिलसिले में तीन ऐसे महत्त्वपूर्ण मौक़े रहे जिस पर मैंने कुछ काम किया। पहली बार उन्नीस सौ चौहत्तर में जब मैं बमुश्किल अठारह साल का रहा होऊँगा तब काँग्रेस का अधिवेशन इन्दौर में हुआ। स्टेडियम में वह अधिवेशन होना था और उसकी मञ्च-सज्जा का काम मुझे मिला। वह एक विशाल मञ्च था जो कम से कम डेढ सौ फीट का होगा और लगभग चालीरा फीट ऊँचा होगा। वह मेरा सबसे पहला अनुभव था। सारी रात व अगले दिन लगभग दोपहर तक हम लोग काम करते रहे। उसके बाद मैं इतना थक गया कि घर जाकर सो गया था। श्रीमती इन्दिरा गाँधी उस अधिवेशन में आने वाली थी। मञ्च-सज्जा देखकर वह हतप्रभ थीं। उन्होंने पूछा–"किसने किया।" यह सब मुझे बाद में तब पता चला जब लोगों ने बताया और उन्होंने भी जिन्होंने मुझे यह काम दिया था। वे एक काँग्रेसी नेता थे। उन्होंने इन्दिरा जी को बताया कि यह उन्होंने करवाया है। श्रीमती गाँधी ने तब कहा कि "हाँ, वह ठीक है मगर किया किसने?" उन्होंने मेरा नाम बताया। वह कहने लगीं कि मैं मिलना चाहूँगी। ख़ैर! मैं घर पर सो रहा था सो यह सब बातें मुझे बाद में ही पता चली।

दूसरी मञ्च-सज्जा मैंने बंगलौर में की। प्रीमियर मिल का–जिसमें मैं काम करता था–उद्घाटन करने के लिए राष्ट्रपति नीलम संजीव रेड्डी आ रहे थे। जो मञ्च बना था उसके पीछे फेक्ट्री की दीवार थी। उस दीवार को मैंने फूलों से सजाया हुआ था। राष्ट्रपति के भाषण और उद्घाटन के बाद एक चाय की पार्टी थी, कुछ चुनिन्दा लोगों के लिए। राष्ट्रपति ने पूछा–"यह मञ्च-सज्जा जिन्होंने की है मैं उनसे मिलना चाहूँगा।" मुझे मिलाया गया। वह सज्जा इतनी ख़ूबसूरत थी।

तीसरा, भारत भवन में पहला विश्व कविता समारोह हुआ। यह सात दिनों का था। स्वामीनाथन ने इसकी मञ्च-सज्जा का काम मुझे सौंपा। सात दिन के लिए मैंने अलग अलग ढँग से मञ्च सजाने की योजना बनाई। बहुत ही सस्ती व साधारण सामग्री से मञ्च सजाया। सातों दिन मञ्च-सज्जा देख कर उसमें भाग लेने वाले कवि, सभी लोग आनन्दित हुए। मुझे भी मज़ा आया, काम करने में।

इन सारी मञ्च-सज्जाओं को मैं एक संस्थापन/Installation की तरह देखता हूँ। किन्हीं चीज़ों के साथ, कुछ दूसरी चीज़ें रख कर एक तरह का संयोजन किया। विश्व कविता समारोह में एक दिन मैंने मञ्च पर मटके रखे थे। जब मैंने मटके रखे और उनको देख रहा था तो वह पूरी जगह मरी हुई-सी लग रही थी–उसमें कुछ जान नहीं थी, मज़ा नहीं आ रहा था। कुछ ऐसा लग रहा था कि यह क्या किया है, कि बन ही नहीं पाया, इसमें कुछ स्पन्दन नहीं है, इसमें जीवन नहीं है। मुझे कोई रास्ता नहीं मिला। जब हम सब लोग जाने लगे तब अचानक मुझे सूझा कि इसमें

थोड़ा रंग ढोल देते हैं। मैंने एक बाल्टी सफ़ेद रंग मंगवाकर उन मटकों पर ढोल दिया। और अन्तरंग में सनसनी फैल गयी। पूरी जगह बदल गयी। काम करने के दौरान ऐसा अन्तर्बोध भी होता है कि ऐसा कर देखते हैं। वह काम कर गया। उसके पहले की जितनी भी मञ्च-सज्जाएँ थीं वे सब लगभग सपाट और छोटी-सी जगह घेरने वाली थी और सारी एक परदे की तरह थी। यहाँ वह त्रियामी थी। मञ्च पर बाक़ायदा मटके रखे हुए थे। एक तरफ़ ऊँचे ढेर से लेकर नीचे की तरफ़ तक। यह काम त्रि-आयामी था। यह तत्त्व पहले की किसी भी मञ्च-सज्जाओं में नहीं था। मैने पहली बार इस तरह से लगाया था। वह सब को पसन्द आया। दूसरे दिन ख़ुद मैंने आकर उसे देखा और मुझे भी मज़ा आया कि हाँ, यह कुछ हुआ।

इन तीनों मञ्च-सज्जाओं के अलग से कोई विषय नहीं थे। मुझे करने की पूरी स्वतन्त्रता थी जो मैं करना चाहता था। पहली मञ्च-सज्जा के सन्दर्भ में काँग्रेस का अधिवेशन था इसलिए मैंने काँग्रेस के झण्ड़े के तीन रंगों को चुना और गाँधी जी के चरखे का चक्र चुना। सारी मञ्च-सज्जा इन्हीं दोनों के इर्दगिर्द थी। इसमें कोई संदेश नहीं था, न मैं उससे कुछ कहना चाह रहा था कि काँग्रेस इस तरह है। पूरी सज्जा में एक तरह की सादगी थी। सादापन था, आक्रामक नहीं थी। वह देखने में आपको भीतर समा लेने की क्षमता रखती थी। जितने लोगों ने भी देखा होगा वह उन सब लोगों को महसूस हुआ होगा। या शायद नहीं भी हुआ हो। ऐसे ही जब मैंने दूसरी मञ्च-सज्जा की तब वह फूलों से थी। फूल वैसे भी सुन्दर दिखते हैं। इसमें मैंने एक तरह के फूलों को रख दिया था और उसके बीच मिल का नाम लिख दिया था–दूसरी तरह के फूलों से। वह बहुत ही सुन्दर दिखने लगी थी। उसमें सादगी नहीं, प्राकृतिक भव्यता थी। भारत भवन के सातों दिन अलग अलग अनुभव थे। अलग अलग तरह का ढँग था, अलग अलग तरह की सामग्री थी। सातों दिनों के लिए सात प्रकार। चीज़ें साधारण थी, उनके अनुभव अलग थे। इन सबमें एक चीज़ ज़रूर थी कि वे एक खास रंग को दर्शा रही थी। एक रंग की मौजूदगी थी वहाँ। यह शायद मटकेवाले दिन नही हो पा रहा था।

दरअसल, आप सूखी पत्तियों से भी सुन्दर मञ्च-सज्जा कर सकते हैं। सामग्री महत्त्वपूर्ण नहीं है, उसको रखने का महत्त्व है। मान लीजिए कि फूल नहीं होते तो किसी और चीज़ से कर लिया होता। तब भी वह उतना ही भव्य व आकर्षक होता।

असली दाँव वह खेल है जिसमें असली प्रभुत्व रंगों का है बजाय आकारों के। वह सिल्क स्क्रीन हो चाहे संस्थापन हो चाहे मेरे अपने चित्र हो। इन सबमें रंग ही हमेशा मेरा प्रयास रहा।

किताबों के आवरण एक अलग मसला हो जाता है, उसमें आप एक उद्देश्य भी शामिल कर लेते हैं। पुस्तकों के आवरण

पोस्टर की तरह है। उसका कोई इतना महत्त्व नहीं है। आप किताब के अनुसार–जैसे वह कविता की है या उपन्यास की–उसमें जो कथ्य है उसके अनुसार बुनने की कोशिश करते हैं। या नहीं भी करते हैं।

पीयूष :

लेकिन वह एक तरह से उस किताब को लेकर के आपकी अपनी ही reading है और सम्भवतः इसका अंश प्रमुख रहता होगा।

अखिलेश :

हाँ। बिलकुल ठीक।

उसमें आप शायद अपने को नहीं रखते हैं मगर उन चीज़ों को रखते हैं जो उस वक्त मौजूद है, उस किताब के सन्दर्भ में। जैसे उदयन (वाजपेयी) की एक किताब है–''पागल गणितज्ञ की कविताएँ।'' शीर्षक पढ़ते से ही मुझे लगा कि सबसे बड़ा पागल शिव है जो पागल गणितज्ञ है। मैंने एक लघु-चित्र ढूँढा जिसमें शिव एक पहाड़ की चोटी पर बैठे हैं, उसे आवरण की तरह रखा। ऐसे आप खेलते हैं–किताब या किताब का जो कथ्य है, उसके साथ। अब उसको कोई समझे न समझे मुझे नहीं मालूम। कोई दूसरा व्यक्ति इस शिव को उस तरह से लेता है या नहीं मुझे नहीं मालूम। मेरे लिए बहुत रुचिकर है–दोनों छोर पर। पुस्तक के आवरण एक अलग मसला हो जाता है जिसका आपकी रचनात्मकता से इतना सम्बन्ध नहीं है।

पीयूष :

एक रचनात्मक शख़्स के रूप में अपने शहर भोपाल के साथ आप कैसा महसूस करते हैं? शहर के साथ जिस क़िस्म का नाता बनता है वह दरअसल किसी एक शहर के साथ ही नहीं है। वह अपनी प्रकृति में भी है और सांस्कृतिक छबियों में भी। भोपाल में ज़्यादातर कौन सी जगहें आप को पसन्द हैं–यहाँ का पुराना शहर और वहाँ की बल खाती गलियाँ या झीलें या खुले इलाक़े या...

अखिलेश :

भोपाल से मेरा इतना सम्बन्ध नहीं है जितना इन्दौर से है। इन्दौर में बहुत सारी जगहें रही जो मेरी पसन्दीदा जगहें थीं, उन दिनों में जब मैं इन्दौर में रहता था। नवलखा का बग़ीचा जिसमें हम लोग जाया करते थे या राजबाड़े की वे गलियाँ जो रातभर खुली रहती थीं–जहाँ पर आप कभी भी चाय पीने जा सकते थे या पान खाने जा सकते थे। इन्दौर शहर का नेहरू पार्क जिसमें हम लोग जाकर बैठा करते थे, बातचीत करते थे या

इन्दौर में गर्मियों में खुलने वाली चर्खियाँ जिसमें अक्सर हमारी शामें गुज़र जाया करतीं थीं : वह सब आकर्षित करती थीं। उन दिनों को हम भरपूर जीते थे। भोपाल आने पर मुझे ऐसा लगा जैसे यह एक ख़ूबसूरत लड़की का मृत शरीर हो।

मैं भोपाल बंगलौर से आ रहा था। बंगलौर कुछ कुछ इन्दौर जैसा एक जीवन्त शहर था। भोपाल मुझे अटपटा-सा लगा–शुरुआती दिनों में। जिन दो शहरों में अभी तक का समय मैं बिता चुका था, वे बहुत जीवन्त व धड़कते हुए थे जबकि भोपाल में सात बजे बाद सन्नाटा होने लगता था। यहाँ मेरे कुछ दोस्त बने जो कि पुराने भोपाल से थे। मेरा परिचय पुराने भोपाल से हुआ। वहाँ बुधवारे में मैंने पाया कि यह भी उतना ही जीवन्त शहर है जहाँ पर आप रातभर शतरञ्ज खेल सकते हैं, पटिये पर बैठकर या किसी एक बग़ीचे के कोने में रातभर बातचीत कर सकते हैं। भोपाल को मैंने पुराने इन्दौर की तरह या बंगलौर की तरह देखना-पाना शुरू किया। भोपाल रास आने लगा। भोपाल में बहुत सारी जगहें ऐसी थीं जो मैंने ख़ुद ने भी नहीं देखी थी, उनसे मेरा परिचय होने लगा। मैंने पाया कि भोपाल एक मृत नग्न स्त्री की देह नहीं है।

पीयूष :

यूं धीरे धीरे आप इस शहर की लुकाछिपी में अपने को पाने लगे...

अखिलेश :

मैंने पाया कि भोपाल ख़ूबसूरत शहर है जिसमें आप अपनी तरह से हस्तक्षेप कर सकते हैं। हम लोगों ने एक मण्डली बनाई थी–''सम्भावना''। मेरे घर में एक आँगन था। आँगन में हम लोगों ने छोटी-छोटी गोष्ठियाँ आयोजित करना शुरू किया जिसमें कभी नाटक होते, कभी काव्य-पाठ होता। इस तरह की गतिविधियों से पुरानी दिनचर्या वापस लौट आई। हम इन सब में भाग लेते थे। फिर भोपाल भी उतना ही अपना हो गया जैसे कि इन्दौर था। अब इन्दौर को अपरिचित-सा शहर पाता हूँ : मुझे भोपाल ज़्यादा अनुकूल लगता है। इन्दौर बेतरतीब ढँग से बढ़ गया शहर है। हर सम्भावित कोने पर एक दुकान खुल जाती है। इन्दौर व्यापार का एक बड़ा केन्द्र बनता जा रहा है जो कि सम्भवतः पहले भी था। पहले इस तरह की आक्रामकता नज़र नहीं आती थी। वह एक धीमी गति से चलने वाले शहर की तरह था जो बाहर से दिखता था और भीतरी जगहों में धड़कता व जीता हुआ ज़िन्दा शहर था। अब सारी गतिविधियाँ व्यवसाय के केन्द्र में हो रही हैं। इन्दौर से इतने सालों से सम्बन्ध भी नहीं रहा। हो सकता है कि वे सारी चीज़ें मौजूद हो, वे लोग भी मौजूद हो किन्तु उनसे मेरा परिचय नहीं है।

पीयूष :

मैंने यह ग़ौर किया है कि अपने चित्रों के Display को लेकर आप हमेशा सजग रहे हैं।

एक चित्र-प्रदर्शनी का आपके लिए क्या अर्थ है? जिन रीतियों से एक कलाकृति प्रदर्शित की जाती है वह उस कृति के आस्वाद को किस तरह प्रभावित करती है? एक चित्र और जिन रीतियों से वह प्रदर्शित है, के बीच के सम्बन्ध पर आप किस तरह से सोचते व व्यवहार करते हैं?

एक प्रदर्शनी के लिए आप चित्रों का चुनाव कैसे करते हैं? क्या यह एक औचक चुनाव होता है या इसके पीछे दृष्टि की कुछ कसौटियाँ काम कर रही होती हैं? एक प्रदर्शनी के सन्दर्भ में आप चित्रों को सहवर्तित्व में देखना-रखना पसन्द करते है या पूरी तरह अलहदा?

क्या आप कभी Triptych की तरह भी अपने चित्रों को रखते हैं? या कभी इस ढँग से भी आपने चित्र बनाए हैं?

अखिलेश :

यह संयोग रहा है कि मेरे पिता के चित्रकार होने से मुझे कई बातें जाने अन्जाने सीखने को मिली हैं। चित्र प्रदर्शिनयों के लगाने में कलाकृतियों के क्रम आदि को लेकर बहुत सी बातें अन्जाने ही पता चली। शिक्षण के दौरान मेरे गुरू चन्द्रेश सक्सेना चित्रों के बन जाने के बाद उनकी माउंटिंग, फ्रेमिंग आदि पर भी विस्तार से बात किया करते थे और वहीं से Display की विधिवत जानकारी मिलना शुरू हुई। एक प्रदर्शनी को चित्रों के क्रम से कैसे सुन्दर बनाया जा सकता है इसका पहला पाठ उन्हीं से मिला। सक्सेना सर के Display में एकरसता का पाठ था। चित्रों की क्रमबद्धता महत्त्वपूर्ण थी। एक चित्र के बाद दूसरे चित्र का चुनाव रंगों की निरन्तरता से होता था। इन रंगों के बदलाव से चित्रों की क्रमबद्धता में बहुत ही महीन परिवर्तन कुछ चित्रों के बाद आता था। वे इसका ख़याल रखते थे और इस पर बहुत देर तक बतलाते थे।

इसका दूसरा पाठ भारत भवन आने के बाद स्वामीनाथन से मिलना शुरू हुआ। स्वामी जी ने जब यह जाना कि Display में मेरी रूचि है और मैं किसी एक तरह का Display करता हूँ तब उन्होंने इसमें इजाफ़ा किया। स्वामी से मैंने सीखा कि कैसे ख़राब चित्रों से एक रुचिकर प्रदर्शनी लगाई जा सकती है और इसका विपरीत भी। स्वामी रंगों की क्रमबद्धता आदि पर जोर न देते बल्कि प्रदर्शनी में आकर्षण पैदा करने वाली जगह बनाते। दर्शक के भीतर प्रदर्शनी पूरी देखने की इच्छा जाग्रत हो ऐसा क्रम बनाते।

भारत भवन रहने के दौरान ही मैंने इन पाठों को दोहराया और उनमें विविधता लाने और संयोग पैदा करने के प्रयास शुरू किये। चित्रों के रंगों के आपसी संयोजन से रूचि पैदा करने और इन सारी कलाकृतियों के बीच लय बिठाना एक संस्थापन/Installation जैसा होने लगा। इसमें मेरी रूचि अपने चित्रों की तरह बढ़ती गयी। किस तरह मैं दो विपरीत रंगों को पास लाऊँ। इन प्रदर्शिनयों को लगाने में एक नाटकीयता जो दर्शक को आकर्षित करे और उसे दिशा भी दे सके, यह सब मैंने भारत भवन में करना शुरू किया। भारत भवन की आधुनिक कला-दीर्घा की विशालता के कारण यह भी सम्भव हो सका कि अलग अलग कोनों में कलाकृतियों से एक माहौल तैयार किया जाय जो दर्शक को सोख ले। एक प्रदर्शनी में कई तरह के भाव, कई रस संचालित किये जा सकते थे। यह सब करना अपने चित्रकर्म की तरह ही लगता रहा।

मेरी अपनी प्रदर्शनी के लिए मैं अपने चित्रों की Harmony/समस्वरता प्रदर्शित करता हूँ और कई बार उनमें विविध संयोजन, जिससे कभी कोई नाटकीय मोड़ या कभी किसी खास रंग पर जोर देना आदि चुनता रहता हूँ। यह सब दीर्घा को देखने के बाद ही किया जा सकता है। Display में मेरी रूचि इतनी अधिक है कि कई बार कला परिषद में प्रदेश से या बाहर से आये अन्जान कलाकारों की प्रदर्शनियाँ जाकर लगा देता हूँ। यह मौक़ा मैं कभी छोड़ना नहीं चाहता।

कलाकृतियाँ स्वप्न की तरह हैं। दो स्वप्न को पास लाने से तीसरा स्वप्न देखा जा सकता है। दो स्वप्न के पास आने पर कई स्वप्नों की शुरुआत हो सकने की सम्भावना है। इससे आप कैसे दूर जा सकते हैं? इनके संयोजन में आप आक्रामकता भर सकते हैं, रस बहा सकते हैं, भावविभोर कर सकते हैं : ऐसी अनन्त सम्भावनाएँ खुल जाती हैं। यह एक दृश्य की तरह है जिसमें कई तत्त्व हैं, कई मौजूदगियाँ हैं। इस विपुल सामग्री के बीच एक तारतम्य है। इसमें खास तरह के, कई तरह के रस भरे हैं, इनमें से किसी एक पर जोर देते हुए उनके औचक चुनाव से भी उनके बीच हो रहे संवाद को ढूँढा जा सकता है, उसे दिखाया जा सकता है, उसे बिखराया जा सकता है। यह सब आपकी कल्पना पर निर्भर करता है। दृश्य चित्र बनाते वक्त किसी खास वृक्ष पर आप जोर देते हैं किन्हीं चीज़ों को छोड़ देते हैं और एक चित्र बनाते हैं। ठीक यही Display में भी कर रहे होते हैं।

मैंने कई चित्र Diptych और Triptych बनाये हैं। कई बार आप इन्हें इस क्रम में रखते भी हैं। Display भी करते हैं।

पीयूष :

पिछले कुछ बरसों से आपने स्वयं को नौकरी से अलग कर लिया है। अब आप अपना सारा समय चित्र को दे सकते हैं। इससे क्या फ़र्क़ आया है?

क्या आप हर रोज़ चित्र बनाते हैं या प्रेरणा अथवा मूड्स का इन्तज़ार करते हैं? आप कब तक चित्र बनाते हैं? क्या इसका ताल्लुक़ किन्हीं मायनों में भौतिक समय के अनुशासन से भी है? मुझे ध्यान आता है कि आप सुबह में जल्दी उठ कर कैनवास पर आ जाते है–दिन की रोशनी में काम करना आपको अच्छा लगता है?

चित्ररत रहते हुए सर्वोत्तम घड़ियाँ कौन सी होती है?

अखिलेश :

जब मैं नौकरी कर रहा था तब भी मेरा सरोकार चित्रकला ही था और अब यह ज़रूर हुआ है कि थोड़ा ज़्यादा समय मैं अपने चित्रों को दे पाता हूँ। नौकरी के दिनों में भी मैं जो काम कर रहा था वह चित्रकला से ही सम्बन्धित था। प्रदर्शनी लगाना, आयोजित करना आदि आप अपने लिए भी करते हैं और भारत भवन की मेरी नौकरी भी इसी की थी। चित्रकारों से मिलना, उनकी प्रदर्शनी लगाना। यह सब मेरा अपना ही था। इसे मैंने कभी अलग नहीं पाया और इसीलिए इसे करने में मेरा मन उतना ही साथ रहा जितना मेरे अपने स्टूडियो में।

मेरे भटकाव भी चित्रों से सम्बन्धित ही रहे। चित्रकला से सम्बन्ध लगातार गहरा ही हुआ। भारत भवन के साथी कलाकारों की विविध सोच भी मेरी समझ के विस्तार में काम आयी। नौकरी छोड़ने के बाद मेरी एकाग्रता बढ़ी, साथ ही यह भी लगा कि यह एकाग्रता बँटी हुई थी। पहले भी चित्र बनाता था और उसके लिए सिर्फ़ सुबह का रामय ही मिलता था। रुाबह जल्दी उठकर मैं अपना काम करता फिर दरा बजे रो देर शाम तक भारत भवन। दिन भर की थकान के बाद बचा हुआ समय मैंने कभी चित्रों के लिए नहीं रखा। शाम दोस्तों के साथ बिताना या कार्यक्रमों में जाना आदि ही क्रम रहा है। अब मेरे पास पूरा दिन है। जिसमें सुबह का समय चित्र बनाने के लिए है। अब देर तक मैं चित्र बना सकता हूँ। अब चित्र बनाने की गति धीमी है। ज़्यादा एकाग्रता इसका एकमात्र कारण है।

चित्र बनाने के लिए मुझे सुबह का समय ही अच्छा लगता रहा है जब आप पूरी तरह विश्राम कर तरोताज़ा है। मस्तिष्क में अन्य विचार नहीं है। दिन के किसी और समय के बनिस्बत सुबह आप शीघ्र एकाग्र हो जाते हैं। स्वाभाविक ऊर्जा है। यह सबसे मुफ़ीद समय लगता है। मेरे चित्र ही प्रेरणा रूप है अतः किसी बाहरी हस्तक्षेप की ज़रूरत नहीं महसूस होती है। चित्रों से उत्सर्जित ऊर्जा मूड बना, बिगाड़ रही होती है। यह सब माहौल ही है जिसे आप संचालित करते हैं और जिससे आप संचारित होते हैं। आप जब चित्र नहीं बना रहे हैं तब भी आप चित्र ही बना रहे होते हैं। आप देखते हैं और इस देखने में आप वही देखते हैं जो देखना चाहते हैं।

पीयूष :

जब मैं चीज़ों के बारे में पढ़ता हूँ तब मेरा ध्यान इस ओर जाता है कि हमारी परम्पराओं में हम यह पाते हैं कि यहाँ पर विभिन्न कलाओं के बीच एक बहुस्तरीय गहरा संवाद लगातार बना हुआ है। जब हम बीसवीं सदी की पहली अर्द्धसदी में झाँकते है तब यूरोप में हम यह देखते हैं कि वहाँ पर विभिन्न कलाओं और विद्यानुशासनों के लोग आपस में जैसे बिलकुल गुत्मगुत्था है। वहाँ अनेकानेक कलान्दोलनों का जन्म भी होता रहा है और ऐसा भ्रम बनता है कि वे कहीं भी परस्पर विलगाव की स्थिति में नहीं है लेकिन भारत में अब ऐसा ज़्यादातर नहीं है। एक तरह की संवादहीनता की स्थिति है।

हमारे समय में आप उन कुछ चित्रकारों में से भी एक है जिनका लगातार दूसरी कलाओं व विद्याओं संग जीवन्त नाता व संवाद बना रहा है और ऐसा बहुत कम है।

अखिलेश :

पश्चिम में जो हुआ उसकी पूर्व के सन्दर्भ में तुलना करना ठीक नहीं है। ऐसा नहीं है कि संवादहीनता है। कुछ ऐसे अपवाद चुन लिये जा सकते हैं जिनका सम्बन्ध या संवाद अन्य कला-माध्यमों से नहीं है। इस माध्यम को समझने वाले लोगों का गहरा संवाद अन्य कला-माध्यमों से लगातार बना हुआ नज़र आता है।

यूरोप में कलान्दोलनों के पीछे एक मक़सद उनका अपना कोई सांस्कृतिक सन्दर्भ न होना भी रहा है। एक नया समाज है। एक नयी संस्कृति बन रही है। इसलिए उनके सामने वे सारे प्रश्न खड़े होते रहे हैं जिनको शायद पूर्व में बहुत पहले सुलझा लिया गया हो या जिनके साथ बहुत पहले ही जूझा जा चुका हो। जहाँ तक सन्दर्भ औद्योगिक क्रान्ति के साथ सारी कलाओं के सम्बन्धों का है तो वहाँ ज़रूर एक बड़ा बदलाव नज़र आता है। यह पूर्व की कला में नज़र नहीं आता। हमारे यहाँ पश्चिमी ढँग की क्रान्ति नहीं हुई न इस तरह के युद्ध हुए जिनमें यहाँ के कलाकारों ने अपने होने के संकट को झेला हो। मनुष्य को मनुष्य बचे रहने का संकट हो। पश्चिम में इन सब चीज़ों के कारण भी ये सारे बदलाव, बदलाव के रूप में हमें नज़र आते हैं। पश्चिम में कला-माध्यमों के बीच में आपसी संवाद बहुत प्रमुखता से इसलिए दिखता है कि वह एक ऐसे समय में हो रही बातचीत थी जब संचार की सुविधा थी। जो कुछ भी हो रहा था वह लगातार और तत्काल ही सभी को पता चल रहा था। जैसा कि उसके पहले के समय में नहीं था। मनुष्य-जाति ने पाँच हज़ार साल में जितनी प्रगति नहीं की उससे ज़्यादा उन्नीसवीं शताब्दी के पचास साल में कर ली। पश्चिमी मनुष्य एक ऐसी जगह पर पहुँच गया जहाँ वह ख़ुद भटक

गया। ख़ुद को अपनी धुरी नज़र आना बन्द हो गयी। तेज़ी से आए बदलावों को पचा लेना भी मुश्किल काम जान पड़ा। पचा लेने के बजाय कुछेक नया विचार या नया आन्दोलन खड़ा करने की कोशिश में लगातार बदलाव आते रहे और आन्दोलन चलते रहे। आन्दोलनों वग़ैरह के परे जा कर देखने पर पता चलता है कि इस दरमियान की चित्रकला में जो चित्र बने हैं उनका सम्बन्ध उन सारी परम्पराओं से है जो मनुष्य-जाति की परम्पराएँ हैं। उससे परे के चित्र नहीं हैं वे। वे कुछ ऐसे चित्र नहीं हैं जो मंगल ग्रह से आ गये हैं। या ऐसे चित्र नहीं है जो अकल्पनीय थे। सभी चित्र मनुष्य के होने की सीमा के भीतर ही रचे गये थे। भले उसको हमने किसी एक वाद के रूप में पहचाना। उदाहरण के तौर पर पॉल क्ली के बाद के चित्र भीम बैठका या लास्का की गुफ़ाओं में रहने वाले आदिम इनसानों के चित्रों की तरह है। अन्ततः सारे कलान्दोलनों से भी चित्रकला वहीं पहुँची जहाँ वह ज़्यादा स्वतन्त्र और स्वायत्त है। उन आन्दोलनों को शायद इसी घबराहट में किया गया है कि मनुष्य तेज़ी से आ रहे बदलावों के साथ अपना सम्बन्ध बनाने में अक्षम था। परिवर्तन को समझ पाने या उनसे एक तरह का संवाद करने की स्थिति में नहीं था।

ऐसा कभी नहीं हुआ कि एक कला माध्यम, अन्य माध्यमों के बग़ैर, स्वतन्त्र रूप से अपनी सत्ता निर्धारण कर सका हो। छोर/core में जाने पर वे सारी चीज़ें मिलने लगती हैं जो अन्य कला माध्यमों से उसके पास आ गयी हैं। मेरे ख़याल से यह मनुष्यता की सीमा भी है कि वह उससे परे नहीं जा सकता। उसी संरचना के भीतर रह कर ही वह उसे बरतता-समझता और बनाता-बिगाड़ता है।

हमारे यहाँ पर प्रलेखन/Documentation पर कोई भरोसा नहीं रहा। ऐसे संकट भी हमने नहीं झेले जिसमें एका दिखाने की ज़रूरत नज़र आती हो। वहाँ पर वे लगातार मुसीबतें, बदलाव आदि झेल रहे होते थे। उसी परिवर्तन में युद्ध भी हो रहे थे। पारिवारिक और सामाजिक परिस्थितियाँ लगातार बदल रही थी। इसलिए जो कलान्दोलनों के रूप में हमारे सामने नज़र आता है वह इन सब घबराए हुए लोगों का ख़ुद को बचाने का प्रयास है। एका घबराए और डरे हुए लोगों का है कि सारे कलाकार एक साथ, एक जगह पर है, दूसरे माध्यमों के भी। सब लोग साथ है। एक सम्बद्धता का बोध उनके भीतर है। अगर हम इसके भीतर जाय तो पता चलेगा कि यह ज़रूरत सम्बद्धता से पैदा हुई है, जिसमें सब एक साथ खड़े हैं। खो जाने का डर है, उन युद्धों में बिला जाने का डर है। उजड़ जाने का डर, बिखर जाने का डर, तेज़ी से आए बदलावों में लगभग नष्ट हो जाने का डर है। यह हो सकता है। कला आन्दोलन राजनैतिक/सामाजिक दबाव में हुआ नज़र आता है। कला की ज़रूरत से नहीं।

पीयूष :

इसके बरक्स अगर पिछली अर्द्धसदी के भारतीय कला-परिसर का अवलोकन हम करें तो उनमें कलान्दोलनों की भूमिकाओं के महत्त्व व प्रासंगिकता पर आपके विचार?–कला-परिदृश्य को बनाने, समझने, उसे उभारने में, कलान्दोलनों की भूमिका और उस लिहाज़ से एक तरह की जवाबदेही।

क्या ये चीज़ें अपनी ओर आपका ध्यान खींचती हैं?

अखिलेश :

हमारे यहाँ कलान्दोलन कभी नहीं रहे, न कभी उनकी ज़रूरत रही। पश्चिमी मनुष्य के भटकाव यहाँ महसूस नहीं किये गए होंगे। ऐसा डर कि इस संसार में हमारे समुदाय के अलावा और नहीं है। इसलिए इस तरह इकट्ठा खड़ा होने की ज़रूरत महसूस नहीं हुई होगी। ऐसे चित्रकार मिलेंगे जिनकी दखल चित्रकला के अलावा संगीत या साहित्य में भी बराबर रही है।

यूं मेरा बचपन विभिन्न कलाओं व विद्याओं के बीच गुजरा। मेरे पिता चित्रकार थे। उनका गहरा व जीवित सम्बन्ध साहित्य और संगीत से था। हमारे घर पर संगीत की गोष्ठियाँ होती थीं। घर आने वाले सिर्फ़ चित्रकार ही नहीं होते थे–कवि, लेखक, संगीतकार सभी तरह के लोग होते थे। मसलन डागर बन्धु हमारे घर आया/गाया करते थे। वे मेरे चाचा के सहपाठी थे। हमारे घर हर शनिवार संगीत सभा का आयोजन होता था। मुझे याद है कि छुटपन से हम संगीत सभाओं में जाते थे। पिता हमें अपने साथ ले जाते थे। अनजाने में मेरी आँखें इन सब कला-माध्यमों में एक साथ ही खुली। उनमें एकसाथ मैंने अपने को बरतते/बिलखते/बिसूरते हुए पाया। हम पुस्तकालय से किताबें लाते थे। एक Card/कार्ड पर तीन ही किताब मिलती थी। मैं और मेरा बड़ा भाई पढ़ाकू थे। पिता के एक दोस्त का कार्ड उधार लिया। अब एक दिन में छः किताबें लाते थे। छहों किताबें हम पागलपन के साथ पढ़ते थे। बड़े होते होते हम ने लगभग, हिन्दी में, जो मौजूद था–पढ़ लिया था। अच्छे से जानते थे, बात करते थे। आने वाले कलाकारों के बीच बातचीत होती थी। मेरे साथ ऐसी समझ का विकसित होना शुरू से था जिसमें सारे कला-माध्यम बराबर से मेरे सामने खुल रहे थे। चित्रकला की तरह सब में अपने को मैं अच्छे से बरत पाता था। बल्कि जब छोटा था तब चित्र बनाने से घृणा करता था। भाई-बहिन सब चित्र बनाते थे। मुझे लगता यह क्या है, सभी लोग एक ही काम कर रहे हैं। मैं चित्र नहीं बनाता और खेलने चला जाता। इधर-उधर अपना समय खेलों में लगाया करता। जब मैंने चित्र बनाना शुरू किया तब बाक़ी सबने बन्द कर दिया। एक जगह पहुँच कर मैंने पाया कि मैं चित्र ही बना सकता हूँ। मैंने जाना कि मैं चित्रकार हूँ। मैंने पाया कि मैं चित्रकार हूँ। मैंने यह खोजा नहीं या मैंने ऐसे जतन नहीं

किये कि मैं क्या करूँ। एक समय आकर यह पाया कि मैं चित्र बनाता हूँ और वही कर सकता हूँ, बाक़ी चीज़ें नहीं कर सकता। मैंने अपने को एकाग्र किया। मेरी स्वाभाविक रूचि सभी कला-माध्यमों में उतनी ही है जितनी कि चित्रकला में।

पीयूष :

क्या आपको यह लगता है कि आपके चित्रकार को गढ़ने में इन संस्कारों की एक महती भूमिका रही है?

अखिलेश :

मेरे ख़याल से परिष्कार में इनकी महती भूमिका रही होगी। जो मैं कर रहा हूँ वह नियति या मजबूरी है। संगीत सुनते वक्त आप यह जान पाते हैं कि इन रंगों के टोन के बीच का भेद सुर लगाने के ढँग में है। आप जान पाते हैं कि यह एक सुर से दूसरे सुर पर कैसे गया, आप कैसे एक रंग से दूसरे रंग पर चले गये–यह सारी चीज़ें परिष्कार की हैं।

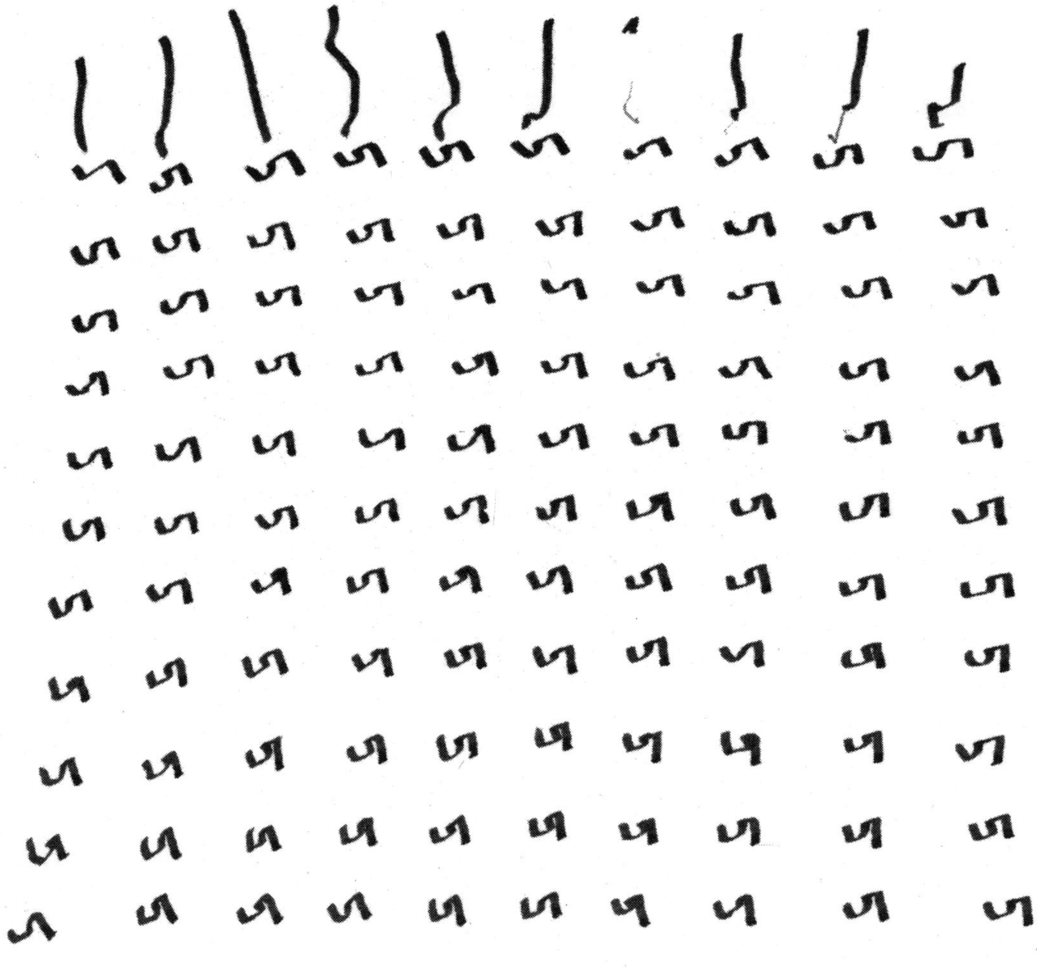

चार

पीयूष :

भारतीय कला-परिदृश्य में अभी कुछ सालों पहले प्रवर्तित ‘‘रूप-अध्यात्म’’ को लेकर आपके विचार क्या है? हालांकि पहले आपने बहुत साफ़ तरह से यह रखा व बताया था कि कला की कोई परिभाषा फ़िक्स नहीं की जा सकती लेकिन फिर भी ‘‘रूप-अध्यात्म’’ की काव्यात्मकता उस ओर संकेत करती जान पड़ती है जो चित्रकला की आकाशगंगा में मानो कहीं विन्यस्त हो। शायद यह महज़ कार्य करने की कुछ पद्धतियों–a method of working–का विधि-विग्रह मात्र ही नहीं है और न शायद उस तरह से प्रस्तावित।

इस सिलसिले में आपसे यह भी जानना चाहूँगा कि पिछले लगभग ढाई दशकों में क्या आपने कभी अपने को इस तरह से काम करते हुए भी देखा व अनुभूत किया है जो ‘‘रूप-अध्यात्म’’ से भिन्न तरह का है? क्या यह सोचने-देखने-अनुभूत करने का नया ढँग है?

आप ‘‘रूप-अध्यात्म’’ की किस तरह की विवक्षा प्रस्तावित करना चाहेंगे?

अखिलेश :

"रूप-अध्यात्म" नाम से हम लोगों ने एक प्रदर्शनी फ्रांस में सन् 2004 में की थी। इस प्रदर्शनी में पाँच चित्रकार थे। संयोग से पाँचों ही चित्रकार अमूर्तन में काम करते हैं। यह शुरुआत थी। फ्रांस के बाद मुम्बई में फिर दिल्ली और सिंगापुर में यह प्रदर्शनी आयोजित की गयी। हमने पाया कि "रूप-अध्यात्म" की प्रस्तावना अपने में महत्त्वपूर्ण प्रस्तावना है। काम कर रहे चित्रकारों का सतत अपने को एक दिशा में बरतना प्रस्तावना का एक अनुषंग हो सकता है। मूलतः हमारा विचार था कि रूप की शुद्धता पर जिन चित्रकारों का ध्यान है, वे एकत्र हो। इस बात को लेकर परहेज़ नहीं था कि चित्रकार अमूर्तन में काम कर रहे हैं या आकृति को लेकर काम कर रहे हैं। मैं ऐसे वर्गीकरण या भेद मानता भी नहीं हूँ। यह देखना महत्त्वपूर्ण है कि एक चित्रकार अपने चित्रों में रूप के प्रति कितना जागरूक है। अपने देखने में चित्रकार जितना सहज या चेतन है, उतना ही वह रूप के नज़दीक है। चाहे वह जिस किसी भी दिशा में काम कर रहा हो। चित्रकार का धर्म चित्र बनाना है। चित्र बनाने के धर्म की आध्यात्मिकता है। इस आध्यात्मिकता तक वह तभी पहुँच सकता है जब कला में ख़ुद को शत-प्रतिशत रख पा रहा हो या देख पा रहा हो या बरत पा रहा हो।

अपने चित्रों में मैं यह महसूस नहीं करता कि मेरे चित्र आध्यात्मिकता का प्रस्थान-बिन्दु है। मेरे लिए चित्र बनाने का कर्म हमेशा लुकाछिपी के खेल की तरह ही रहा है। मैंने किसी तरह की आध्यात्मिकता ढूँढने की कोशिश नहीं की, न मैंने किसी तरह की आध्यात्मिकता पायी है। मैं अपने धर्म के निकट हूँ : चित्रकार के धर्म के निकट हूँ। इस धर्म के निकट होने के कारण मेरा कर्म में गहरा विश्वास है, गहरी आस्था है। इसे लेकर मैं कभी विचलित नहीं हुआ। न दुविधा में पड़ा न मन में कभी शंकाएँ उत्पन्न हुईं। मुझे हमेशा यह लगा है कि चित्र बनाना मेरा धर्म, मेरी मजबूरी है। मेरे चित्रकर्म में आध्यात्मिकता देख पाना किसी आलोचक का काम हो सकता है। मेरे लिए चित्रकर्म वासना से भरा हुआ संसार है। जिसकी ऊष्मा है, जिसमें सुषमा है।

पीयूष :

शुरु में आपने कहा कि "रूप-अध्यात्म" एक दिशा में काम करने वाले कुछ कलाकारों का समवाय है। यहाँ एक दिशा में काम करने का आपका तात्पर्य क्या अमूर्तन में काम करने से संज्ञप्त है?

अखिलेश :

नहीं। यह अमूर्तन से संज्ञप्त नहीं है। यह एक खुला-सा प्रस्ताव है। मैं उन सभी चित्रकारों के कामों को रूप के अध्यात्म की तरह ही देखता हूँ जो अपनी दिशा में गहरी आस्था व विश्वास के साथ काम कर रहे हैं। मेरे लिए चित्रों को

देखना अवर्णनीय अनुभव है। दिव्य है। इस अनुभव को मैं रूप की आध्यात्मिकता की तरह नहीं देखता। इसमें अनीष कपूर या डेमियन हर्स्ट या डेविड हॉक्नी के कुछ काम मुझे ऐसे नज़र आते हैं। या जयश्री चक्रवर्ती, अतुल डोडिया या योगेश रावल के कामों में भी आध्यात्मिकता मुझे नज़र आती हैं। यह आध्यात्मिकता इन कलाकारों के पास है या नहीं, मुझे नहीं पता। इन कलाकारों के चित्रों से ऊर्जस्वित होती अनुभूति में मुझे आध्यात्मिकता का अनुभव होता है। यह मेरा अनुभव हो सकता है, सम्भवतः किसी दूसरे दर्शक का ना हो। मैं ऐसे नहीं थोप सकता कि रूप अध्यात्म की ऐसी अवस्था है जिसे पाया जा सकता है। यह कहना ज़्यादती होगी। इसे समझाने या समझने की कोशिश करना भी ज़्यादती होगी।

चित्रकला की मेरी अपनी समझ इन सब से नहीं बनती है। वह दूसरी चीज़ों से बनती रही है। उसमें खेल है, एक तरह की लिप्सा है, पाने की इच्छा है। यह कुछ पाने की कामना में आध्यात्मिकता हो सकती है : यह मैं नहीं देखता हूँ। कोई और देखे। मैं बहुत अच्छे से जानता हूँ कि जो मैं कर रहा हूँ उसका आध्यात्मिकता से कोई सम्बन्ध नहीं है। वह एक नितान्त सांसारिक कर्म है जिसे मैं इस संसार में रहते हुए ही करता हूँ।

मैं अपने धर्म को पूरी तरह से निभा रहा हूँ।

पीयूष :

स्वयं इस रूप की शुद्धता को लेकर आप किस तरह से सोचते हैं?

अखिलेश :

रूप अशुद्ध कैसे हो सकता है? रूप की शुद्धता से मुराद यह कि अपने रूपाकारों में एक कलाकार कितनी प्रमुखता से एक रूप को रखने/जानने/समझने की कोशिश करता है। कुछ चित्रों में रूप का आभास होता है, कुछ चित्रों में वे खास प्रमुखता से चित्रित किये होते हैं। कई बार प्रकृति में दृश्य धुन्धलके में दीखता नहीं। धुन्धलका हमें प्रभावित भी नहीं करता। एक तरह का अस्पष्ट होना भीतर झुंझलाहट पैदा करता है। चित्रों में स्पष्टता का बोध अनुभव की तीव्रता को बढ़ाता भी है। मेरा तात्पर्य इस अनुभव की तीव्रता से है जिसे मैं एक चित्र से प्राप्त करता हूँ। सूर्योदय या सूर्यास्त देखने में उस दृश्य को देख पाना है जो सामने घट रहा है। चित्र में हम वही देखते हैं। कुछ चित्रों में रूप आकर्षित करता है। यह आर्कषण स्पष्टता के ही कारण है। चित्र के अपने स्पष्ट कथन के कारण है। चित्रकार का रूप को उसकी शुद्धता में प्राप्त करने से मेरा आशय यही है।

अपने चित्रकर्म में लिप्त हर चित्रकार के लिए "स्पष्टता" महत्त्वपूर्ण है। विचारों की स्पष्टता अपने कथ्य की स्पष्टता के नज़दीक ले जाती है। अगर चित्रकार असमंजस में है तब उसे पता नहीं होता कि क्या करना है या वह अपने कैनवास पर क्या कर रहा है। रूप की स्पष्टता चित्रकार के विचारों की स्पष्टता से ही पैदा हो जाती है। हमें वे चित्र ज़्यादा अच्छे लगते या प्रभावित करते हैं जिनमें विचारों की स्पष्टता का रूप खींचा हुआ है। उदाहरण के तौर पर स्वामीनाथन से लेकर रज़ा तक के चित्र बहुत स्पष्ट हैं। चित्र का रूप प्रयोग आकर्षित करता है। यह रूप व उसकी स्पष्टता या शुद्धता, चित्र की जान है। इसीलिए चित्र से हम खिंचे चले जाते हैं। इसमें लाग-लपेट नहीं है। किसी तरह की चालाकी नहीं है। वे जो कुछ भी हैं, आपके सामने हैं, ठीक वैसे ही हैं जैसे कलाकार उसको रखना चाहते हैं। रूप की शुद्धता उनके चित्रों के स्पष्ट कथन की तरह हम तक पहुँचती है। रूप की शुद्धता से मेरा आशय था कि आध्यात्मिकता दर्शक तक पहुँच सके। यह मुझ तक भी पहुँचती है, एक दर्शक के रूप में।

एक चित्रकार के रूप में यह मैं नहीं देखता कि चित्र बनाना एक आध्यात्मिक कर्म है। लेकिन एक दर्शक के रूप में जब चित्र देखता हूँ तब कई बार मुझे आध्यात्मिकता का अनुभव होता है। यह आकर्षित करता है।

यहाँ पर यह कहना थोड़ी बेइमानी होगी कि चित्र बनाने में मैं कोई आध्यात्मिक कर्म में लगा हूँ।

पीयूष :

अभी तक आपके संग जो बातचीत होती रही है उससे यह साफ़ तौर पर रेखांकित किया जा सकता है कि आपके चित्र-कर्म के केन्द्र में रंग हैं और आपके चित्रों में जो रूप या आकार या रेखाएँ आती हैं वे भी रंगों के जरिये ही बनती बिगड़ती हैं या उनका एक सीधा गोमुख आपके अपने रंगों से है या रंग-युतियों से। वहाँ सारे रूप भी रंगाकार के रूप में ही है। तब यह "रूप-अध्यात्म" नामक प्रस्तावना-पद दरअसल रंगाध्यात्म/ऐन्द्रियता क्यों नहीं? यहाँ रूप पर आग्रह कुछ इस तरह से मुखर है कि रंगाग्रह केन्द्र में न होकर रूपाग्रह ही केन्द्र है, ऐसा धोखा होता है...

अखिलेश :

ऐसा नहीं देखता हूँ मैं।

पीयूष :

लेकिन आपके अपने चित्रकर्म के सिलसिले में...

अखिलेश :

हाँ, रंगाध्यात्म हो सकता है। यह महत्त्वपूर्ण है।

रंग रखने से एक रूप बन जाता है। चित्र रूप से ही प्रकट होता है। रंग, रेखाएँ और आकार : इनके मिलने से रूप बन जाता है। इसीलिए यह रूपंकर कला भी है। रूप ही अन्ततः पैदा हो रहा है या अन्त में जो प्राप्य है, वह रूप है। चित्र में रंग भी हैं, रेखाएँ भी हैं और आकार भी। रूप-सन्दर्भ शाश्वत बना हुआ है–आप कान उधर से पकड़े या इधर से। अन्ततः पहुँचते रूप पर हैं। रंग पर नहीं पहुँचते या ज्यामिति या रेखाओं तक नहीं पहुँचते। सारे रास्तों से जो पाते हैं वह रूप है। कैनवास पर रूप ही जन्म लेता है।

पीयूष :

आपकी बात से ऐसा ध्वनित होता हुआ धोखा होता है कि रंग फिर कहीं साधन भी बन जा सकता है लेकिन इसमें यह तो स्वयंसिद्ध है कि रूप साध्य ही है। या रूप ही अन्ततः वह....

अखिलेश :

हाँ, रंग साधन ही है।

रंग माध्यम है रूप को प्राप्त करने का।

पीयूष :

जब अपने चित्रकर्म में आप झाँकते है तब क्या पाते हैं–वहाँ रंग की उपस्थिति क्या अन्ततः एक माध्यम–साधन–की तरह से स्पन्दित है?

अखिलेश :

हाँ, बिलकुल ठीक।

प्रयास रंगों के माध्यम से रूप पाने का है। अन्ततः मैं रूप ही पाता हूँ।

रंग लगाना एक जोख़िम भरा काम है। रंग लगाना मेरे लिए केन्द्र में रहता है। उसमें मुझे मज़ा आता है।

इसको मैं इस तरह से नहीं रखना चाहूँगा कि ज़ो दूसरे चित्रकार रंगों का इस्तेमाल कम करते हैं या एक तरह की monotonus scheme/मोनोटोनस-स्कीम में काम करते हैं वे ठीक नहीं कर रहे हैं–उनका अपना देखना हो

सकता है। मेरे लिए रंगों का महत्त्व है। रंगों के जरिये मैं रूप तक पहुँचता हूँ। जाहिर है कि अन्त में रूप ही प्राप्त करता हूँ।

पीयूष :

जी।

क्या हम इस तरह से रख सकते हैं कि रूप दरअसल आपके लिए रंगाध्यात्म है या उसकी निर्मिति है?

अखिलेश :

यह मैं नहीं कह सकता। यह काम किसी कला आलोचक का हो सकता है।

मेरे लिए रंगों से सम्बन्ध हमेशा तलवार की धार पर चलने जैसा है। यह वह जोख़िम उठाना है जिसमें लगातार निष्फल ही रहता हूँ। यह रंग-अध्यात्म है या नहीं इसके बारे में कोई दावा मैं इसलिए नहीं कर सकता हूँ कि मैं किसी एक अन्तिम परिणति तक पहुँचा नहीं हूँ। एक यात्रा में हूँ। यात्री दावा नहीं कर सकता। मेरे ही अगले कर्म से या मेरे अगले चित्र से यह भी हो सकता है कि मैं रंग छोड़ दूँ।

यह एक ऐसी कठिन राह है जिसमें निरन्तर चल सकता हूँ, बस। चलना मजबूरी है, कर्म है, ध्येय है, नियति है। इसको किसी भी ढँग से परिभाषित करने की कोशिश झूठी हो सकती है। तब इस झूठे दावे का मैं क्या करूँगा? अगला मोड़ अनजाना है।

हाँ, अपने चित्र-कर्म के सन्दर्भ में इतना ज़रूर कह सकता हूँ कि रूप मेरा प्रयास नहीं है। चित्र में प्रकट हुआ रूप, आकस्मिकता है। रूप को पाने या खोजने या चित्रित करने का प्रयास मेरा नहीं है। मेरा प्रयत्न हमेशा रंगों के साथ खेलने का रहता है। मैंने रूप को न कभी खोजना चाहा न पाना। रूप अपनी आकस्मिकता से मेरे चित्रों में है। वह अपने अवकाश की आकस्मिकता से पैदा हुआ है। खेलने और रंगों के नज़दीक आने की आकस्मिकता से पैदा हुआ है। दिख रहा सब अन्ततः खेलने का ही परिणाम है, पाने का परिणाम नहीं है।

रूप में मेरी दिलचस्पी अपने कॉलेज के दिनों में ही ख़त्म हो गयी थी। मैंने यह पाया कि आकृति बनाना आसान है। इतना आसान कि मुझे इसमें कोई चुनौती नज़र नहीं आती थी। मेरे लिए कैसा भी दृश्य बनाना एकदम आसान था। उसमें मुझे आनन्द नहीं आता था, खेलने का।

तब मेरा ध्यान अमूर्तन की ओर गया। जैसा कि मैं पहले भी आपको बता चुका हूँ। भारतीय चित्रकला की परम्परा में अमूर्तन का भाव उतना ही मौजूद है जितना कि मूर्त का। जब हम इस तरह से देखना शुरू करते हैं तब एक

विपुल संसार हमारे सामने खुलना शुरू हो जाता है। फिर प्रमुखतः मेरा सम्पर्क मालवा के लघु-चित्रों से रहा। मालवा की लोककला, भूदृश्य में रंग संगतियाँ ये सब मेरे रचना कर्म को प्रभावित करती रही हैं।

हमारे यहाँ आकृति का चित्रण भी यथार्थवादी चित्रण नहीं है जैसा कि पश्चिमी परम्परा में हम पाते हैं। यह एक बड़ा भेद है। पश्चिमी चित्रकला में यथार्थवादी प्राकृतिक चित्रण रहा है जबकि हमारे यहाँ रूपवादी चित्रण रहा है, जिसमें यथार्थ का कोई सन्दर्भ नहीं है। चाक्षुक यथार्थ चित्रित करने के बजाय यथार्थ का काल्पनिक वर्णन हुआ है। यथार्थ-जगत का दृश्य-अनुभव महत्त्वपूर्ण है। हमारी परम्परा में एक आकृति को हूबहू बनाने की कोशिश नहीं हुई है। वे इस संसार को जैसा अनुभूत करते हैं वैसा चित्रित करते हैं। उसके साथ वे अपना खिलंदडा स्वभाव बरतते हैं। यह आलंकारिक व अतिरंजित भी होता है और इसमें एक गहरा अमूर्तन-भाव भी छुपा है।

जिन्हें हम आदिवासी व लोक कला के रूप में पहचानते हैं उसमें भी अमूर्तन का विपुल संसार फैला हुआ है, जिसे हम लगभग नज़रदांज कर देते हैं। अपनी परम्परा से सम्बन्ध जाने-अनजाने बन जाता है। यह जानते हुए तकनीकी पक्ष की ओर जाते हैं और अनजाने उसके अमूर्तन को आत्मसात् करते हैं। भारतीय चित्रकला की परम्परा से मेरा सम्बन्ध शुरू से ही रहा है। इसमें मेरे पिता की महत्त्वपूर्ण भूमिका थी। वे हमसे घण्टों इन विषयों पर चर्चा करते रहते थे। भारतीय मूर्तिकला पर भी, जिसमें अतिरंजन बहुत है। यह यथार्थवादी कभी भी नहीं है। वहाँ स्त्री को बनाने की कभी कोशिश नहीं की गयी बल्कि स्त्री-भाव को प्रमुखता दी गयी है। हाथी को हाथी की तरह नहीं बनाया गया है बल्कि हाथी-भाव की तरह बनाया गया है। यह शृँगार मुझे आकर्षित करता रहा है। इसमें रूप को पकड़ने के लिए रूप का अनुकरण नहीं किया–रूप की अनुभूति तक पहुँचे हैं। यह जानना मेरे लिए बहुत महत्त्वपूर्ण रहा। दुर्भाग्य से हमारा पाठ्यक्रम पश्चिमी था। कॉलेज के तीसरे वर्ष में एक विषय था–copying। हमें नक़ल करना होता था। पाठ्यक्रम में यह था कि किसी भी पश्चिमी महान कलाकार के चित्र की अनुकृति करे। मैंने अपने शिक्षक से कहा कि मैं पश्चिमी चित्रकार की बजाय पूर्वी चित्रकार के चित्र की अनुकृति बनाना चाहता हूँ, किसी लघुचित्र की। इसके लिए आप मुझे अनुमति दें। उन्होंने कहा कि मुझे प्रधानाध्यापक से आज्ञा लेनी होगी। मैं प्रधानाध्यापक के पास गया। उनके सम्मुख अपनी बात रखी कि मैं भारतीय चित्रकार के चित्र की नक़ल करना चाहूँगा। उन्होंने मुझे अनुमति दी। मैं कॉलेज में पहला ऐसा विद्यार्थी था जिसने किसी लघुचित्र की नक़ल की। फिर अच्छा यह रहा कि इस बिन्दु को हमारे पाठ्यक्रम में शामिल कर लिया गया कि–''किसी भी पश्चिमी या भारतीय चित्रकार के चित्र की नक़ल करें।''

यह प्रश्न उठना मेरे लिए महत्त्वपूर्ण था। आख़िर हमारी ऐसी क्या बाध्यता है कि हम पश्चिमी चित्रकार की ओर ही देखें और उस परम्परा में अपने को बरते? क्यों नहीं हम अपनी परम्परा में मौजूद चित्रों के साथ अपना सम्बन्ध बनाने की कोशिश करें? जिसे हम लगातार देख रहे हैं, जान रहे हैं अपने घर में, अपने शिक्षकों से, अपने साथी चित्रकारों से। हमारे शिक्षक रामनारायण दुबे थे। उन्होंने मुझे लघु चित्रों को बनाने के तरीक़ों के बारे में बताना शुरू किया। एक दूसरा संसार मेरे सम्मुख खुलना शुरू हुआ। अपने कॉलेज के तृतीय वर्ष से ही मेरी समझ और मेरा झुकाव हमारी पारम्परिक चित्रकला की ओर गया–मेरे पिता और मेरे शिक्षकों के कारण। मैंने यह पाया कि यहाँ रूप का यथार्थवादी चित्रण महत्त्वपूर्ण नहीं है। हमारी परम्परा में कभी भी इस बात की कोशिश नहीं की गयी कि जैसा दिखता है वैसा बनाओ। आप जैसा अनुभव करते हैं वैसा बनाए, यह महत्त्वपूर्ण रहा। चाहे फिर वह प्रकृति हो चाहे मनुष्य। मेरे अपने चित्र परम्परा से ही आए हैं–ऐसा मुझे लगता नहीं, ऐसा मेरा विश्वास है।

पीयूष :

अमूर्तन भाव की ओर आपका यह चुम्बकीय खिंचाव अगर हम उस मालवा लघुचित्र में अभिसारिका चित्र की ओर लौटे तो यह दिलचस्प है कि आप उस अमूर्त भाव की पहचान अपनी एक अन्तर्दृष्टिपूर्ण व्याख्या के जरिये ही सम्भव कर पाते हैं। अमूर्तन या अमूर्त भाव की ओर आपका यह आर्कषण–जिस में आप पारम्परिक स्त्रोतों से भी अपने चित्रकर्म को कहीं समृद्ध करते हैं–तब यह अमूर्त भाव दरअसल क्या एक अव्याख्येय सम्भवन क्षेत्र में आने जैसा है? अमूर्त भाव को जब आपने आत्मसात् किया तब वह अन्ततः उस चित्र की आपकी अपनी एक reading थी–एक अन्तर्दृष्टिपूर्ण व्याख्या–तभी वह जागृत हुआ और वह भाव उसमें व्याप्त भी है लेकिन इसके अलावा क्या यह आपके लिए एक अव्याख्येय सम्भवन क्षेत्र में आने जैसा है?

अखिलेश :

उस चित्र की व्याख्या करने के लिए मुझे एक चित्र बनाना होगा। वह व्याख्या मैं शब्दों में नहीं कर सकता। चित्र में इस अमूर्त भाव की व्याख्या एक दूसरा चित्र ही होगा। यह व्याख्या जिसमें मैं ठीक ठीक अपने तक पहुँच सकता हूँ वह रंग और रूप से ही होने वाली है। सम्भव है कि सामने लगा चित्र उसी व्याख्या का अंश हो। यह अनुभूति, अमूर्तन की उपस्थिति, मेरे लिए महत्त्वपूर्ण है। प्रकृति में मौजूद अमूर्तन भाव को मैं देखना चाहूँगा। इस ओर मेरा ध्यान दिलाने वाली वह अभिसारिका आज भी वहीं खड़ी है। उसी जगह पर। उसने मेरे भीतर जो ध्वनित किया है वह सम्भवतः ऐसा संसार था जिसमें मैं पूरे जीवन भर चल सकता हूँ। या शायद और भी कई जीवन लग सकते हैं।

अमूर्तन की अनुभूति या उपस्थिति का उदाहरण मैं निर्मल वर्मा की एक कहानी से देना चाहूँगा। ''डेढ इंच ऊपर'' का नायक जब जानता कि उसकी पत्नी, जिसके साथ वह कई सालों से रह रहा है, एक गुप्तचर संगठन के लिए काम करती है, तब यह एक अमूर्तन ही है जो उसके सामने प्रकट हो गया। पुलिस उसकी पत्नी को पकड़ कर ले जाती है और उसको मार देती है। वह अपनी बीवी को जानता ही नहीं था। उसकी बीवी उसके लिए एक पहेली थी। एक ऐसा अमूर्तन थी जिसे जानना उसकी मजबूरी थी। यह बोध उस वक्त होता है जब उसकी बीवी मारी जा चुकी है। यह अमूर्तन भाव सारे समय मौजूद है। महसूस किया गया या नहीं, यह महत्त्वपूर्ण है। यह मेरे लिए उस अभिसारिका ने सम्भव किया। इसकी व्याख्या मैं शब्दों में नहीं कर सकता। भाषा दूसरा माध्यम है। एक चित्र की सटीक व्याख्या दूसरे चित्र से ही की जा सकती है।

पीयूष :

क्या यह एक तरह का संतरण हो सकता है?

अखिलेश :

हाँ, यह हो सकता है।

पीयूष :

तब क्या अमूर्तन भाव अ-ज्ञात से ज्ञात की ओर आना है? जैसा कि निर्मल जी की कहानी का जो उदाहरण आपने रखा है उसमें पति को पत्नी के अभी तक के एक अज्ञात पक्ष का पता चलता है और वह पक्ष ज्ञात में आ जाता है?

अखिलेश :

वह शायद इस ज्ञात में नहीं जाता। वह इतने सालों से अपनी पत्नी के साथ रह रहा था। उसको पूरी तरह से नहीं जानता था। वह ज्ञात वहाँ एक तरह का अ-ज्ञात ही है। उसको पूरी तरह से खोला नहीं जा सका है। इसीलिए उसमें दूसरों की भी रूचि बनी हुई है। यह दावा खोखला साबित होगा कि मैंने अज्ञात को जान लिया है। फिर कोई एक चित्रकार आकर इसी ही संसार में मौजूद उसी ज्ञात में से एक दूसरे अज्ञात को ज्ञात में ले आएगा। दावा खोखला हो जाएगा। इसलिए यह दावा करना ठीक नहीं है कि मैं अज्ञात को ज्ञात में ले आया।

यह अनुभूति है कि इस अज्ञात में एक अनुभव मौजूद है जिसे मैं छू सका हूँ। जिस तक पहुँचने की कोशिश करने पर वह प्राप्य है। वह अद्‌भुत है, अचरज से भरा हुआ है। इतना ही बस, और कुछ नहीं।

पीयूष :

जिसे आपने लगातार चलते रहने से अभिहित किया है वह अज्ञात को इस तरह से भेदते हुए चलते चले जाने जैसा है कि वह सम्पूर्णतः कभी भी भिदता नहीं। आप अपरिचित को परिचित में लाते हैं और यह परिचित फिर अपरिचित में बदल जाता है और यों सिलसिला अनवरत जारी रहता है?

अखिलेश :

लुकाछिपी के खेल में अचम्भित करने वाली अनुभूति मौजूद है। दरअसल, चित्र बनाना मेरे लिए भी एक अचरज में चले जाना है। एक ऐसी जगह पकड़े जाना है जहाँ ख़ुद ही कहता हूँ कि क्या ऐसा भी सम्भव था! ऐसी आकस्मिकता में कोई भी दावा करना गलत होगा।

पीयूष :

क्या यह अनुभूति–जिसे आपने इन्द्रियबोधकता कहा था उसके–अवबोध का माध्यम है?
यह अनुभूति स्वयं में आपके लिए किस तरह से उजागर या अवतरित होती है?

अखिलेश :

अनुभूति से मैं चित्र बनाता हूँ, वह साधन नहीं है। मैं उसको पाने की कोशिश कर सकता हूँ पर पाता नहीं हूँ। अनुभूति स्वयं अमूर्त अवस्था है जिसकी व्याख्या कर पाना मेरे लिए अत्यन्त मुश्किल है। मेरे हर चित्र में ख़ुद मैं ही अनुभूति के अज्ञेय में खड़ा हूँ तब मैं यह कैसे कह सकता हूँ कि किसी एक अनुभूति की प्रेरणा से यह चित्र बना है। चित्र बनाते वक्त कोई एक बात या दृश्य या रंग युति मन में कौंधती है और मैं उसी के विस्तार में चला जाता हूँ। इससे अनुभूति प्रकट होती होगी जो कि मेरी कोशिश नहीं है। मेरी कोशिश तो सिर्फ़ उस पहले Brush Stroke से शुरू हुई थी जो सम्भवतः उस चित्र के अन्त तक पहुँचते पहुँचते कहीं चित्र में बिला गयी होगी। शायद उसके बारे में अब मुझे याद भी न हो कि मैंने यहाँ से शुरू किया था। चित्र में जहाँ मैं पहुँचा हूँ वह कोई दूसरी जगह है। शायद उस खेल की एक जगह है। उस खेल का अवकाश है जिसमें मैं पहुँचा हूँ। यह सम्भव नहीं कि दुबारा चित्र शुरू करते समय पहला रंग लगाने पर फिर से (पिछले वाली) वही अनुभूति कौंधेगी या वही रंग-युति कौंधेगी। या वही एक विचार मौजूद होगा। शायद कोई और विचार भी है जिसकी प्रेरणा से कलाकार चित्र बनाता है।

पीयूष :

"अचरज" की इस विस्मयाभिव्यक्ति से एलोरा के कैलाशनाथ मन्दिर का ध्यान आता है जहाँ पर शिल्पकार के इस विस्मय को दर्ज किया गया है कि जब शिल्प/मूर्तिकार अपना विशाल व विस्मयकारी काम पूरा कर लेता है तब स्वयं द्वारा सृजित कृति से आश्चर्यचकित उसके मुँह से फूट पड़ता है : "ओह ! यह मैंने कैसे रचा? यह मैंने कैसे बना लिया?" ये शब्द मूर्तिकार के स्वयं को विश्वकर्मा–जो सारे रचनात्मक कार्यों का देव है–के सृजनात्मक अवतार के रूप में पाने के अचरज में चौंक उठने को अभिव्यक्त करते जान पड़ते हैं। सम्भवतः प्रश्न-रूप को परम्परा में इस तरह से सबलीकृत करते हुए कि स्वयं कला की जड़ें *अहम्* में (रोपित) नहीं है बल्कि यह चेतना के चरण या अवस्था में विद्यमान हैं, जो कि भारतीय सत्तामीमांसा में, अहम् से पूर्ववर्ती और स्वयं में चेतना-तत्व है। चेतना की इस अवस्था को *महत्* कहा गया है जिसमें कि विषयी और विषय के बीच भेद नहीं है। यहाँ ईश्वर कृष्ण की सांख्य कारिका का ध्यान आता है जहाँ विषयी-विषय अन्तर्वस्तु, *बुद्धि* है और इसका प्राञ्जल प्रसाद गुण न तो *रजस्* द्वारा बाधित है न *तमस्* द्वारा निष्क्रिय। जब ये अपने पर बल देने लगते हैं तब मैं-भाव (अहंकार) भासता है और फलतः बाह्य जगत।

तब क्या कला का उद्‌भव *महत्* में होता है और विकास *बुद्धि* में? यानि अहम् का अवबोध अपनी सीमाओं के अनुसार बन रही कृति को गढ़ता है लेकिन रचना प्रक्रिया में उसका कोई हिस्सा नहीं होता? : जब विश्वकर्मा ने अपने कृति पूरी कर ली है तब *अचरज में,* अहम् को रचनात्मक-सत्व का बोध होता है?

विष्णुधर्मोत्तर पुराण भी ध्यान में आता है।

दूसरा, अभी आपने प्रेरणा-तत्व पर बल दिया है। अगर प्रेरणा-तत्व को उपयुर्क्त *अचरज-अवस्था* और रूप की *शुद्धता* के सन्दर्भ में अवस्थित करें तो जो स्वरूपतः जैसा है उसे आगन्तुक द्रव्य अथवा भाव से मुक्त करके उसको अपने स्वरूप में प्रतिष्ठित करने का नाम ही क्या शुद्ध करना है? अर्थात् जो तत्त्व जिस उद्देश्य से सृष्ट हुआ है उसको केवल उसी कार्य में नियुक्त रखने से ही वह शुद्ध हो जाता है :

"शिवो भूत्वा शिवमर्चयेत्।

अविष्णुः पूजयन् विष्णुं न पूजाफलभाक् भवेत्।।

–शिव होकर शिव की पूजा करनी चाहिए। अविष्णु होकर विष्णु की पूजा करने से पूजा का फल नहीं प्राप्त होता।

क्या आप *शुद्धता* पर आग्रह को स्पष्ट कर सकेंगे? हमें यह नहीं भूलना चाहिए कि अभी पिछली सदी में हिटलर ने भी अपने ढँग से *शुद्धता* पर ही आग्रह किया था।

अखिलेश :

यह बहुत उलझा हुआ प्रश्न है। इसमें हम कई सारी बातचीतों को भी एकसाथ देख पा रहे हैं और रख रहे हैं। हम क्रमबद्ध तरह से विचार करें। इससे हम बातचीत के विस्तार में जा सकेंगे।

''रूप-अध्यात्म'' के सन्दर्भ से, चित्रकला में, आध्यात्मिकता का कोई सम्बन्ध मुझे नज़र नहीं आता है। मुझे चित्रकला में, विषय होने के कारण, कामना होने के कारण, desire होने के कारण, वासना तत्त्व प्रमुख तरह से नज़र आता है। अब किस ढँग से, वासना से, यह आध्यात्मिकता प्राप्त की जा सकती है, इसका रास्ता मुझे नहीं मालूम। मैं विषयी हूँ और चित्रकला से मुझे उत्तेजना मिलती है। अपने चित्रों में जितने भी रूप मैं धर रहा हूँ या रच रहा हूँ, वे शुद्धरूप ही है। उन्हें अशुद्ध रूप की तरह देखना मेरे लिए असम्भव है। ऐसा नहीं है कि कोई एक अशुद्ध रूप है और बाक़ी सब शुद्ध रूप है या कोई एक शुद्ध रूप है और बाक़ी अशुद्ध रूप है। यह विभाजन रेखा कैसे खींची जा सकती है? जब मैं कॉलेज में पढ़ रहा था तब हमारे शिक्षक, सक्सेना सर का यह कहना था कि एक चित्रकार कचरे से भी कला ढूँढ़ सकता है। वह कचरे को भी इतना सुन्दर चित्रित कर सकता है कि चित्रण दर्शक को सार्थक लगे। यह कचरे का रूप, शुद्ध रूप है जिसे चित्रकार चित्रित कर रहा है। इसमें गँदगी या अशुद्धता का कोई सवाल नहीं है। जो भी है, सभी शुद्ध है और तभी उसे अपने कैनवास पर रच रहे हैं या ला रहे हैं। ऐसा मेरा सोचना है।

विष्णुधर्मोत्तर पुराण के सन्दर्भ में बात करें। विष्णुधर्मोत्तर के तैंतीसवें अध्याय के अन्तिम दो श्लोकों में यह बात आती है कि सारे कला-माध्यमों में, चित्रकला सर्वश्रेष्ठ है। यह बात मेरे गले नहीं उतरी। एक को श्रेष्ठ कहें, दूसरे को ख़ारिज करें तो ज़रूर कुछ खोट है। विष्णुधर्मोत्तर पुराण व्याकरण के बारे में है, चित्रकला के बारे में नहीं है। उसका सिर्फ़ एक अध्याय चित्रकला के बारे में है, बाक़ी सारा पुराण व्याकरण का क्या रूप-स्वरूप और रंग-ढँग है, उस पर है। मैं यह सोचता रहा कि ऐसा क्यों कहा गया है? हिन्दू पौराणिक पाठों में कभी heirarcy/उच्चावचन नहीं बनाया जाता। ब्रह्मा-विष्णु-महेश में कोई पहला-दूसरा-तीसरा नहीं है। कभी ब्रह्मा मुसीबत में फंसे हैं तो बाक़ी उनकी सहायता कर रहे हैं, कभी बाक़ी मुसीबत में फंसे हैं तो ब्रह्मा सहायता कर रहे हैं। कभी शिव की जान पर बन आई है। पुराणकार मन में यह बैठने नहीं देते कि ब्रह्मा पहले नम्बर पर है या विष्णु दूसरे नम्बर पर या महेश तीसरे नम्बर पर। इस तरह heirarcy न बनने से सब समानरूपा हैं। सभी सात्विक रूप में है।

सभी के साथ *देहधरे का दण्ड* है। तब ऐसा क्यों कहा गया कि चित्रकला सर्वश्रेष्ठ है? व्यक्तिगत तौर पर मुझे लगता है कि संगीत से ज़्यादा अमूर्त कोई कलारूप नहीं है। अगर कोई कलारूप सर्वश्रेष्ठ हो सकता है तो वह संगीत है। संगीत में भौतिक-तत्व नदारद है/कुछ नहीं है। संगीत में किसी भी तरह की dependancy नहीं है। संगीत प्राकृतिक अवस्था में रचा जा सकता है। एक गा सकता है, दूसरा सुन सकता है। और जब गाया जा रहा है तब यह नष्ट होता जा रहा है। तब वह ख़त्म भी होता जा रहा है। संगीत में भौतिकता का न होना मुझे आकर्षित करता रहा है। मैं सोचता रहा हूँ कि संगीत श्रेष्ठ है सभी कलारूपों में। विष्णुधर्मोत्तर की बात सामने आने पर मुझे इस दिशा में सोचने का मौक़ा मिला। इस सिलसिले में तीन चार निष्कर्षों पर मैं पहुँचा कि पुराणकार ने ऐसा क्यों कहा होगा। इन निष्कर्षों तक पहुँचने का मतलब यह नहीं है कि मैं इन निष्कर्षों को मानता हूँ। मैंने विचार करने पर पाया कि चित्रकला की कोई व्याकरण न होने से शायद पुराणकार ने ऐसा कहा हो। हर चित्रकार को अपना व्याकरण ढूँढ़ना पड़ता है, बनाना पड़ता है, मनवाना पड़ता है। उदाहरण के लिए, हुसैन का व्याकरण स्वामीनाथन के लिए किसी काम का नहीं है। हुसैन अपने ढँग के व्याकरण में चित्र रचते हैं, स्वामीनाथन अपने ढँग के व्याकरण में। दोनों स्वतन्त्र रूप से अपने ढँग का व्याकरण रचते हैं, उस पर काम करते हैं। दूसरा, चित्रकला/शिल्पकला मनुष्य को क्रियाशील बना देती है। मसलन अजंता एलोरा देखना है तो अजंता एलोरा जाना पड़ेगा। घर बैठे यह नहीं देख सकते। माइकल एंजलो की कलाकृतियाँ देखनी है तो इटली जाना पड़ेगा। यह कृति, हम किसी भी ढँग से, घर बैठे नहीं देख सकते। या महाबलीपुरम्, खज़ुराहो देखना है, मोनालिसा देखनी है तो इन सब जगहों की यात्रा करनी पड़ेगी। कोई और रास्ता नहीं है। तीसरा, चित्रकला/शिल्पकला में correction/सुधार की कोई गुजांइश नहीं है। पण्डित भीमसेन जोशी गाते हैं। उनसे एक सुर नहीं लगा। वे फिर से लगा देते हैं, उसी वक्त। दुबारा भी ठीक नहीं लगा, तीसरी बार प्रयास कर लेते हैं। जब ठीक लग गया, आगे चले जाते हैं। आप सुन सकते हैं, देख सकते हैं। कविता लिखते वक्त कोई शब्द ठीक नहीं लगा, काट कर दूसरा लिख सकते हैं। कविता अच्छी नहीं लगी, फाड़ कर फेंक सकते हैं। कई बार correct कर सकते हैं। correction की गुंजाइश अन्य कलारूपों में बहुत ज़्यादा है, चित्रकला में बिलकुल नहीं है। मान लीजिए कि माइकल एंजलो डेविड का शिल्प बना रहे हैं और आख़िरी finishing में उसकी नाक टूट गयी। शिल्प बनने में लगे दस साल फिर से लगाने होंगे। वह शिल्प नये सिरे से बनाना होगा। correction का कोई विचार ही नहीं है। precision इतना ज़्यादा है कि आख़िरी क्षण तक उतना ही चौकन्ना रहना होगा जितना कि शुरुआत में। चौथा, मुझे लगता है कि चित्रकला futuristic/भविष्यवादी है। अन्य कलारूपों में उन का past उन्हें खींचता रहता है। भीमसेन जोशी या कोई अन्य संगीतकार अपने उस्ताद की तरह सुर लगाने की कोशिश करता है।

संगीतकार को लगता है कि वह उस्ताद की तरह सुर लगा लूँ/गा लूँ। ऐसा होने-करने पर उसे लगता है कि उसने कुछ किया। यह पीछे जाने का भाव ज़्यादा है बजाय आगे जाने के। चित्रकला में ऐसा नहीं है। यहाँ व्याकरण स्वयं चित्रकार को बनाना है। वह हर बार नयी जगह पहुँचता है। एक सम्बन्ध परम्परा से नज़र आता है। ऐसा मैं सोचता रहा हूँ। लेकिन इसका मतलब यह बिलकुल नहीं है कि मैं चित्रकला को सर्वश्रेष्ठ मानता हूँ। मैं इस heirarcy में विश्वास नहीं करता हूँ और न यह मानता हूँ कि पहला-दूसरा-तीसरा कोई क्रम होता है। विष्णुधर्मोत्तर पुराण में explanation/व्याख्या नहीं है।

पीयूष :

एक कलाकार अपने पूर्ववर्तियों या अपनी परम्परा से या अपने स्त्रोतों से जिस तरह का सम्बन्ध बनाता है उसमें क्या व्याकरण एक केन्द्रीय नाभिक की तरह है? चित्रकला में कलाकार का अपना व्याकरण सृजित करना क्या ऐसा वैशिष्ट्य है जो दूसरी रचना-विधाओं में अलग तरह से उजागर होता होगा?

अखिलेश :

चित्रकला में व्याकरण न होने से एक भविष्यवादिता है। यहाँ झुकाव स्वतः ही भविष्य की तरफ़ है। किन्तु मोत्ज़ार्ट जैसे संगीतकार ने अपने से पहले मौजूद पारम्परिक संगीत से अलग, एक नये ढँग का संगीत रचा। आशय यह कि इस *भविष्यवादिता* को भी हम अन्तिम सत्य की तरह नहीं देख सकते। परम्परा से सम्बन्ध चित्रकला का भी उतना ही है जितना किसी और कलारूप का। एक चित्रकार अपनी परम्परा से ही सबको देखता है, सब कुछ लेता है। उसे नये ढँग से रचता है। पॉल क्ली ने ख़ूबसूरत बात कही है–चित्रकार पेड़ के तने की तरह है। वह अपनी परम्परा से/जड़ों द्वारा जो रस खींच रहा है उसे वह अपने भीतर से गुजार लेता है और शिखर पर खिलने वाले फूल तक पहुँचा देता है। परम्परा यानी रस खींचतीं जड़ों और उस फूल में कोई सम्बन्ध नहीं है। जड़ और फूल में कोई सम्बन्ध नज़र नहीं आता। चित्रकार तने का हिस्सा है। वह परम्परा को अपने भीतर से जाने दे रहा है। फूल अलग है। संकेत पूरे नज़र आएँगे कि यह फूल उस परम्परा से निकला है मगर सम्बन्ध बनाना/बताना मुश्किल है।

पीयूष :

क्या आपको लगता है कि यह चित्रकला का अपना अलग वैशिष्ट्य है?

अखिलेश :

सारी कलाएँ अन्तर्सबन्धित हैं। इस अन्तर्सम्बन्ध के कारण सारी कलाएँ एक दूसरे के साथ संवाद करती हैं। मुझे नहीं लगता कि चित्रकला कोई एक अलग हिस्सा है और बाक़ी कलाएँ दूसरे हिस्से हैं। सभी का अपना वैशिष्ट्य है। एक में रंग है, दूसरे में शब्द, तीसरे में स्वर। यह सब विशिष्टताएँ हैं। किन्तु व्यञ्जनाएँ लगभग एक ही है। रस दरअसल मन में। सुनने-देखने-पढ़ने से। यह रस एक ही होता होगा : आनन्द। अच्छी कविता पढ़ कर, अच्छा चित्र देखकर, अच्छा संगीत सुन कर अनुभूति आनन्द की है। यह एक ही है।

पीयूष :

यह एक गझिन वाक्य है कि चित्रकला भविष्यवादी है।

अखिलेश :

चित्रकला के भविष्यवादी होने का एक ही कारण नज़र आता है। अपनी चित्रकला का व्याकरण चित्रकार को ही बनाना है। वह परम्परा से क्या चुनता है और क्या वर्तमान से उठाता है, यह सब इस पर निर्भर करेगा। उदाहरण के तौर पर वान गॉग के चित्र उन दिनों की जाने वाली चित्रकला से बिलकुल भिन्न थे। उन दिनों उनके चित्रों को स्वीकारा भी नहीं गया था। आज डेढ सौ साल बाद वान गॉग के चित्र महत्त्वपूर्ण चित्र हैं। समकालीन कलाकार अब उतने महत्त्वपूर्ण नहीं हैं। वान गॉग का *देखना* भविष्य में ही ताक-झांक करना था। अपने चित्रों में, अपने रंगों के सहारे।

पीयूष :

यह सम्भवतः हर महान कृति का अपना ही एक लक्षण होता है कि वह अपने देखने के नये ढँग उद्घाटित करती है। जब आप चित्रकला को भविष्यवादी रूपक में रखते हैं तब कहीं न कहीं...

अखिलेश :

नहीं, यह मैंने नहीं रखा है, विष्णुधर्मोत्तर पुराण ने रखा है। मैं स्वयं यह नहीं मानता हूँ। यह मेरे पढ़ने में आया। मैंने विचार किया कि पुराणकार ऐसी बात क्यों कह रहा है? इस बात में उच्चावचन है जो ईसाइयत से या इस्लाम से आती है। हिन्दू मान्यताओं में ऐसा उच्चावचन नहीं रहा है।

पीयूष :

हाँ, वहाँ पैगन चेतना के स्वभाव में ही सारा कुछ लिखा गया है।

अखिलेश :

यह पहली बार देखने को मिलता है कि वहाँ उच्चावचन है।

मेरे लिए संगीत सर्वश्रेष्ठ है। संगीत में किसी भौतिक तत्त्व का न होना मुझे आकर्षित करता है। जिस क्षण गाया-बजाया उसी क्षण वह ख़त्म भी होता गया।

पीयूष :

रूप को लेकर Kandinsky का यह कहना है कि "रूप हमेशा काल से बंधा रहता है–वह केवल एक माध्यम है। असीम को रूप के द्वारा नहीं पाया जा सकता।" मुझे लगता है कि Kandinsky के लिए रूप वह माध्यम है जिसके द्वारा हमारी आत्मिक शक्ति प्रतिध्वनित होती है। यही प्रतिध्वनि आत्मा का रूप है और इसी प्रतिध्वनि के द्वारा रूप में प्राण फूँके जा सकते हैं। सम्भवतः यह प्राणशक्ति भीतर से बाहर की ओर स्पन्दित होती होगी। तब क्या एक कलाकृति शरीर व घर है जिसमें अ-रूप, और सारे रूपों का स्त्रोत, स्वयं को उजागर/reveal करता है?

आपका कहना है कि समय चित्रकला का विषय नहीं है। लेकिन आपके लिए चित्र में जो प्राप्य है, वह रूप है। रंगों के जरिये आप रूप तक पहुँचते हैं; चित्र रूप से ही प्रकट होता है। रंग माध्यम है और चित्र में प्रकट हुआ रूप अपने अवकाश की आकस्मिकता से वहाँ है। खेलने और रंगों के नज़दीक आने की आकस्मिकता से पैदा हुआ है। रंग का प्रयास रंगों के माध्यम से रूप पाने का है।

आपके लिए रंग माध्यम है तो कांडिंस्की के लिए रूप। क्या ऐसा इसलिए है, जैसा कि सूज़न लैंगर कहती है कि "जिस किसी चीज़ की अभिधारणा हम करें, हम किसी न किसी रूपाकार में ही करते हैं।" अगर हम थोड़ा विस्तार लें तो सम्भवतः भारतीय कला में रूप, performance से आता है। वहाँ एक कलाकृति बनाना एक अनुष्ठान है। इसका जादू form पर अभिनीत होता है। कला के विधि-संस्कारों को perform करते हुए कारीगर/craftsman अपने को रूपान्तरित करता है, अपने material को भी। रूप, अनुष्ठान-performance और रूपान्तरण एक साथ/युगपत् चलते हैं और भारतीय कला के अभिन्न पहलू रहे हैं। वे इसकी रचना में अन्तर्निहित हैं और इसके मूर्त स्वरूप में अपना प्रभाव पैदा करते हैं।

आप *रूप* की किस तरह की विवक्षा प्रस्तावित करना चाहेंगे?

अखिलेश :

कांडिंस्की की किताब देखना अच्छा रहेगा जिसमें उन्होंने आपके द्वारा उद्धृत वाक्य लिखे हैं ताकि उस सन्दर्भ का भी पता चल सके, जिस सन्दर्भ में उन्होंने लिखा है। यहाँ यह जानना ज़रूरी है कि रूप, माध्यम किस बात का है? रूप किस का माध्यम है? कांडिंस्की, चित्रकला में, क्या पाने की कोशिश कर रहे हैं? मैं अपने चित्रों में रूप, रंगों द्वारा प्राप्त करता हूँ। जब कांडिंस्की रूप को समय का अंकन कह रहे हैं तब इस पर सोचा जाना चाहिए कि वह ऐसा क्यों कह रहे हैं। रूप और समय का सम्बन्ध, कांडिंस्की कहाँ से देख रहे हैं? कांडिंस्की ने ऐसे बहुत सारे प्रयोगधर्मी काम किये हैं जिसमें रूप लगभग तिरोहित है। जिस परम्परा से कांडिंस्की आ रहे हैं वहाँ समय महत्त्वपूर्ण है, अवकाश नहीं। हो सकता है इसलिए वे समय को इतना महत्त्व दे रहे हो। भारतीय मानस में अवकाश प्रमुख है, समय गौण है। भारतीय अवधारणाओं में काल की अवधारणा को स्थायी नहीं होने दिया जाता। जैसे, चौदह वर्ष के वनवास में, राम, अन्तिम वर्ष में, रावण से युद्ध शुरू करने से पहले शिव की पूजा करते हैं, जिसमें एक हज़ार साल लगा देते हैं। इस घालमेल के कारण मन में समय का कोई स्थायी रूप नहीं बनता है। तब ध्यान अवकाश की तरफ़ जाता है। भारतीय मानस में अवकाश ही काम करता है, समय की अवधारणाएँ इतनी महत्त्वपूर्ण नहीं है। एक पश्चिमी व्यक्ति के लिए समय ही महत्त्वपूर्ण है, अवकाश के लिए कोई जगह नहीं है। वह समय से बाधित समय में जी रहा है। हो सकता है कि कांडिंस्की इसी obsession के कारण रूप को समय का अंकन कह रहे हो। मैं जानना चाहूँगा कि कांडिंस्की समय का अंकन किन अर्थों में कह रहे हैं? दूसरा, रूप किसका माध्यम है? किस चीज़ को पाने की कोशिश है, जिसमें रूप माध्यम है? मुझे लगता है कि "रूप" प्रकटन है। चाहे वह रंगों से हो या रेखाओं से या किसी भी रंग-युतियों या युक्तियों से। अन्त में रूप ही प्राप्य है। और रूप ही अचरज का कारण हो सकता है। चित्रकार ने ऐसा रूप रच दिया जो दर्शक ने पहले नहीं देखा है। वह अचरज का रूप हो सकता है और आनन्द देने वाला है। समय के अंकन में हम जैसे ही रूप और समय को जोड़ने की कोशिश करते हैं तब वह एक तरह का विवरण/documentation है। जैसे बाढ़ में डूबे हुए व्यक्तियों का चित्र। या अफगानिस्तान के युद्ध पीड़ितों का चित्र। यह सब एक समय के अंकन होते चले गये जिनका विवरण के अलावा कोई महत्त्व नहीं है। बाद में वे reference की तरह भी नहीं आते हैं। मुझे वे एक तात्कालिक संवेदनाओं के स्खलन की तरह दिखाई देते हैं। इसलिए चित्रकला में समय का अंकन करने की कोशिश किसी भी चित्रकार ने नहीं की होगी। वह इतिहास नहीं लिख रहा है न यह इतिहास को दर्ज करने का माध्यम है। वह चित्र बना रहा है। चित्र बनाने में अपना आनन्द प्राप्त कर रहा है। यह आनन्द रंग, रेखाओं, रंग-युतियों और रूप के सम्बन्धों से मिल रहा है। मैं पढ़ना चाहूँगा कि कांडिंस्की किन सन्दर्भों में ऐसा कह रहे हैं।

मेरे ख़याल से सभी चित्रकारों को अन्त में रूप ही प्राप्त होता है। चाहे कलाकार अमूर्त चित्रकला में अपना काम कर रहा हो या यथार्थवादी चित्रण में। अन्ततः चित्र पूरा होने पर जो प्रकट है, वह रूप है। कांडिंस्की को भी अन्तिम तौर पर रूप ही प्राप्त हो रहा है। यह देखना दिलचस्प है कि पश्चिम के कलाकारों ने अमूर्तन को रूप के रद्द करने से प्राप्त किया। पश्चिम में अमूर्तन की अवधारणा नहीं थी। यथार्थवादी रूप को रद्द करने पर उन्हें अमूर्तन प्राप्त हुआ। हिन्दुस्तान की चित्रकला परम्परा में सगुण निर्गुण पहले से मौजूद थे। यहाँ यथार्थवादी चित्रण कभी भी नहीं रहा। चित्रों में मानव आकृति रही लेकिन अमूर्त भावों की तरह। मुझे शिवलिंग सबसे अमूर्त शिल्प लगता है। इसकी कल्पना भी किसी चित्रकार ने ही की होगी। एक योनि में एक लिंग की कल्पना। यह अत्यन्त अमूर्त कल्पना है। भारत की परम्पराओं में अमूर्तन पहले से मौजूद था : एक मूर्त रूप है, एक अमूर्त रूप है। जबकि पश्चिम ने रूप के negation पर या रूप को रद्द करने पर अमूर्तन को पाया। इसमें कांडिंस्की भी एक प्रमुख चित्रकार रहे हैं। पश्चिमी सोचने समझने के ढँग में समय महत्त्वपूर्ण तत्त्व है। हो सकता है कि इसीलिए कांडिंस्की ने यह कहा हो कि रूप समय का अंकन है।

पीयूष :

रूप की विवक्षा के बिन्दु।

अखिलेश :

यह रूप अपरिचित है। हम आकारों में दो तरह के आकार पाते हैं। परिचित आकार और अपरिचित आकार। परिचित आकारों में देखा हुआ अनुभव संसार है। हम एक बकरी को चित्र में, बकरी के आकार की तरह पहचानते हैं। एक मनुष्य को, मनुष्य के आकार की तरह पहचानते हैं। इस तरह के परिचित आकारों के अलावा जब कोई दूसरा आकार हमारे सामने आता है–जिसे पहली बार देख रहे होते हैं–तब वह नितान्त अपरिचित आकार होता है। इस अपरिचित आकार से परिचय पहली बार होता है। एक अमूर्त चित्र देखने पर उसके रूपाकार परिचित हो जाते हैं जो कि उस चित्र को देखने से पहले अपरिचित थे। मसलन उस चित्र में बकरी नहीं बनी है, उसमें ऐसा कोई भी परिचित आकार नहीं है किन्तु चित्र देखने के बाद अब हम उन आकारों को जानने लगे हैं। उनसे हमारा परिचय होने लगता है।

पीयूष :

क्या यह अपरिचित तत्त्व आत्यन्तिक है?

अखिलेश :

परिचित आकार और अपरिचित आकार।

''डेढ इंच ऊपर'' (निर्मल वर्मा की एक कहानी) में पति को इसी बात का दुख था कि वह अपनी पत्नी को जानता नहीं था। पत्नी को गेस्टापो पुलिस पकड़ कर ले गयी है। उसे मार डाला गया है। पति का यह आन्तरिक दुख कि इतने वर्षों से दोनों साथ रह रहे थे पर वह पत्नी को जानता ही नहीं था कि वह क्या है? अपरिचय ही है। मैं यहाँ पर परिचित आकारों की बात कर रहा हूँ। हम जानते हैं कि यह मनुष्य आकृति है, कि चाँद इस तरह का होता है। इस सबके बावजूद अपनी आन्तरिकता में वह अपरिचित है–हम उसके बारे में कुछ नहीं जानते। जैसे हम अपने बच्चे के बारे में कुछ नहीं जानते या पत्नी या अपने भाई या पिता के बारे में। कि उनके कौन से गुण, किस समय में प्रकट होने वाले हैं? कोई दावा नहीं कर सकते कि ऐसा ही होगा। यह एक दूसरा प्रश्न है। जहाँ तक आकार की बात है, सारे लोग जानते हैं कि गाय का आकार क्या है, मोर कैसा दिखता है, चाँद क्या है। इसमें भेद भी जानते हैं और इन्हीं भेद से उन्हें पहचानते भी हैं। जब इस तरह के आकार कैनवास पर मिलते हैं तब कोई उलझन नहीं होती। अमूर्त चित्रों में अपरिचित आकार सामने आ जाता है जो कि बकरी या गाय नहीं है। या मनुष्य या फूल, मोर, पक्षी वग़ैरह–इस संसार में जिनसे हमारा परिचय है, जिन आकारों से–वह नहीं है। मेरा तात्पर्य सिर्फ़ परिचित अपरिचित आकारों के सन्दर्भ में है। उनकी आन्तरिकता के सन्दर्भ में बिलकुल नहीं है।

पीयूष :

यह दिलचस्प है कि कैनवास/चित्र के अपरिचित आकारों के सन्दर्भ में एक चित्रकार के कुछ कामों को एक साथ रखा जाय तब उन विभिन्न चित्रों में कुछ आकारों का एक ऐसा नैरन्तर्य दीख पड़ता है जिसके कारण भी हम यह पहचान पाते हैं कि यह चित्रकृतियाँ किसी एक कलाकार की हैं। (फ़िलहाल ''शैली'' शब्द का प्रयोग करने से बचना चाहूँगा।) कुछ अपरिचित आकारों के कुछ चित्र अपने में उस अपरिचित-तत्व को बरकरार रखते हुए भी इस पहचान की ओर दर्शक को सम्भवतः कहीं न कहीं वाबस्ता कर सकते हैं कि वह इन्हें एक कलाकार के चित्रों के रूप में पहचान पाता है। यह महत्त्वपूर्ण है।

आपने कहा कि एक दर्शक के रूप में कुछ चित्रों को देखकर आपको आध्यात्मिक अनुभव होता है। क्या आप अपनी दर्शक-संवेदना पर चर्चा करना चाहेंगे? चित्र में वह क्या है जो चित्र को एक आध्यात्मिक अनुभव में रूपान्तरित कर देता है? यह अनुभूति क्या चित्र से निःसृत/प्रस्फुटित होती है या स्वयं आपके दर्शक-आत्म से?

बतौर एक दर्शक क्या यह जिज्ञासामय भाव आप में उपजता है कि एक चित्र दरअसल किसे सम्बोधित है? पिकासो ने कहीं कहा है कि एक अनदेखी चित्र-कृति उस ख़त की तरह है जिसे अभी डाक में नहीं डाला गया है या उस ख़त की तरह है जिसे अभी बाँचा नहीं गया है। यूं वे दर्शक की भूमिका को एक खास तरह से केन्द्र में ले आते हैं।

अखिलेश :

यह सम्भव है कि सन्दर्भ बदल जाता हो, सरोकार नहीं बदलता। एक चित्रकार की अपनी concern वही रहेगी। वह अपने वैचारिक नैरन्तर्य से दूर नहीं जा रहा, वह अपने देखने के ढँग को नहीं बदल सकता। अपने देखने के ढँग को वह वैसे ही रखता है और उन्हीं सरोकारों में उस कलाकृति को खोजता है, जिस कलाकृति को वह बनाता है। अनुभव के सन्दर्भ में–मेरे ख़याल से–कोई भी कलाकृति पूरी तभी होती है जब कोई दर्शक उसे देखता है। जब तक एक चित्र का कोई दर्शक नहीं है वह एक अधूरे कैनवास की तरह ही है। चित्र को देखना एक प्रमुख भूमिका निभाता है। इस देखने में दर्शक अपने आत्म को चित्र में जोड़ता है। कलाकृति से जोड़ता है। आत्म के जोड़ने से पैदा हो रहे आनन्द या रस की अनुभूति, आध्यात्मिक हो सकती है। देखने का यह अनुभव या अनुभूति, आध्यात्मिक हो सकती है। चित्रकार के concern/सरोकार नहीं बदलते। वही रहते हैं।

पीयूष :

एक चित्रकृति पूरी तभी होती है जब कोई दर्शक उसे देखता है। क्या यह सिर्फ़ मनुष्य-सापेक्ष देखना है? यह चित्रकृति जिस अवकाश में या जिस देश-काल में अवस्थित है वह क्या हमेशा एक सापेक्ष तरह से ही अवस्थित नहीं है–वह जहाँ भी है वहाँ तमाम सारी चीज़ें आपस में सम्भवतः उस चित्र को देख रहीं हो–वह मनुष्येतर जगत जो उस कृति को देख रहे होने की सीमा के भीतर है?

अखिलेश :

देखने वाला स्वयं चित्रकार भी है। चित्रकार अपने चित्र का पहला दर्शक है। दर्शक के रूप में चित्रकार ख़ुद ही अपनी कलाकृति देख रहा है।

पीयूष :

लेकिन एक कलाकृति तब तक अधूरी है जब तक कि वह देखी नहीं गयी हो?

यह जो देखा न जाना है दरअसल...या यह बिलकुल साफ़ है कि वह मनुष्य द्वारा देखा जाना है अन्यथा मनुष्येतर सारा जगत–जो वहाँ है वह–उस कलाकृति को देख रहा है। बहुत सम्भव है कि बहुत सूक्ष्म स्तर पर भी। कहीं पेड़ से एक पत्ता गिरता है, हो सकता है यह भूचाल या उसका संकेत हो। ऐसा भूचाल जो सम्भवतः हमारे कानों को सुनायी न पड़ता हो। एक कृति का देखा जाना या न देखा जाना और एक चित्रकार के नज़रिये से उसका पूरा होना–जिसके लिए आपने कहा था कि एक क्षण आता है जिसके बाद चित्रकार उस कृति से अलग हो जाता है और यह मान लेता है कि वह कृति पूरी हो गयी।

अखिलेश :

वह चित्र को एक दर्शक के रूप में देख भी रहा है। एक कहानी जब तक पढ़ी नहीं जा रही है तब तक वह पूरी कैसे हो रही है?

पीयूष :

जिस क्षण लिखी गयी उस क्षण पूरी हो गयी। हो सकता है, लेखक के लिए भी।

अखिलेश :

वह लेखक पाठक भी है।

पीयूष :

जी, लेकिन अब वह कृति क्या उस लेखक से स्वतन्त्र है?

अखिलेश :

हाँ, वह स्वतन्त्र है। जैसे ही मैंने इस चित्र को प्रदर्शनी में रखा, वह मुझसे स्वतन्त्र हो गया। अब आपने कई दर्शक आमन्त्रित कर लिए हैं उसे देखने के लिए।

पीयूष :

जंगल में खिला फूल, खिल कर झर गया। क्या वह अपने में पूरा नहीं है? एक कृति अपने से है। हो सकता है किसी मनुष्य द्वारा न भी देखी जाय/गयी हो।

एक चित्रकार के रूप में आपके लिए एक क्षण आता है जिसके बाद आप उस चित्रकृति को पूरा हुआ मान लेते

हैं–वह कृति स्वयं आपसे स्वतन्त्र, अपने ही *सन्दर्भ* में खड़ी है। एक चित्रकृति का अपने से स्वतन्त्र तरह से खड़ा होना–क्या यह अधूरा है? तब तक जब तक कि एक मनुष्य-दर्शक उसे न देख ले?

एक कविता है :

मनुष्य की उपस्थिति में झरता

एक पत्ता

और वह एक,

एकान्त में।

अखिलेश :

हाँ, बिलकुल ही अधूरा है। क्योंकि दर्शक की अनुभूति भिन्न है।

पीयूष :

दर्शक का होना या न होना क्या चित्रकृति के स्वयं अपने लिए अपरिहार्य है? या यह एक भिन्न क़िस्म की गतिविधि है?

अखिलेश :

यह वैसी ही गतिविधि है जैसे ख़त न पढ़ा गया हो। आपने एक ख़त लिखा। ख़त न पढ़ा गया तो अधूरा ही है। ख़त अपने पढ़े जाने में ही पूरा होने वाला है। एक कलाकृति देखने में ही पूरी होने वाली है। यह देखना कई ढँग से पूरा होता है। मसलन सौ दर्शक देख रहे हैं तब सौ तरह की अनुभूतियाँ मन में जागती हैं। अलग अलग तरह की कल्पनाएँ। कोई उसे किसी ढँग से पूरा कर रहा है, कोई किसी दूसरे ढँग से। आप उन सारी अनुभूतियों को भी एक नहीं कर पाते हैं; सभी लोग कृति के अर्थ अपने अनुभव से निकालते हैं। हमने पहले भी यह बात की कि हरे रंग का अर्थ दो अलग व्यक्तियों के लिए अलग हो सकता है। यह अर्थ भिन्नता दर्शक को दूसरी तरह की अनुभूतियों में ले जा सकती है। इस तरह से, एक चित्रकार के पहले दर्शक होने के बाद, जब वह कलाकृति को सार्वजनिक रूप से दिखलाता है, प्रदर्शित करता है, तब वह स्वतन्त्र कलाकृति है। इस स्वतन्त्र कलाकृति में कई सारे दर्शक शामिल हैं। स्थिति जंगल में फूल खिलने जैसी भी हो सकती है कि वह फूल एकान्त में झर जाय। कोई उससे कुछ न प्राप्त करे या कोई उससे संवाद न हो।

पीयूष :

जंगल में खिल रहा फूल अपने से खिल रहा है जैसे कि एक चित्रकृति अपने से पूरी हो रही है। एक चित्रकृति में क्या यह अपेक्षा अन्तनिर्हित रहती है कि कोई उसे देखे? भले वह स्वयं उसका रचयिता चित्रकार ही क्यों न हो? दर्शक का जन्म होना क्या अपने में एक अपरिहार्य परिघटना है? बहुत सम्भव है कि वह ख़त स्वयं को ही सम्बोधित करते हुए कुछ ऐसे लिखा गया हो कि उसमें उस ख़त के पढ़े जाने की अपेक्षा/दरकार न हो?

अखिलेश :

मेरे मन में चित्रकृति बनाते वक्त एक दर्शक का विचार आए, ऐसा असम्भव है। ऐसा मैंने कभी नहीं सोचा कि इस चित्रकृति को मुझे किसी को दिखलाना है। इसलिए मैं बनाता नहीं हूँ। मैं अपने लिए ही बनाता हूँ। वह मेरे देखने के साथ पूरी हो जाती है, मेरे लिए ख़त्म हो गयी। अब मैं दूसरे कैनवास पर हूँ और वह भी ख़त्म हो गया है। इस तरह में अपना काम करता हूँ। चित्र की प्रदशर्नियाँ होना और उनका सराहा जाना या पसन्द न किया जाना, इन सब का मुझ पर कोई प्रभाव नहीं है। इन सबसे प्रभावित हो कर मैं अपने अगले चित्रों को नहीं बनाता हूँ। मैं अपने लिए बनाता हूँ और चित्र को अपने देखने के साथ ख़त्म भी पाता हूँ। दूसरे लोग चित्र को देख कर उसमें कुछ पाते हैं, मुझे ख़ुशी होती है। इससे ज़्यादा कुछ नहीं।

दूसरे की कलाकृतियों को देखते वक्त एक दूसरा भाव मौजूद रहता है। अपनी कलाकृतियों को देखते हुए उनसे सम्मोहित नहीं होता हूँ।

दूसरे कलाकारों के चित्र मुझे प्रभावित करते हैं, सम्मोहित भी। उनका आर्कषण मेरा पीछा करता है, मेरी अपनी कलाकृतियों का नहीं।

पीयूष :

एक दर्शक के रूप में आपका अपने चित्रों के साथ किस तरह का response जगता-बनता-झरता है? हो सकता है अपनी चित्रकृति के साथ आपका कोई ऐसा सूक्ष्म सूत्र बना रहता हो जिसका अनुभव आप न कर पाते हो। जैसे, चित्रकृति में आध्यात्मिक या ऐन्द्रिय या कोई और अनुभव मौजूद हो लेकिन एक नामालूम तरह से आप उसे जाग्रत ढँग से अनुभूत न कर पाते हो? बल्कि वह क्या है जो आपको अपनी ही चित्रकृति की अनुभूति से बरजता है?

क्या हम यह कह सकते हैं कि कुछ सूक्ष्म धागे आपकी चित्रकृति के साथ कुछ यूं जुड़े रह जाते हो कि अब चित्रकृति

के अपने से स्वतन्त्र खड़े होने के बावजूद वे धागे अपना काम ऐसे करते रहते हो जिनके चलते आप अपनी कृतियों से उस तरह का सम्बन्ध नहीं बना पाते जिस तरह का सम्बन्ध अन्य चित्रकारों की कृतियों से? अपने चित्रों को देखते समय आप किन तरह के भावों से आविष्ट होते हैं?

अखिलेश :

अन्य चित्रकारों की कृतियों के साथ मुझे हमेशा ही यह अचरज होता है कि चित्रकार ने उसे कैसे बनाया होगा।/यह उसने कैसे किया होगा? यह तीव्र जिज्ञासा मुझे हमेशा रहती है। जानने के लिए एक ही ढँग है कि चित्र को उस तरह से बनाया जाय जिस तरह से चित्रकार ने उसे बनाया है। किन्तु वह आप बनाते नहीं है। आप अपनी तरह के चित्र बनाते हैं। आप अपने चित्रालोक में डूबे रहते हैं।

दूसरे चित्रकारों के काम देखते हुए अचरज प्रमुख भाव है, कि ये कैसे किया होगा उसने। एक दर्शक के रूप में यह अचम्भा मेरे लिए हमेशा मौजूद रहता है। मैं अपने चित्रों के बारे में कभी इस अचरज में नहीं डूबा हूँ। इस सम्मोहन ने मुझे कभी भी नहीं ग्रसा। ऐसा अचरज मुझे नहीं हुआ। वह मैंने किया हुआ है, कि पता भी है। मुझे ज़्यादातर अपनी ग़लतियाँ नज़र आती है कि यहाँ चूक हुई। दूसरे चित्रकारों के काम देखते हुए मुझे आध्यात्मिक अनुभव होता है, या कहना चाहिए, रस में डूबने का आनन्द आता है। मेरी कलाकृतियों को लेकर मेरे साथ ऐसा नहीं होता। कुछ चित्र बहुत समय तक अच्छे लगते हैं, उसके बाद उन चित्रों से कहीं दूर जा चुका होता हूँ। फिर वह ठीक नहीं लगते। अचरज का अंग मेरे चित्रों में रंगों के व्यवहार में प्रकट होता है जब कोई रंग किसी दूसरे रंग की तरह अपने को प्रकट करता है। यह मेरा जाना हुआ नहीं होता है।

पीयूष :

एक चित्रकार के रूप में चित्र बनाना आपके लिए लुकाछिपी का खेल है। जब आप दूसरे चित्रकारों की कृतियों के साथ अपना सम्बन्ध बनाते या जब दूसरी कलाकृतियों के साथ आपका सम्बन्ध बनता चला जाता है तब इस निर्मिति में क्या प्रकट होता है? अन्य चित्रकार की कृतियों संग यह निर्मितियाँ या यात्रा, किस क़िस्म की निर्मितियाँ या यात्रा है? अपनी चित्रकृतियों के सन्दर्भ में आपने कहा था कि आप उनमें कुछ व्यक्त करने की कोशिश नहीं करते ठीक इसके बरक्स एक दर्शक के रूप में जब आपका साक्षात्कार दूसरी चित्रकृतियों के साथ होता है तब भी क्या यह "कुछ व्यक्त न करने का भाव," उन कृतियों को देखते हुए भी सक्रिय रहता है? दूसरे शब्दों में, एक दर्शक के रूप में अपने देखने में आप कैसे उतरते हैं?

अखिलेश :

इस ओर मेरा ध्यान कभी नहीं जाता कि चित्रकार क्या व्यक्त करने की कोशिश कर रहा है; मेरा ध्यान अक्सर उसकी Approach/एप्रोच पर जाता है। चित्रकार ने किस व्यवहार से इस चित्र को बनाया होगा? बहुत बार चित्र देखने से मैं उस चित्रकार के व्यवहार के नज़दीक तक पहुँच जाता हूँ। मसलन, जब रज़ा के चित्रों को मैंने बहुत ध्यान से देखना शुरू किया तब मुझे लगा कि रज़ा अपने चित्रों की शुरुआत काले रंग से करते हैं। बहुत साल बाद जब मैंने उन्हें काम करते हुए देखा, मैंने पाया, वे ज़्यादातर समय अपने चित्रों की शुरुआत काले रंग से करते हैं। चित्रकार का एप्रोच, चित्र ही बतला देता है। ध्यान से देखने पर आप जान जाते हैं कि चित्रकार ने पहली रेखा कहाँ खींची होगी, कौन सी खींची होगी, कहाँ जाकर उसने पूरा किया होगा। इसमें मेरी दिलचस्पी रहती है। इसे मैं अक्सर पा लेता हूँ। चित्र देखते वक्त मेरी रूचि इसमें नहीं रहती है कि चित्रकार ने क्या बनाया है, उसका विषय क्या है, चित्र कथ्य क्या है, और वह क्या संदेश दे रहा है। चित्रकला के अंगों में इन सब बातों को मैं मानता नहीं हूँ इसलिए इन तरफ़ ध्यान भी नहीं देता हूँ। मैं एक दर्शक की हैसियत से, एक मज़दूर की हैसियत से, देखता हूँ कि चित्रकार ने कैसे किया होगा, कैसे अपना चित्र बनाया होगा, क्या किया होगा चित्र में। यह देखने-खोजने में मुझे आनन्द आता है। और ज़्यादातर समय मैं ठीक ठीक पा लेता हूँ कि कैसे किया होगा।

पीयूष :

एक दर्शक के रूप में इस एप्रोच के पीछे वह क्या है जो इस ढँग से सक्रिय है? क्या यह देखने के अपने स्वभाव व विधियों से सम्बन्धित है?

अखिलेश :

ऐसे ही होता होगा। इसमें सब शामिल है। मेरा चित्र बनाना भी उसमें शामिल है। इसलिए एप्रोच की तरफ़ ध्यान जाना बहुत सहज है। दूसरे दर्शक शायद इस तरफ़ नहीं देखते हो या उनका ध्यान इस ओर नहीं जाता होगा कि चित्रकार ने कहाँ से शुरू किया या उसने पहला रंग कौन सा लगाया।

मैं इसी दृष्टि से देखता हूँ। यह मेरे लिए महत्त्वपूर्ण है। जानना। जानने में रस की अनुभूति होती है।

पीयूष :

एक कलाकृति रहस्य है। हम जिन रीतियों से एक कलाकृति से प्रतिकृत होते या सम्बन्ध बनाते हैं, उसमें हम शायद

कलाकृति के रहस्य को छू तो सकते हैं लेकिन क्या उसे Decode या Decipher किया जा सकता है? एक कलाकृति देखना और उसकी व्याख्या में संलग्न होना क्या यह दोनों अलग बातें नहीं?

अखिलेश :

एक कलाकृति देखना और उसकी व्याख्या करना निश्चित ही दो अलग बातें हैं। देखना अनुभव है, शाश्वत है, व्याख्या अस्थायी है, फौरी है, झूठी हो सकती है। व्याख्या संस्कृति की देन है। ''देखना'' प्रकृति की। व्याख्या आमतौर पर प्रतिक्रिया है। देखना स्वयं क्रिया है। व्याख्या सतह पर टहलते हुए भीतर जाने की कोशिश है। देखना उसे भीतर महसूस करना है। देखना महत्त्वपूर्ण है, व्याख्या सीखने की बात है। Being और Becoming का भेद यहाँ मौजूद है। संसार भर की संस्कृतियों ने मनुष्य को घृणा, ईर्ष्या, हिंसा आदि का तोहफ़ा लगातार दिया है। यह व्याख्या ही है।

एक कलाकृति का रहस्य हर व्यक्ति का अपना रहस्य है। उसे खोलना और पाना सिर्फ़ उसी के बस का है। इसलिए उसका सफ़र करना और suffer करना स्वाभाविक है। एक मनुष्य कलाकृति से प्रतिकृत होता है, उसके रहस्य को सम्भवतः वह जान भी लेता है किन्तु उसको बतलाने में उसकी व्याख्या झूठी हो जाती है।

पीयूष :

डेमियन हर्स्ट के बारे में पढ़ते हुए यह पता चला कि कुछ लोगों ने बाक़ायदा उदाहरणों के साथ यह बताया है कि कैसे डेमियन हर्स्ट ने अपनी कृति for the love of god का Idea कहीं से लिया है और उसका अनुकरण किया है। इस तरह के विवाद हुए हैं। अन्य अनेक कलाकारों के काम पर भी।

अखिलेश :

यह एक ख़ूबसूरत बात है।

इस मसले में हिन्दुस्तान का कला-संसार पिछड़ा हुआ है। मसलन यह कि डेमियन हर्स्ट की आलोचना ही उसकी ताक़त बन जाती है। डेमियन के लिए एक पुनर्विचार मौजूद रहता है कि वहाँ उनके समकक्ष, उतने ही सार्थक और उनकी कलाकृतियों की भरपूर आलोचना करने वाले कला-समीक्षक मौजूद हैं। दुर्भाग्य से भारतीय कला-संसार में आलोचक है ही नहीं : जो भी किया जा रहा है वह एक महान कलाकृति की तरह देखा जा रहा है जबकि यह सच नहीं है। भारतीय कला समाज का यह खोखलापन सार्थक कला आलोचकों की अनुपस्थिति के कारण है। डेमियन हर्स्ट या अनीष कपूर या जेफ कून्स के काम की आलोचना करने वाले और उनके काम को अलग angle से देखने

वाले कला आलोचक मौजूद हैं लेकिन यह सौभाग्य हमारे यहाँ के कलाकारों को नहीं मिल सका है। हमारे यहाँ कलाकृतियाँ लगभग अनदेखी गुजरती चली जाती हैं।

पीयूष :

हाँ, यह सच है।

लेकिन बाहर के कला-संसार में कलाकृतियों के आकलन का एक आयाम वह भी है जिसमें यह कार्य-व्यापार प्रायोजित ढँग से काम करता है, एक बड़ी परिघटना की तरह। जेफ कून्स से लेकर अन्य चित्रकारों तक के सिलसिले में कुछ आलोचकों ने बाक़ायदा यह बताया है कि कैसे इन कलाकारों से लिये गये साक्षात्कार तक प्रायोजित होते हैं। एक ओर पूरी तरह बाज़ार से संचालित कला-संसार का संभ्रमित कर देने वाला पक्ष है तो ऐन वहीं वह पूरी जगह व उर्वरता भी जिसमें एक कलाकृति के सत्य तक पहुँचने की ईमानदार कोशिश है।

अखिलेश :

संभ्रमित कर देने वाला पहलू लगभग नदारद है। इस बात से कोई फ़र्क़ नहीं पड़ता कि एक कलाकृति पर की जा रही बातचीत प्रायोजित है या नहीं। एक अच्छी कलाकृति सभी को आकर्षित करती है। डेमियन हर्स्ट की कृति for the love of god ने बहुत सारे दर्शकों को अपनी ओर खींचा है। पहली बात है लोगों का कलाकृतियों से सीधा जुड़ाव, बाक़ी बातें गौण है। जब यह पता चलता है कि इस कलाकृति के लिए लोगों के भीतर इतना आर्कषण जाग रहा है तब उसके लिए सारा मीडिया सक्रिय होने लगता है। वे सारी चीज़ें परजीवी की तरह हैं जो उस कलाकृति के यश को लूटना चाहतीं हैं, दूसरे ढँग से। उसमें प्रायोजन महत्त्वपूर्ण नहीं है, कथ्य है। for the love of god के जरिये डेमियन हर्स्ट ने मनुष्य के भीतर अपने शौर्य के प्रदर्शन के रूप में–शिकार कर–खोपड़ी को अपने घर में लटकाने की आकांक्षा का प्रतीक सामने रख दिया। यहाँ उसने खोपड़ी के रूप में मनुष्य की खोपड़ी रख दी। अब वह एक दूसरे स्तर पर भी प्रश्न कर रहा है–वह इस मनुष्यता को प्रश्नांकित कर रहा है कि इतने विकास के बाद दरअसल मनुष्यता कहाँ पहुँची है? कि अपनी ही हत्याओं से शौर्य का प्रदर्शन मान रही है बल्कि आप अपने ही लोगों को ख़त्म करके अपने बहादुर होने की घोषणा कर रहे हैं। यह इशारा है मृत्यु की तरफ़–death of being.

पीयूष :

डेमियन हर्स्ट का मृत्यु-बोध सभ्यता के लहू से गुजरते हुए ही आकार लेता है और कहीं न कहीं पिकासो की गुएर्निका

के भावों से टकराता है। यह वह मृत्यु-बोध है जिसमें मनुष्य के इतिहास का हिंसक व बर्बर फिनोमिना है–विकराल साभ्यतिक संकट का सामना करता।

अखिलेश :

मेरे ख़याल से दोनों में फ़र्क़ है। पिकासो की गुएर्निका युद्ध की विभीषिका की उद्घोषणा है। किसी गाँव के नष्ट होने की कलाकृति नहीं है बल्कि वह उस गाँव के नष्ट होने की कलाकृति की अनुभूति की कलाकृति है। अपने कलाकर्म में डेमियन हर्स्ट की चेष्टाएँ आत्म का मृत्यु-बोध है, जिसका सामूहिक विनाश से कोई सरोकार नहीं है। हर्स्ट की कलाकृतियों में हमेशा individual representation है। सामूहिक हत्याओं के बजाय एक प्राणी की मृत्यु की घोषणा ज़्यादा है। वह एक ऐसे समाज में मृत्यु-बोध जाग्रत करने की चेष्टा कर रहा है जो अपना कारोबार इससे भयमुक्त होकर चला रहा है। वहाँ मृत्यु की चेतना इतनी नहीं है जितनी कि जीवन को जी लेने की। बूढ़ों और बच्चों के लिए उस समाज में जगह नहीं है, वह युवाओं की जगह है। उनका लक्ष्य/motto अपना जीवन पूरी तरह से भरपूर जी लेने की आकांक्षा से आकार लेता है। जीने की इच्छा में वह मेहनत और काम करता है। जीवन का मज़ा लेता है। इस मज़े के बीच हर्स्ट की कलाकृतियाँ उस मृत्यु की तरफ़ इशारा करती है, जिसकी तरफ़ से उस समाज का ध्यान हट गया है या हटा हुआ सा है। इस मामले में पिकासो अगर सामूहिक हत्याओं या सामूहिक विनाश को चित्रित कर रहे थे तो डेमियन हर्स्ट आत्म के नष्ट होने की बात कर रहे हैं।

पीयूष :

डेमियन हर्स्ट के चित्रों में व्याप्त आत्म के नष्ट होने के चरितार्थन व संकेतों का क्या एक व्यक्ति या एक व्यक्ति-आत्म के नष्ट होने से अधिक ताल्लुक है या यह कुछ वैसा है जैसा कि एलियट की काव्य-कृति Waste Land/वेस्ट लैण्ड के बारे में यह कहा गया है कि वह एक तरह से पूरी पश्चिमी सभ्यता व संस्कृति पर टीका है। जब एलियट के सामने यह विचार रखे गये तो एलियट अचरज से भर गया। एलियट का कहना था कि वेस्ट लैण्ड लिखते समय मैं अपने निजी संकट व दौर से गुज़र रहा था और वही कविता में है। एलियट के शब्दों, कल्पना व जीवनानुभवों में कुछ इस क़िस्म की जागृति व ताक़त थी कि "वेस्ट लैण्ड" पूरी पश्चिमी सभ्यता पर एक टीप बन जाती है। क्या यह एक तरह से समूचे साभ्यतिक संकट पर बात नहीं है? पिकासो और डेमियन हर्स्ट दोनों ही शायद अपने अपने ढँग से यह रख रहे हैं।

अखिलेश :

डेमियन हर्स्ट का झुकाव इस तरफ़ रहा है। वे शुरू से ही इस तरफ़ ध्यान देते रहे हैं। सो उनका अपना आत्म-बोध भी उसी तरह का ही होगा जिसमें वे सिक्के के दूसरे पहलू को भी बड़ी आसानी से देख लेते हैं। यह जेफ कून्स के कामों में नज़र नहीं आता न वह उसका सरोकार/concern है। हम तुलना नहीं कर सकते है। एक कलाकार की अपनी भूमिका रहती है। वह जीवन भर कलाकृतियों में अपने सरोकार प्रकट करने की कोशिश करता है या उनसे जूझता रहता है। अपने प्रयासों में वह सफल होता है या नहीं होता है यह दीगर बात है। बाद में आप ऐसे सारे संकेत उन कलाकृतियों में से पढ़ डालते हैं कि उसका इशारा सभ्यता के संकट की ओर था या वह सामूहिक विनाश की बात कर रहा है आदि आदि। ये सारे बिन्दु/बातें/मसले उस कलाकृति के जन्म लेने के बाद के ही है। जिसकी तरफ़ उसका ध्यान सम्भवतः न हो। मोनालिसा बनाते समय लियोनार्दो ने यह नहीं सोचा होगा कि यह उसकी सर्वश्रेष्ठ कलाकृति हो सकती है। यह बात खोजना या उसका निकाला जाना या उसका अपना प्रसिद्धि पाना, सब दीगर बात है। पहली बात है कलाकृति का बनना। यह कलाकृति बनाने में डेमियन हर्स्ट दो-तीन साल से लगे थे। मेरे ख़याल से उन्हें यह विचार भी नहीं आया होगा कि यह कलाकृति इस तरह से लोगों को आकर्षित करेगी।

पीयूष :

ऐसा कैसे या क्यों है कि लगभग सभी कलाकार अपनी कलाकृति के सन्दर्भ में अपनी व्याख्याओं से स्वयं को बरजते हैं? वे स्वयं को एक खास तरह से अपनी कृति से सम्बन्धित नहीं पाते। यद्यपि कलाकृति में दृष्टि हमेशा एक केन्द्रीय नाभिक की तरह व्याप्त रहती है : स्वयं उस चित्रकार की आँख।

अखिलेश :

बिलकुल ठीक बात है।

इसका एक मुख्य कारण यह है कि वह व्याख्या कर के कलाकृति को किसी एक परिप्रेक्ष्य में बाँधना नहीं चाहता है। वह यह जानता है कि एक चित्र की अनन्त व्याख्याएँ हो सकती है। दूसरे दर्शक का देखना भी उतना ही प्रामाणिक/valid है जितना कि उसका अपना देखना। सो वह कलाकृति की व्याख्या कर उसका कुच-मर्दन कर दे, यह ठीक नहीं है। आपने अपने चित्र की व्याख्या कर दी वह प्रामाणिक व्याख्या की तरह ली जाएगी। चूँकि वह आपकी/first hand है। इसलिए अन्य सारी व्याख्याएँ उसके सामने अप्रामाणिक/invalid हो जाएँगी। मेरे ख़याल से सामने रखे चित्र की आज से बीस साल बाद पैदा होने वाला व्यक्ति भी उतने ही प्रामाणिक ढँग से व्याख्या कर

सकता है जितना कि आज के समय में। ज़्यादातर कलाकार शायद इसीलिए अपने चित्रों की व्याख्या ख़ुद करने से बचते हो। आप चित्र की व्याख्या कर उसे बाँध रहे हैं। अलबत्ता व्याख्या करना इतना बहुत मुश्किल काम नहीं है। चित्रकार को मालूम है कि वह चित्र में क्या कर रहा है। किन्तु उसके मालूम होने में एक ही अर्थ है जबकि कलाकृति होने में अनेकार्थ हैं। वह इन अनेकार्थों को जन्म देने की जगह बनाए रखता है।

आपका अपना देखना उतना ही प्रामाणिक है जितना कि मेरा। मैं आपके देखने को कैसे ख़ारिज कर दूँ?

पीयूष :

एक चित्र की निर्मिति में व्याप्त दृष्टि या उसे पाने के यत्न की छिपी-अनछिपी प्रक्रियाओं से गुजरते हुए जब वह कलाकार उस अनुभव का या अपनी ही दृष्टि के विवरणों का साझा करता है तब क्या वह अपनी दृष्टि के विवरण सामने नहीं रख रहा है? वही दृष्टि एक व्याख्या का रूप धर कैसे सामने आ जाती है? वह जो आपके लिए दृष्टि है–उसका साझा करते ही–वह आपसे इतर अन्य सभी के लिए व्याख्या में बदल जाती है–

अखिलेश :

पर वह व्याख्या प्रामाणिक हो जाएगी।

अपने सन्दर्भ में मुझे लगता है कि जैसे ही मेरा एक चित्र पूरा होता है उसमें मेरी दिलचस्पी समाप्त हो जाती है। चूँकि दिलचस्पी नहीं बची है इसलिए इसके बारे में बातचीत करने में भी मेरी कोई दिलचस्पी नहीं रहती। मैं अब इस चित्र से अलग कुछ और सोच रहा हूँ। इस चित्र ने मुझे एक नयी दृष्टि दी लेकिन अब मैं उन नयी जगहों पर हूँ जहाँ से पीछे पलट कर जाना मुझे उबाऊ लगता है। अब जो हो चुका है उसके बारे में क्या बात की जाय? उस चित्र की व्याख्या करने में आप अब एक इतिहास को दोहराने की बात कर रहे हैं। आप उस तरफ़ जाने की कोशिश कर रहे हैं जिसमें आपकी दिलचस्पी नहीं है। इस कलाकृति के पूरे होते ही इसमें मेरी कोई दिलचस्पी नहीं बचती कि इसका अब क्या हो रहा है। अगर एक दर्शक आ कर कुछ बताता है तब मुझे सच में मज़ा आ जाता है कि अरे यह तो मैंने देखा नहीं था, इसने देख लिया : उस स्तर पर मेरी रूचि उस कलाकृति में बची रहती है जिसमें एक नया दर्शक आ उसमें कुछ नया देख लेता है। वह चित्र के भविष्य के बारे में बात करता है और उसके भूत के बारे में बात करने में मेरी कोई दिलचस्पी नहीं है। अब जिस कैनवास पर काम कर रहा हूँ उस में मेरा ध्यान है, रूचि है, गति है। इस कलाकृति के बनने से पहले मैं कुछ और था, इस कलाकृति के बनने के बाद मैं अब कुछ और हूँ। इस बदलने में इस कलाकृति का अनुभव शामिल है। अब मैं इस अनुभव को दोहराना नहीं चाहूँगा। यह तो हस्त मैथुन जैसा हुआ।

पीयूष :

एक चित्र पूरा होने पर उस चित्र में दिलचस्पी का ख़त्म हो जाना।

आप का एक वाक्य है कि एक कैनवास से आपको वे दिशा-संकेत-निर्देश मिलने लगते हैं जो कि आपको अगले कैनवास तक ले जा सकते हैं और नहीं भी ले जा सकते हैं। इस मायने में अपने पिछले कैनवास से–जिसे आप पूरा कर चुके है–एक खास तरह का जीवित सन्दर्भ व सम्पर्क आपका बना हुआ है।

अखिलेश :

मेरी बातचीत उन अर्थो में थी जब आप कह रहे है कि कलाकार द्वारा ख़ुद अपनी कलाकृति की व्याख्या क्यों नहीं की जा रही है? पहली बात यही है कि व्याख्या करने में वह इसलिए नहीं पड़ता है कि उसकी व्याख्या प्रामाणिक व्याख्या की तरह ले ली जाएगी और उसके बाद की सब व्याख्याएँ बन्द हो जाएँगी। कलाकार दूसरे के देखने को प्रामाणिक रखते हुए अपनी व्याख्या को स्थगित रखता है। दूसरा, उसकी दिलचस्पी ख़त्म होने का कारण यह भी है कि अब वह नये कैनवास के बारे में सोच रहा है। पीछे पलट कर जाने में उसकी कोई रूचि नहीं है। उस कलाकृति से उसका सम्बन्ध ख़त्म नहीं होने वाला है। उस कलाकृति की physicality से अब उसका कोई सम्बन्ध इसलिए नहीं है कि उस कलाकृति से उसे जो मिलना था वह मिल चुका है। अब वह अपनी अगली कलाकृति के साथ अपना एक नया सम्बन्ध उजागर करने वाला है। यह सम्बन्ध भी दर्शक ही देखने वाले हैं। एक तरह से उसका अगला चित्र पिछले चित्र की व्याख्या भी है। वैसे ही उसको देख सकते हैं। अगर इस चित्र का ख़ारिज होना अगला चित्र है तब वह उसकी टीका भी है।

मुझे लगता है ज़्यादातर चित्रकार अपने चित्रों की व्याख्या इसलिए नहीं करते हैं कि वे दूसरे के देखने को भी उतना ही प्रामाणिक मानते हैं।

और अपनी दृष्टि को तो वह रख ही रहा है चित्र में। उसमें कोई कोताही नहीं कर रहा वह। वह जी जान से अपना जीवन लगाए दे रहा है। जो कुछ भी उसके पास है वह सभी चित्र में जा रहा है। मेरे ख़याल से जब हम व्याख्या की बात कर रहे हैं तब यह बात भी रख रहे हैं कि चित्रकार अपने एक चित्र की व्याख्या शब्दों में क्यों नहीं कर रहा है? यह एक असम्भव बात होगी। किसी भी चित्र की व्याख्या शब्द में होना असम्भव है। एक चित्र की व्याख्या दूसरे चित्र से हो सकती है। शब्द एक दूसरा माध्यम है। शब्द में चित्र की व्याख्या ऐसे है जैसे आप किसी भाषा में लिखी गयी किताब का दूसरी भाषा में अनुवाद करते है। यह असम्भव है।

पीयूष :

वह शब्द जो हमेशा अस्तित्ववान् है वह शायद दृष्टि है, व्याख्या नहीं। हम कल्पना करें कि इस चित्र की व्याख्या आपका अपना अगला चित्र है तब वह व्याख्या न हो कर अपनी दृष्टि के ही पुनः पुनः संस्कार जैसा है। शब्द में इस चित्र को लाने की कोशिश करना अपनी उस दृष्टि को ही unfold करना है, जिस ढँग से मैं आप इस चित्र के साथ स्वयं को प्रतिकृत महसूस करता हूँ। तब वह क्या है जो एक दृष्टि को एक दृष्टि बनाती है और एक व्याख्या को एक व्याख्या बनाती है?

अखिलेश :

इसमें बहुत सारी चीज़ें हैं। दो माध्यम है–चित्रकला और साहित्य। दोनों का चलन अलग है। हम अगर शब्दों से रंगों से तुलना करें तो साहित्य में सारे शब्द संकेत हैं पर चित्रकला में रंग कोई संकेत नहीं है। इसलिए इन दोनों का इस स्तर पर मिलान कर पाना बड़ा मुश्किल होगा कि आप एक चित्र को शब्द में लिख डाले। यदि ऐसा सम्भव है तब इस चित्र को बनाने की ज़रूरत नहीं है। और अगर इस चित्र को बनाने की ज़रूरत नहीं है तब फिर स्वयं चित्रकला की भी अपनी कोई ज़रूरत नहीं है। हमें इसी तरह देखना चाहिए कि दोनों अलग माध्यम है। इस माध्यम में हम लगातार संकेतों में बात कर रहे होते हैं। चित्रकला में हम कभी भी संकेतों में बात नहीं कर रहे होते हैं, हम संकेतों को उजागर कर रहे होते हैं। दोनों माध्यमों के चलन में ज़मीन आसमान का अन्तर है। इस तरह से तुलना करना दोनों ही माध्यमों के साथ अत्याचार करना है। दोनों की अपनी स्वतन्त्र सत्ता है। दोनों अपनी जगह पर सम्पूर्ण खड़े हैं। दोनों को एक दूसरे के सहारे की ज़रूरत नहीं है। मसलन, चित्रकला शब्दों से नहीं व्यक्त हो सकती, शब्द चित्र से नहीं व्यक्त हो सकते। जब हम यह संकेत जानते हैं तब हम दृष्टि और व्याख्या के बारे में बात करने लगेंगे तब साहित्य में व्याख्या एक चलन है जिसमें आप एक कविता की या एक पंक्ति की या एक उपन्यास की व्याख्या करते हैं। वह एक sumarry की तरह भी है और अनन्त काल तक की जाने वाली टीका की तरह भी है–वह दोनों तरह से मौजूद है। इस व्याख्या में जो दृष्टि है वह लेखक की दृष्टि है। यह भी हो सकता है कि आप निर्मल वर्मा के किसी उपन्यास की व्याख्या करते वक्त अपनी दृष्टि वहाँ रख दे। यह सम्भव है और उसमें अनन्त रूप धारण कर सकती है, व्याख्या। उसमें अनन्त दृष्टियाँ आपको नज़र आ सकती है। एक उपन्यास को अलग अलग ढँग से देखा जा सकता है। एक दृष्टि के प्रतिफलन व्याख्या के रूप में हमारे सामने मौजूद हो जाते हैं। चित्रकला में एक चित्रकार का सारा संघर्ष अपनी दृष्टि को पाने में लगा हुआ है। क्योंकि उसका प्रतिफलन सीधा सीधा किसी पूर्ववर्ती कलाकार से जाकर टकरा सकता है। ऐसा भाषा में भी होता होगा, मुझे नहीं पता कि वह

नक़ल के रूप में देखा जाता है या नहीं। चित्रकला में यह बहुत ही बड़े रूप में देखा जाता है कि आप किसी दूसरे चित्रकार की नक़ल तो नहीं कर रहे। अगर आप नक़ल कर रहे हैं तब आप कुछ भी नहीं कर रहे हैं। दृष्टि को खोजने या खोलने का जतन भी नहीं कर रहे हैं। प्रभाव ज़रूर हो सकते हैं कि आप पर किसी चित्रकार या किसी शैली का प्रभाव है और वह आपको अपनी दृष्टि विकसित करने में मदद कर रहा है। यह सब सम्भावनाएँ उसमें मौजूद हैं। आप अपनी दृष्टि को पाने के संघर्ष में अपनी कलाकृतियों को रचते हैं। ऐसा बहुत कम होता है कि कलाकार अपनी दृष्टि के नज़दीक पहुँचता हो। ज़्यादातर समय वह अपने संघर्ष में ही मारा जाता है। मेरे ख़याल से यहाँ पर किसी भी चित्र की व्याख्या किसी दूसरे चित्र के रूप में ही होती है। इसको इस तरह से देखा जाना चाहिए कि पिकासो ने इंग्रिस के रेखांकन से प्रभावित हो कर एक रेखांकन किया। वह इंग्रिस के उस रेखांकन की व्याख्या नहीं थी। वह इंग्रिस ने जितने भी रेखांकन किये या इंग्रिस में रेखांकन की जो क्षमता थी उस पर पिकासो की टीका थी। यह दृष्टि दोनों कलाओं में समान रूप से काम करती है। एक लेखक की अपनी दृष्टि होती है जिसमें वह अपना सारा रचना-कर्म करता है और एक चित्रकार की अपनी दृष्टि होती है जिसको पाने के लिए वह लगातार संघर्ष करता रहता है हालांकि अधिकांश चित्रकार इस संघर्ष में मारे जाते हैं। यह बात मैं लेखन के सन्दर्भ में नहीं कह सकता।

पीयूष :

अपनी कला-यात्रा के सन्दर्भ में प्रकृति के साथ किस क़िस्म के फ़र्क़ आप इन पिछले तीस सालों में देखते पहचानते हैं?

अखिलेश :

पहले मैं प्रकृति को शायद इतना नहीं देखता था जितना ध्यान से अब देख पाता हूँ। मुझे सारा संसार चित्र की तरह दिखता है। यह देखना मुझे दिलचस्प लगता है कि प्रकृति में जो रंग-युति बनी है या रंग-संगति बैठी है, बड़ी ख़ूबसूरत बैठी है। पहले प्रकृति के साथ ऐसे सम्बन्ध नहीं थे। जानता-समझता था पर ध्यान नहीं था। रंगों के प्रति आकर्षण बढ़ने से मैंने जाना कि रंग-संगतियों को जानने का सबसे अच्छा ढँग प्रकृति से ही पाया जा सकता है। दो रंग या दो आकारों का नज़दीक आना महत्त्वपूर्ण है। प्रकृति में यह सहज ढँग से होता रहता है। बिना आड़म्बर/pretension के। प्रकृति में दिखावा है न दावा। यह दिखावा और दावा न होना मुझे आकर्षित करता है। मैं प्रकृति में से एक रंग-युति या कई रंग-युतियाँ चुनता हूँ और उन्हें चित्रों में बिठाने की कोशिश करता हूँ। पहले यह मुखर नहीं था।

कला प्रकृति से ही जन्म ले रही है। कला प्रकृति के विस्तार का एक ऐसा रूप सामने लाती है जिसमें मनुष्य भी प्राकृतिक है। मनुष्य उसी प्रकृति का अंग है जिसके जरिये प्रकृति चित्रों में अपने को प्रकट कर रही है। मैं उसी प्रकृति का एक अंग हूँ जो हमारे चारों तरफ़ फैली है। प्रकृति मेरे चारों तरफ़ नहीं फैली है, वह दरअसल मुझ में फैली है। अपने ढँग से स्वयं को मेरे चित्रों में प्रकट कर रही है। कला प्रकृति का ही विस्तार है। जब दर्शक देखता है तब वे स्मृतियाँ जग जाती हैं जो उसे प्रकृति से मिली है।

पहले मुझे लगता था कि प्रकृति मेरे बाहर है। अब लगता है कि प्रकृति मेरा ही एक अंग है या मैं प्रकृति का एक अंग हूँ। दोनों तरफ़ से कह सकता हूँ। अब प्रकृति ऐसे अन्य की तरह प्रस्तुत नहीं होती जिसे मुझे पाना हो। यह रंग-योजनाएँ जो बाहर देखने को मिलती हैं वे रंग-योजनाएँ भी भीतर ही देखने को मिलती हैं।

यह समझ पर परदा पड़ा होना है : शुरुआती दिनों में लगता था कि प्रकृति से सीखना है। प्रकृति से प्राप्त करना है। मैं प्रकृति के पीछे भागता रहता था। हमारी पढ़ाई का एक हिस्सा होता था जिसमें दृश्य-चित्रण करने के लिए जाना होता है। इस दृश्य-चित्रण में प्रकृति के सारे रूप और रंगाकारों के आपसी सम्बन्धों को देखता या पकड़ने की कोशिश करता था।

अब ऐसा नहीं लगता कि प्रकृति को चित्रित करना चाहिए। अब मैं ही प्रकृति का अंग हूँ। मेरा प्रकट होना प्रकृति का प्रकट होना है।

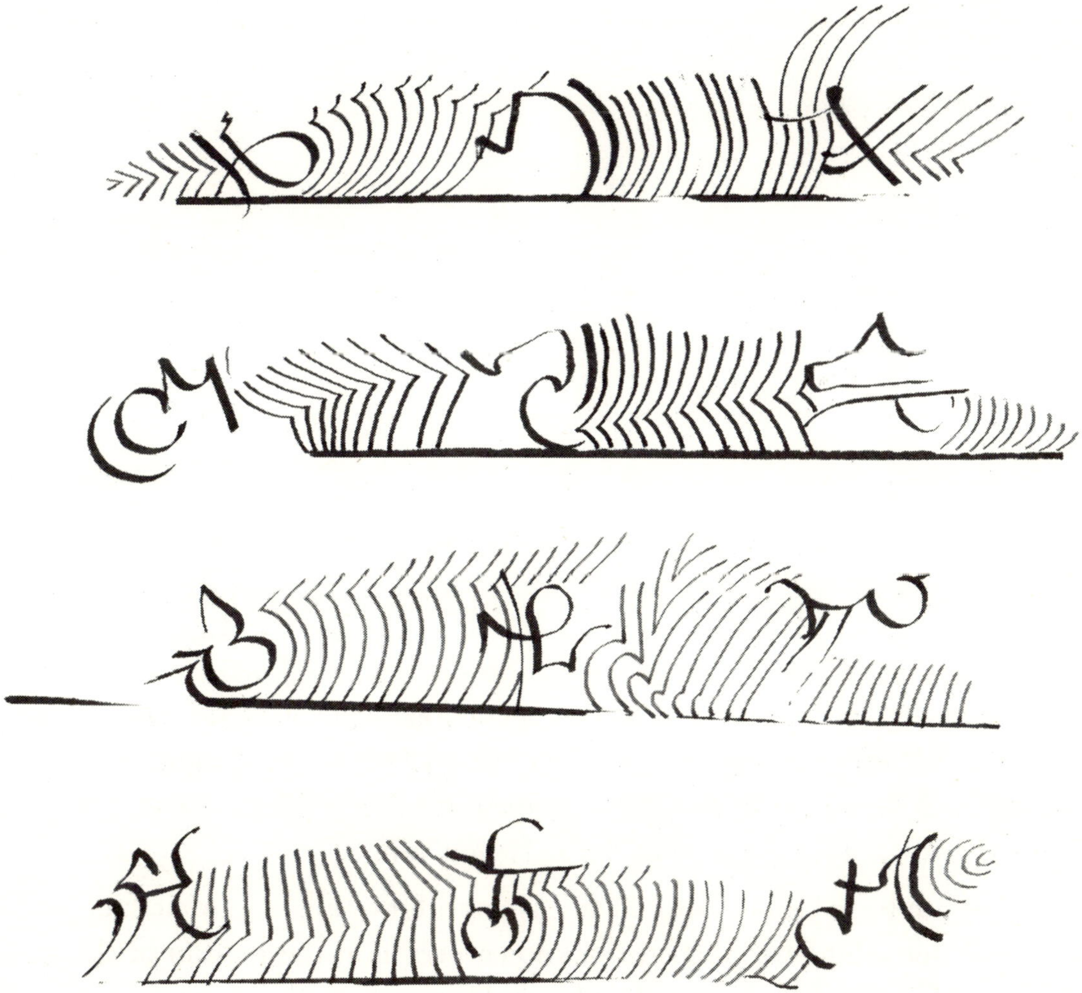

पाँच

पीयूष :

ऐसा लगता है कि मानवीय कल्पना के अभाव में कला का आविर्भाव नहीं होता। आपके यहाँ कल्पना का यह स्वभाव उस अनुभूति-उत्स से निर्धारित होता जान पड़ता है जो एक ऐसे लुकाछिपी के खेल में व्यवहृत है जहाँ उस *सन्दर्भ* को खोजना-पाना है जो विभिन्न रंगों या रंग-युतियों के दरमियान कहीं छिपा है भी और नहीं भी, सम्भवतः। ''नज़र से छिपे हुए'' के सन्दर्भ में रेने माग्रीत के वाक्य आपको दिलचस्प लगेंगे :

What is visible can be hidden—a letter in an envelope, for example, is something visible but hidden, it isn't something invisible. An unknown person at the bottom of the sea is not something invisible, it's something visible but hidden.

अब अगर उपर्युक्त वाक्य को ऑस्कर वाइल्ड के इस वाक्य के बरक्स रख कर देखें :

"हम कितनी ही कोशिश क्यों न करें, चीज़ों के रूप के पीछे हम वास्तविकता को नहीं पकड़ सकते। इसका भयानक-सा कारण यह हो सकता है कि चीज़ों के अनुभव से अलग उनकी कोई अलग वास्तविकता नहीं है–सिर्फ़ उथले लोग यह कहते हैं कि चीज़ों को उनके बाहरी रूप से नहीं जाना जा सकता। दुनिया का असली रहस्य दृश्य में निहित है, अदृश्य में नहीं।" (अँग्रेज़ी से अनुवाद : निर्मल वर्मा)

क्या हम यह जान सकते हैं कि यह *सन्दर्भ* स्वयं में क्या है, जो कि एक चित्र-सत्ता में उजागर होता है या कि उसमें व्याप्त है? क्या यह प्रतीकात्मक तरह से *सन्दर्भ* को उससे सम्बन्धित करना है जिससे कि यह वास्ता रखता है–belong करता है? क्या यह विभिन्न रंग-युतियों को अनुभूत करने के विकल्पात्मक ढँगों में उतरना है या यह रंग-युतियों और स्वयं को अनुभूत करने के विकल्पात्मक ढँगों का प्रकार है?

अखिलेश :

रेने माग्रीत और ऑस्कर वाइल्ड के उदाहरण दिलचस्प हैं। माग्रीत का उद्धरण एक चित्रकार का उदाहरण है जो लेखक के नज़रिये से दिया गया है। ऑस्कर वाइल्ड का उद्धरण ऐसा उदाहरण है जो चित्रकार के नज़रिये से दिया गया है। जिस visible और hidden की बात रेने माग्रीत कर रहे हैं वह एक तरह से हमारी पिछली चर्चाओं में आए हरे की ही बात है। माग्रीत हरे शब्द में छिपे हुए अर्थ की बात कर रहे हैं। यह अर्थ कई हो सकते हैं। ऑस्कर वाइल्ड सरफेस पर दिख रहा दृश्य ही सत्य है, कह रहे हैं। चित्रकला के सन्दर्भ में चित्र सत्य है। चित्र का हिडन/छुपा अर्थ नहीं है। जो आपके सामने है, वही उसका अर्थ है। उसके कोई सन्दर्भ नहीं है। चित्र का सन्दर्भ वह स्वयं है। जबकि रेने माग्रीत के उद्धरण में उनका इशारा इसकी तरफ़ है कि जो दिख रहा है उसमें कुछ छुपा है। जो दिख रहा है वह हरा शब्द है लेकिन इसका अर्थ छिपा हुआ है। यह दो दिलचस्प उदाहरण हैं। मैं रेने माग्रीत के बारे में ज़रूर थोड़ा कह सकता हूँ, ऑस्कर वाइल्ड के बारे में जानता नहीं हूँ, तो नहीं कह सकता हूँ। माग्रीत ने अपने चित्रों में यह संकेत, कि जो दिख रहा है उसका अर्थ उसके अलावा है, उनके चित्रों के केन्द्र में रहा है। उनका प्रसिद्ध चित्र लें। "The Treachery of Image" रेने माग्रीत पद और पदार्थ के भेद की ओर इशारा कर रहे हैं। रेने माग्रीत उस वस्तु की तरफ़ इशारा कर रहे हैं और उस चित्र में उसके छिपा होने की तरफ़ इशारा कर रहे हैं। वे अपने चित्र में पाइप "चित्र" को पाइप "शब्द" की तरह ले रहे हैं। उन्होंने चित्र और शीर्षक के सम्बन्धों को बदल दिया। चित्र और उसके शीर्षक का आपस में कोई सम्बन्ध नहीं है। यह जो दिख रहा है और जो शीर्षक है, उसकी अन्तस्सम्बन्धता को वे प्रश्नांकित करते हैं। स्वयं चित्र और उसके शीर्षक का आपस में कोई सम्बन्ध नहीं है। वे दो अनुभूतियों को दृश्य और शब्द के रूप में रखते हैं : यह वर्ण के रूप में मौजूद है। वर्ण रंग और शब्द के अर्थ

में। वर्ण बैग का, वर्ण आकाश से कोई सम्बन्ध नज़र नहीं आता। दार्शनिक सन्दर्भ में अर्थ ढूँढने जाय तब शायद वह एक हो जाय। यह दिलचस्प उद्धरण है। जो दिख रहा है वह नहीं है बल्कि वह जो छिपा है, जो नहीं दिख रहा है, वह है। ऑस्कर वाइल्ड दूसरी तरह से सेजां की बात कह रहे हैं। जो दृश्य है, वही सत्य है; शेष का कोई अर्थ नहीं है।

पीयूष :

सेजां का वाक्य स्मरण हो आता है कि चित्र–they are about themselves. तब क्या यह *सन्दर्भ* भी स्वयं के अपने बारे में है या चित्र के अपने बारे में होने को प्रकट करने में? पहली स्थिति में यह स्वयं चित्र के भीतर ही है और दूसरी स्थिति में पहले यह चित्र से बाहर है और फिर उसमें अध्यारोपित होकर, उसका यानी चित्र का है। या शायद हम इस तरह से भी विचार कर सकते हैं कि –एक फूल की पंखुरियाँ, फूल नहीं है लेकिन उन पखुरियों का एक खास तरह से मिलना–संयोजन–फूल है। एक फूल जिन पंखुरियों के एक खास सन्दर्भित संयोजन से फूल के रूप में अस्तित्ववान् होता है उसमें उन पंखुरियों के उस विशिष्ट *सन्दर्भ* को खोज-पा लेना जिससे कि वे पंखुरियाँ मिलकर एक फूल-रूप बन जाती है। शायद यही वह बात है जिसे आप लुकाछिपी के खेल से अभिहित करना पसन्द करते हैं। इसका मतलब दरअसल यह भी हो सकता है कि वह सन्दर्भ भी दरअसल चित्र-सत्ता के भीतर ही है। शायद उस रूपक की तरह जिसमें कस्तूरी मृग के भीतर ही है।

अखिलेश :

यह दूसरा वाला ठीक है। मैं रंग या आकार का ऐसा कोई सन्दर्भ नहीं खोजता हूँ जिसे दूसरे रंग या आकार के सन्दर्भ में लाना है। मेरा प्रयास दोनों के बीच के सम्बन्ध को उजागर करने का है। जैसे रेने माग्रीत बैग और आकाश के बीच के सम्बन्धों को उजागर कर रहे हैं। वे कोई सन्दर्भ नहीं खोज रहे हैं, न सन्दर्भ बना रहे हैं। वे सन्दर्भ पाते हैं। यह सन्दर्भों को पाना मेरी यात्रा का एक अंश हो सकता है, जिसमें मैं इन नये सन्दर्भों को पाने की कोशिश कर रहा हूँ। पहली बार मैं किसी एक रंग को किसी दूसरे रंग के सन्दर्भ में रख रहा हूँ और इन दोनों का नया सन्दर्भ चित्र में पैदा हो रहा है। यह सन्दर्भ स्वयं उस चित्र का है।

इस अर्थ में यह ठीक जान पड़ता है कि यहाँ प्रतीक बनाने की कोशिश नहीं है। वह प्रतीक अपने में बन जाता है। स्वामीनाथन अपने चित्रों में यह करते रहे हैं। वे अपने चित्रों को शीर्षक देते हैं–sign becomes symbol. यह प्रतीक संकेत बन गया है। वह फिर से एक प्रतीक बन गया है। वह प्रतीक उसकी चित्रात्मक आभा है, जिसमें वह आलोकित है। उसके बाक़ी सन्दर्भ झर गये हैं। अब वह अपने सन्दर्भ में खड़ा है। सारे चित्रकार अपने को उसी तरफ़ बरतने

की कोशिश करते हैं। जहाँ किसी एक प्रतीक का सहारा न लेते हुए वे उस प्रतीक के अपने सन्दर्भ का रास्ता खोजते या पाते हैं।

रज़ा के चित्र में रंग अपने सन्दर्भों से परे हैं। उनका सन्दर्भ वे स्वयं बन जाते हैं। रज़ा चित्रों का भूत या भविष्य नहीं बल्कि रंगों का वर्तमान चित्रित कर रहे होते हैं। मसलन, इस चित्रण में लाल रंग की ऐसी सत्ता उजागर होती है जो सफ़ेद की तरह है। यह अद्भुत उपलब्धि है। आप रंग का एक नया सन्दर्भ उजागर कर लेते हैं या उद्घाटित कर देते हैं। यहाँ सारे प्रतीकात्मक अर्थ झर चुके हैं। चित्र/रंग अपनी सत्ता में खड़ा है।

पीयूष :

अपनी माँ के निधन के बाद जब रोलां बार्थ उनके छाया-चित्र देख रहा था तो वह उनके सांस्कृतिक सन्दर्भों या उसकी माँ को सिर्फ़ एक नामात्मक व संख्यात्मक अस्मिता देने की प्रवृत्ति के उथलेपन से बहुत विचलित हुआ। वह लिखता है :

It was not she, and yet it was no one else. I would have recognized her among thousands of other women, yet I did not 'fino' her. I recognized her differentially, not essentially.

बार्थ के लिए यह एसेंस बिलकुल वैयक्तिक है–यह ''पाना व खोजना''। जैसा कि वह आगे लिखता है :

Since photography (this is its noeme) *authenticates* the existence of a certain being, I want to discover that being in the photograph completely, i.e. in its essence, "as into itself...." beyond simple resemblance, whether legal or hereditary.

फलतः यहाँ व्यक्ति को पूर्णतः कैप्चर करने की इच्छा है और इस बात का कोई संकेत नहीं है कि इस व्यक्ति को किसी और के *सन्दर्भ* में (इन रिलेशन टू एनीथिंग एल्स) समझा जाना है या नहीं। यहाँ शायद ध्यान देने वाला एक बिन्दु यह भी है कि अपनी माँ के इन चित्रों में उन्हें असंतोष इस बात का था कि ये छाया-चित्र उनकी माँ की केवल पहचान या फिर सादृश्यमूलकता को ही जगाते हैं, उसके *सत्य* को नहीं। क्योंकि अगर वे सत्य को जगाते होते तो वे सत्वभूत (essential) होते जिसे उन्होंने find से अभिहित किया है।

कहना न होगा कि मेरी जिज्ञासा का एक पहलू यह जानना भी है कि आपके लिए वह क्या है जिसे आपने पहले भी ''खोजना-पाना'' कहा है।

एक चित्र-कृति में जिसमें कि आप वांछित रंग-युतियों को बिठा लेने से/के जरिये वह *सन्दर्भ* पा लेते हैं तब वह सन्दर्भ

क्या अपने में एक ऐसी सत्ता है जो इन रंग-युतियों से स्वतन्त्र खड़ी हो जाती हो? या कि इन रंग-युतियों को पा लेना ही अपने में वह सन्दर्भ है? तब इन रंग-युतियों के अपने सन्दर्भों का क्या होता है? क्या ये वहाँ अपने में सन्दर्भ-रिक्त तरह से अस्तित्ववान् है?

अखिलेश :

जो रंग सन्दर्भ आप पा लेते हैं वही उसकी वास्तविकता है और वही उसका अभीष्ट है। वह सन्दर्भ जो दो रंगों के पास में आने से बना है, वही अभीष्ट है लेकिन यह उस चित्र के लिए ही अभीष्ट है। हो सकता है कि मैं उन्हीं दो रंगों से एक दूसरा सन्दर्भ अपने अगले चित्र में पा लूँ। यह ऐसा मसला है जो एक ही चित्र के सन्दर्भ में काम करने वाला है–इसे दूसरे चित्र पर लागू नहीं कर सकते। एक चित्र की वास्तविकता व सन्दर्भ उस चित्र का अपना है। मसलन एक ही रंग या दो ही रंग से बने दो चित्रों के भीतर पैदा होने वाला स्पन्दन भिन्न है। दोनों अलग होंगे, दोनों की वास्तविकता भी अलग होगी। दोनों का कथ्य भी अलग हो सकता है जिसमें एक दूसरे में कोई साम्य न हो।

यह वास्तविकता का प्रश्न, चित्रात्मक वास्तविकता का है। यह उसी चित्र के सन्दर्भ में सही है, किसी अन्य चित्र के लिए उसे मापदण्ड बना लेना किसी हल की तरफ़ नहीं ले जाता।

पीयूष :

क्या यह दरअसल एक ही साथ अपने में एसेंशियल भी है और डिफरेंशियल भी?

अखिलेश :

डिफरेंशियल दूसरे चित्र के सन्दर्भ में और एसेंशियल वह अपने सन्दर्भ में है। अपनी माँ के उदाहरण में रोलां बार्थ भौतिक रूप से उपस्थित शरीर और दार्शनिक अस्तित्व की बात कर रहे हैं। अन्तर/डिफरेंशियल और अनिवार्य/एसेंशियल की बात दोनों के भीतर उनका भौतिक और दार्शनिक रूप से होना मौजूद है। उनकी माँ का निधन हो चुका है। माँ की उपस्थिति अब नहीं है। दूसरी तरह की उपस्थिति अनिवार्य नहीं है, वह हमेशा विभेदक है। चित्र के साथ ऐसा नहीं है। चित्र में आकार, रंग मौजूद है। आख़िरी दम तक चित्र के नष्ट होने तक। चित्र में विभेदक और अनिवार्य दोनों उपस्थितियाँ मौजूद हैं।

यह उद्धरण फ़ोटोग्राफ़ी के सन्दर्भ में ज़रूर रखा जा सकता है। फ़ोटोग्राफ़ के लिए ख़ुद रोलां बार्थ ने कहा है कि वह सन्दर्भगत/refferential है इसलिए कला नहीं है। उसका सन्दर्भ है और एक समय के बाद वह

सन्दर्भ ख़त्म हो गया है। फ़ोटोग्राफ़ वही बना हुआ है, इससे उसकी वास्तविकता नष्ट नहीं हो रही। फ़ोटोग्राफ़ उतना ही वास्तविक है जितना उसके सन्दर्भ का न होना वास्तविक है। अन्ततः फ़ोटोग्राफ़ रेफरेंशियल है ही। रोलां बार्थ का कहना है कि किसी भी व्यक्ति में एक फ़ोटोग्राफ़ के प्रति जिज्ञासा तभी जाग्रत होगी जब फ़ोटोग्राफ़ का सन्दर्भ उसे पता चलता है। अगर सन्दर्भ नहीं पता है तब वह फ़ोटोग्राफ़ एक कागज़ का टुकड़ा मात्र है।

पीयूष :

तब एक चित्रकृति का अपने सत्य तक या उसके नज़दीक तक आना क्या दरअसल उस रेफरेंशियल से निर्बन्ध हो जाने जैसा है?

अखिलेश :

हाँ।

मेरे ख़याल से सन्दर्भ से निर्बन्ध होना चित्रकार का प्रयास नहीं है। चित्र का उद्‌घाटित होना–प्रकाश में आना–वही उसका होना है। जिसमें चित्र का कोई सन्दर्भ नहीं है, चित्र स्वयं अपना सन्दर्भ है।

चित्र की निर्मिति में प्रकृति का सन्दर्भ कुछ इस तरह का है जैसे एक पकवान बनाने के लिए आप सौ तरह के मसालों का इस्तेमाल करते हैं। मसालों का अपने में कोई एक सन्दर्भ है। जैसे ही मसाले पकवान में डलते हैं, वे उस पकवान के सन्दर्भ में अपने को उद्‌घाटित करते हैं। अब उनका अपना कोई सन्दर्भ नहीं बचा। जो सन्दर्भ पैदा हुआ है वह अन्य सारे अवयवों के साथ मिल कर बना है। वह पकवान में रस पैदा करता है। इन सारे सन्दर्भों का तिरोहित होना एक कलाकृति है। कलाकृति के रस का पैदा होना सन्दर्भ है। मसालों का अपना कोई सन्दर्भ अब नहीं बचा।

एक पकवान में नमक डला है तब नमक तिरोहित हो जाने वाला है। अपना स्वाद वह पकवान में छोड़ देगा। उस स्वाद से पैदा हुआ रस खाने वाले को मिलता है। दर्शक को मिलता है। अगर नमक नमक बना रहा तब खाना बेस्वाद हो जाएगा। उसमें रस नहीं पैदा हो सकेगा। यह सारे सन्दर्भ–जिन अवयवों का इस्तेमाल किया गया है वे–झर जाने वाले हैं। फिर ये मिलकर अपना एक नया सन्दर्भ पैदा करते हैं। यह सन्दर्भ कलाकृति में जन्म लेता है। वह सन्दर्भ उसी कलाकृति का है। किसी और कलाकृति के लिए वह काम नहीं करेगा।

पीयूष :

तब क्या इसका मतलब यह है कि *वह सन्दर्भ स्वयं में* बहुल भूमिकाओं में है?

अखिलेश :

बिलकुल ठीक। एक मनुष्य भी बहुल भूमिकाओं में है। वह अपने पिता होने, पुत्र होने, पति होने में ख़ुद को अलग अलग ढँग से बरतता है। अपने पिता के साथ वह किसी दूसरे पक्ष का इस्तेमाल नहीं करता है–वह वहाँ पुत्र के सन्दर्भ में ही होगा। ऑस्कर वाइल्ड का कहना कि ''असली रहस्य दृश्य में है, अदृश्य में नहीं,'' वह उस सन्दर्भ में एकदम ठीक है। एक अच्छा कलाकार उन अवयवों की मात्राओं पर ध्यान देता है। यहाँ उसका कारीगर का कौशल काम आता है। वह सही मात्रा में मिलाये गये मसालों से एक बेहतर रस पैदा कर लेता है।

पीयूष :

इसका ताल्लुक़, उसके देखने में जो अवबोध अन्तर्निहित है, उससे भी बनता है?

अखिलेश :

हाँ।

एक कलाकार पसन्द नापसन्द पर भी काम करता है। कलाकार उन रंग-योजनाओं को नहीं चुनता जो उसकी पसन्द की नहीं है। वह उन्हीं रंग-योजनाओं को चुनता है जो उसके अपने स्वभाव से मेल खाती हो। हो सकता है कि ऐसा होना तात्कालिक हो।

पीयूष :

आप एक चित्रकार के कला-संसार में Drawing/रेखा-चित्र/रेखांकन को किस तरह से लेते हैं? ऐसें बहुत सारे चित्रकार है जिनके लिए रेखांकन अपने चित्र की पूर्व तैयारी के रूप में रहता है तो कुछ अन्यों के लिए यह असल में अपने अभी तक अज्ञेय चित्र में प्रवेश का एक रास्ता है जिसके मार्फ़त वे अपने चित्राकार की ओर संक्रमण करते हैं। लेकिन इन दोनों ही स्थितियों में ''रेखांकन'' की भूमिका एक तरह से माध्यम या जिसे हम निमित्त-मात्र कहते हैं, वह है। जबकि रेखांकन स्वयं में एक स्वायत्त सत्ता भी हो सकता है–किसी और चीज़ का निमित्त या साधन या एक औज़ार या महज़ रियाज़ से कहीं ज़्यादा अपने में एक स्वतन्त्र कलाकृति।

आपके लिए रेखा-चित्र क्या है?

यह जिज्ञासा स्वतः जन्म लेती है कि क्या वे आपके चित्रों की आधार-सामग्री मात्र है–या इसके पीछे एक गहरी creative urge है? और यह urge क्या आपके चित्र-कर्म का ही विस्तार या एक आयाम है अथवा उनसे बिलकुल भिन्न एक दूसरी अज्ञात ज़मीन? भले ऊपरी तौर पर इन दोनों माध्यमों (चित्र और रेखांकन) में समानता और सार्धम्यता हों?

अखिलेश :

मेरे लिए रेखांकन एक स्वायत्त सत्ता व स्वतन्त्र विधा है। चित्रकला के पूर्वाभ्यास या पूर्वतैयारी अथवा चित्रकला को समझने के उपक्रमों आदि से रेखांकन का सम्बन्ध नहीं है। रेखांकन पूर्ण रूप से गम्भीर माध्यम है। एक माध्यम बरतना समर्पण चाहता है। चित्र बनाने के लिए ख़ुद को तैयार करना होता है।

दरअसल दोनों स्वतन्त्र विधाएँ हैं, स्वतन्त्र माध्यम है। दोनों की अपनी महत्ता है। दोनों को इस तरह से नहीं मिला कर देखा जा सकता कि एक दूसरे के लिए पूर्वतैयारी का निमित्त या औज़ार है। यथार्थवादी चित्रण या आकृतिमूलक काम में संलग्न चित्रकार भी रेखांकन को इस तरह से नहीं देख सकता। रेखांकन अपने में एक सम्पूर्ण विधा है। किसी भी स्तर पर रेखांकन का नैमित्तिक होना मुझे स्वीकार नहीं है। मैं रेखांकन को एक औज़ार की तरह नहीं देख सकता हूँ।

यह अकादमिक स्तर पर हो सकता है। तब नहीं जब आप एक चित्रकार की तरह अपने को बरत रहे हैं। कई आदिवासी समुदाय रेखांकन में रत हैं। उन्हें क्या कहेंगे? आदिवासी रेखांकनों को क्या कहेंगे कि यह चित्रों की पूर्वतैयारी है?

अकादमिक स्तर पर ज़रूर ऐसा हो सकता है लेकिन जब मैं कॉलेज में पढ़ रहा था तब भी ऐसा नहीं करता था कि एक मॉडल बैठा है जिसका पहले मैं ड्राइंग करूँ, फिर चित्र करूँ। हमें बताया जाता था कि पहले रफ स्केच कर लो ताकि संयोजन और चित्रकला के अन्य तत्त्वों पर पकड़ बन सके लेकिन यह उन के लिए है जो संयोजित नहीं कर पाते। मैं सीधे काम शुरू करता था। मुझे कभी रेखांकन को औज़ार बनाने की ज़रूरत नहीं महसूस हुई। रेखांकन अपने में सशक्त विधा है। वह अपने ढँग से अस्तित्ववान् है। मैं स्वयं सालों से रेखांकन बनाता रहा हूँ। यदि आप मेरे रेखांकन देखें तो वे सब अपने में स्वतन्त्र चित्र हैं। वे किसी चित्र की तैयारी में किये गये रेखांकन नहीं हैं। रेखांकन अपने में एक सम्पूर्ण कृति है।

पश्चिमी चित्रकला सीखने और करने में रेखांकन का एक और स्थान है जो कि चित्र की पूर्व तैयारी का है। यूरोप में ज़रूर यह प्रचलन में रहा है लेकिन स्कूल कॉलेज के स्तर पर ही कि अभ्यास-चित्र बनाते हैं। अभ्यास-चित्र के लिए रेखांकन करते हैं। रेखांकन से अपने चित्र को विकसित करते हैं। जो चाहिए और नहीं चाहिए उन सभी को रेखांकन के स्तर पर ही घटाते/जोड़ते हैं। एक चित्रकार की तरह काम कर रहे होने में दोनों बराबर से महत्त्वपूर्ण हैं। सम्भवतः पहले शिक्षा का यही माध्यम रहा हो जहाँ स्कूल न होने से विद्यार्थी गुरू के पास रहकर काम करते और सीखते रहे। रेखांकन करना और चित्र बनाना मेरे लिए हमेशा दो भिन्न सौगातें रही हैं। रेखांकन के लिए बिलकुल अलग ही तौर तरीक़े चित्र बनाने से रहे आते हैं। इन दोनों को मिलाकर भी रखा जा सकता है।

मैं रेखांकन को चित्र बनाने के औज़ार की तरह नहीं देखता। न ही चित्र बनाने को रेखांकन करने का उद्दीपक। दरअसल, इन दोनों को अलग कर देखने की दुविधा में मैं कभी रहा नहीं। इस प्रश्न के कारण पहली बार आप इन्हें दो माध्यमों की तरह देख रहे हैं किन्तु मेरे लिए कोई भी कमतर नहीं है। यह भेद कि मूर्तिकला और छापाकला या इनमें चित्रकला और रेखांकन अलग अलग है और एक दूसरे को करने के लिए औज़ार है, ऐसा मैं नहीं देख पाता। कई मूर्तिकार यह कहते हुए मिल जाते हैं कि चित्रकला में कोई झंझट नहीं है चित्र बनाया, रोल किया ले चले और प्रदर्शित कर दिया मगर हमारे यहाँ हर काम में परेशानी। पत्थर काटने वाले को लाने से ले जाने तक। मुझे ऐसा नहीं लगता। परेशानी न चित्र बनाने में है न शिल्प में। यह सबमें आनन्द है। रस की उत्पत्ति आनन्द का कारण है। इसमें रमने का आनन्द है। मैं सांस्कृतिक चित्र नहीं बना रहा हूँ। जो कि किसी एक संस्कृति की धरोहर है या उससे उपजे हैं। मैं चित्र बना रहा हूँ जिसका रस सभी मनुष्यों के लिए समान रूप से उपलब्ध है।

इसमें मैं इस तरह का भेद रख कर नहीं चल रहा होता हूँ कि मैं रंग लगा रहा हूँ या रंग नहीं लगा रहा हूँ। रेखांकन करते हुए भी रंगीन पेंसिल और रंगों का इस्तेमाल किया जा सकता है। चित्र और रेखांकन दोनों आपस में स्वतन्त्र विधाएँ हैं।

मैंने रेखांकन इसलिए नहीं किये हैं कि मुझे अपना चित्र समझना है। मैंने रेखांकन बनाए हैं और वे स्वतन्त्र चित्र हैं। मेरी पहली चित्र-प्रदर्शनी रेखांकन की प्रदर्शनी थी। वह एक रेखा-चित्र था।

पीयूष :

चित्रकारिता के जिन मूल्यों को आप सर्वोपरि मानते रहे हैं वे ही मूल्य क्या कमोबेश रेखांकन-विधा के लिए भी बने रहते हैं या इनमें फ़र्क़ हैं?

अखिलेश :

मेरे लिए लगभग वे ही हैं। अन्ततः अपना संयोजन होता है। रेखांकन में भी वही होता है और चित्र में भी। सरोकार नहीं बदलेंगे। दृष्टि या स्वभाव नहीं बदलता है। माध्यम महत्त्वपूर्ण नहीं है जितना कि कथ्य। मैं रेखांकन कर रहा हूँ या चित्र बना रहा हूँ या सिल्क स्क्रीन में काम कर रहा हूँ, इससे फ़र्क़ नहीं पड़ता। मेरा लक्ष्य अपने देखने को बेहतर ढँग से रखने का है। चित्रकला के तीन प्रमुख तत्त्व हैं–रंग, रूप और रेखा : मैं तीनों में अपने को बराबर से बरतता हूँ। कैनवास में भी वह रेखा, वह आकार, वह रंग मौजूद है जो रेखांकन में है। मेरे कैनवास पर लगभग रेखांकन बाहर नहीं होता। वह हमेशा मौजूद रहता है। रेखांकन से मेरे चित्रों में रूपाकार की गति तय होती है। मैंने कभी रेखांकन छोड़ा नहीं है–वह चित्र में भी दिखता है।

पीयूष :

जो रूपाकार आपकी विभिन्न चित्र-शृँखलाओं में दर्शक को आपकी एक पहचान के रूप में भी नज़र आते हैं–क्या हम इन्हें आपके Visual Diction/विजुअल डिक्शन के सन्दर्भ में भी देख सकते हैं?

अखिलेश :

मेरे ख़याल से यह एक कला आलोचक का काम है। मैं इस सन्दर्भ में विचार नहीं करता।

पीयूष :

पढ़ाई के दौरान बनाये गये रेखांकनों में अक्सर एक हिस्सा वह रहता है जिसमें आप पहले से रची किसी और कृति को (मिसाल के तौर पर लोकशिल्प को) उसके पूरे विवरण और विस्तार और तकनीकी बारीकियों में जानने-समझने-बूझने की कोशिश करते हैं–उन पर अपने रेखांकनों को बनाने के जरिये–मानो एक समर्पित विद्यार्थी। कि वह शिल्प अन्ततः किन घटकों से मिलकर बना है–मुझे रेखांकनों का यह प्रकार भी बहुत दिलचस्प लगता है क्योंकि एक ओर तो रेखांकनकार उस लोक-शिल्प को समझने के सिलसिले में उससे साझा करता है तो दूसरी ओर वह स्वयं अपने कलाकार को भी उस शिल्प के जरिये गढता है। ठीक वैसे ही जिसके लिए हम कह सकते हैं कि कैसे पारम्परिक व लोक समाजों में "waste material" की अलग से कोई धारणा नहीं रही है बल्कि वहाँ एक स्वरूप से ही दूसरे स्वरूप का जन्म उसी तरह होता चला जाता है जैसे पारम्परिक आख्यानों में कहानी में से कहानी निकलती चली जाती है–शायद यह उस चीज़ का एक पहलू है जिससे एक परम्परा बनती है।

अखिलेश :

ऐसे भी देखा जा सकता है : आदिवासी समुदाय के कलाकारों में रेखांकन का क्या Idea/आइडिया है? उनके लिए रेखाचित्र का क्या अर्थ है? क्या वह वास्तव में है? या नहीं है? या रेखाचित्र बनाने के पीछे उनका अपना क्या सोच है?

जहाँ प्राकृतिक यथार्थवाद चित्रकला का विषय है वहीं पर रेखांकन का अभ्यास-चित्र के अर्थ में महत्त्व मौजूद है। अन्य जगहों पर रेखांकन उतना ही सहज सरल माध्यम है जिसमें कोई भी चित्रकार अपने को बरतता है। जब एक यथार्थवादी चित्र बनाने की चेष्टा होती है–हमारे सारे चित्रकला महाविद्यालयों के पाठ्यक्रम में यह है–तब हम रेखांकन को इस तरह से घटा कर देखते हैं कि वह चित्र बनाने की पहले की स्थिति है। दुनिया भर के तमाम आदिवासी समुदायों में यह विचार काम नहीं करता होगा। चाहे अफ्रीका हो या हिन्दुस्तान। आदिवासी चित्रकार के लिए रेखांकन एक स्वतन्त्र विधा व महत्त्वपूर्ण माध्यम ठीक उसी तरह है जिस तरह कि उन चित्रकारों के लिए जो यथार्थवादी शैली में काम नहीं करते। जिन कलाकारों के लिए प्रकृति का यथार्थवादी चित्रण ही चित्रकला है, वही रेखांकन को अभ्यास-चित्र या नैमित्तिक ढँग से बरतते हैं शेष सारी जगहों पर ऐसा नहीं होता होगा। रेखांकन को इस तरह से घटा कर देखना अविनय है। यह दृष्टि साफ़ होनी चाहिए कि हम किसी एक मापदण्ड से किसी एक माध्यम को कहीं जमा तो नहीं कर रहे।

पीयूष :

हमारी बातचीत में कला के पाठ्यक्रमों का सवाल उठना एक और महत्त्वपूर्ण मोड़ है।

अखिलेश :

चित्रकला में किसी तरह का शिक्षण सम्भव नहीं है। चित्रकला का पाठ्यक्रम बन सके, ऐसा सम्भव नहीं है। एक ऐसा माहौल ज़रूर खड़ा किया जा सकता है जिसमें एक व्यक्ति चित्रकला के स्पन्दन को जान, देख व सुन सके, महसूस कर सके। यह चित्रकला को जानने-देखने-करने का पाठ्यक्रम बन सकता है। अन्यथा कोई किसी को चित्रकला सीखा नहीं सकता। किसी भी पाठ्यक्रम से कोई भी व्यक्ति चित्रकला नहीं सीख सकता है। इसका उदाहरण बहुत तरह से हम देखते हैं। कला विद्यालयों से निकलने वाले कितने छात्र कलाकार बनते हैं? यह प्रतिशत लगभग शून्य है। चित्रकार बिलकुल ही अलग रास्ते से आता है। फिर इसमें आदिवासी कलाकारों को कहाँ रखेंगे? क्या उन्हें कलाकार मानने से इनकार किया जा सकता है? ऐसी बहुत सारी बातें हैं। मुझे नहीं लगता कि पाठ्यक्रम चित्रकला के लिए या चित्रकार

बनने के लिए सहायक अंग है।

पीयूष :

आपके कुछ रेखांकनों को देखकर ऐसा लगता है जैसे स्याही ने इन आकारों संग ब्याह रचा लिया हो। यह एक वर्णी काला क्या अपार्थिव को उजागर कर रहा है? या शून्य या ऐन्द्रियता का अनुभव–अवकाश में मनुष्य? क्या यह उस पहली भाषा को पाने का प्रयत्न है जिसके जरिये संसार अनुभूत किया गया–चेतना की आरम्भिक निर्मितियाँ? आद्यावस्था से सम्बन्ध की खोज? चेतना के नये रूपों की ओर बढ़ना–जिनके लिए आपने कहा था कि वे अपरिचित इसलिए हैं क्योंकि पहली बार एक चित्र-कृति में उजागर हो रहे हैं–क्या स्मृति-कर्म से निपजता है जिसे हीगल recollection से अभिहित करते हैं? मुझे ध्यान आता है कि आप universal memory पर भी बात करते रहे हैं।

अखिलेश :

मेरे चित्र विचार से नहीं बनते हैं, न मैं उनमें किसी विचार को आने देता हूँ, न मैं ये सारी चीज़ें सोच कर चित्रित करता हूँ। मैं एक खेल शुरू करता हूँ और ख़ुद उसमें शामिल हो जाता हूँ। परिणामस्वरूप वह चित्र होता है। जब खेल से बाहर निकलता हूँ तब मेरे सामने एक चित्र होता है। ये सारे attempt मेरे बिलकुल नहीं होते। इनमें से कुछ भी मैं attempt नहीं करता हूँ। न चेतना के स्तर पर, न विचार के स्तर पर।

पीयूष :

अपने रेखांकन-कर्म में आपका प्रयास वही है जो आपके चित्रों में है?

अखिलेश :

हाँ। वही है।

पीयूष :

अपने पूर्ववर्तियों से एक कलाकार अपना एक सम्बन्ध बनाता है। आपके हाल के दौर के रेखांकनों से और आपकी कुछ चित्रकृतियों के आकारों से गुजरने पर मुझे अनेक स्थलों पर कभी पॉल क्ली से मुलाक़ात हो जाती है, कभी आदिम कृतियों से। पॉल क्ली के साथ आप किस तरह का सम्बन्ध महसूस करते है?

अखिलेश :

मेरा यह मानना है कि मैं एक ऐसे परिवार का सदस्य हूँ जिसमें सारे चित्रकार शामिल है। लियोनार्दो दा विंची से लेकर स्मृति दीक्षित तक। इन सबसे मैं कुछ समझते-सीखते, देखते-परखते हुए ही अपनी चित्र समझ का परिष्कार करता हूँ। सचेतन तौर पर मैं कुछ भी attempt नहीं करता हूँ। सो पॉल क्ली भी attempt नहीं करता हूँ या कोई और चित्रकार।

यह बात ज़रूर है कि इस चित्रित संसार से मैं बहुत ज़्यादा प्रभावित/obsessed हूँ। वे आ जाते होंगे पर सायास नहीं। अनायास अवचेतन में बैठे हैं, आ गये हैं और बाद में ऐसा देखते हैं, ठीक है। इसको आप मिटाते नहीं है। छोड़ते या हटाते नहीं है। मैं अपनी परम्परा से ही सारा कुछ जान समझ रहा हूँ और उसी से मेरा सामना होता रहता है। ऐसे बहुत सारे चित्रों में, किसी न किसी का प्रभाव, दिख सकता है।

पीयूष :

प्रभाव या सार्धम्यता नहीं, काव्यात्मक अनुगूँजें : मेरा संकेत व आशय इस ओर है।

इन दिनों आप कृष्णमूर्ति व डेविड बॉम के बीच की बातचीत भी पढ़ रहे हैं–

अखिलेश :

यह किताब पढ़ते हुए मुझे बहुत आनन्द आ रहा है। किताब में कृष्णमूर्ति यह बता रहे हैं कि मनुष्य की एक Universal Memory है। और यह मनुष्य की वैयक्तिकता में बिला जाती है। खो जाती है। मुझे लगता है कि Universal Memory की ओर कृष्णमूर्ति का इशारा दरअसल कलाओं में नज़र आता है। संगीत-चित्र-नाटक-काव्य में उनका गुंफन, उनकी अनुगूँज सुनायी पड़ती, दिखायी पड़ती है। हो सकता है कई बार यह कलाःकारों की सचेतन कोशिश हो और कई बार अवचेतन से आती हो। या इस यूनिवर्सल मेमोरी के कारण आ जाती हो। कृष्णमूर्ति का वह विचार दिलचस्प है जिसमें वे Universal Memory की बात कर रहे हैं। और Individuality/वैयक्तिकता को इतनी तवज्जो नहीं है। अभी पूरी किताब पढ़ी नहीं है, पढ़ रहा हूँ।

मुझे लगता है कि सारी कलाओं का आपस में जो सम्बन्ध नज़र आता है वह यूनिवर्सल मेमोरी के कारण ही नज़र आता होगा। पॉल क्ली के बहुत सारे चित्रों में भीम बैठका के चित्रों की अनुगूँजें नज़र आती हैं। या स्वामीनाथन के चित्रों में। पिकासो के ऐसे कई चित्र हैं जो प्रागैतिहासिक काल में किये गये चित्रों की याद दिलाते हैं। इसका

मतलब यह बिलकुल नहीं है कि पिकासो ने उनकी नक़ल की। वह अपनी उस यूनिर्वसल मेमोरी के बहुत नज़दीक पहुँच गया जहाँ पर उसने भीम बैठका के चित्रकार की तरह अपने को बरता। यही सम्बन्ध नज़र आता है। जैसे कोई गायक गा रहा होता है और आप को उस्ताद की याद आ जाती है।

पीयूष :

क्या उसके केन्द्र में चेतना है?

अखिलेश :

मुझे नहीं लगता कि यह चेतना का काम है। चेतना वहाँ पर अवचेतन तरह से है। आप जान कर नहीं कर सकते है, जान कर नक़ल कर सकते है। नक़ल में रस पैदा होने वाला नहीं है। जो हो चुका है उसको रचने में मज़ा नहीं है। रस नहीं है इसलिए रचते भी नहीं है। आप अपने ढँग से अपने को बरतते है। इसमें चेतना का कोई स्तर नहीं है।

पीयूष :

तब वह क्या है जो पॉल क्ली और भीम बैठका के चित्रों को एक कर देती है?

अखिलेश :

वह Universal Memory है।

पीयूष :

यह चेतना-तत्व नहीं है?

अखिलेश :

वह कैसे हो सकता है? वह चित्रित करते वक्त कैसे हो सकता है? मान लीजिए, भीम बैठका का चित्रकार चित्र बना रहा है तब वह अपनी शुरुआत ऐसे कर सकता है कि मुझे चित्र बनाना है, यह चेतना है उसकी। शुरू में एक चेतना से चित्रांकन कर रहा है पर जब वह आनन्द में चित्र बना रहा है तब ऐसा कुछ उसके पास है नहीं जिस पर वह दावा कर सके। चेतना से चित्रित करने का अर्थ यह है कि एक चित्रकार अपने जीवन में सौ कलाकृतियाँ बनाए और सभी विलक्षण/अद्वितीय हो। ऐसा दिखाई नहीं देता है। लियोनार्दो अपने पूरे रचनाकाल में ''मोनालिसा'' एक ही बना पाते हैं।

पीयूष :

Universal Memory वह है जो पॉल क्ली और भीम बैठका के चित्रों के आपसी सम्बन्धों को...

अखिलेश :

यह Universal Memory पशुओं में ज़्यादा दिखायी देती है। मनुष्य में नहीं दिखायी देती। एक मुर्गी के बच्चे को यह ज्ञान या बोध है कि चील दुश्मन है। यह उसकी कौन सी है स्मृति है? यहाँ Universal Memory काम कर रही है। एक हिरण के बच्चे को मालूम है कि शेर दुश्मन है। उसे कोई बता नहीं रहा है। मनुष्य के नामकरण संस्कार के साथ ही उसका वैयक्तिक होना शुरू हो जाता है। उसकी "पहचान" उसका संकट बन जाती है। वह अपनी Universal Memory से दूर होता चला जाता है।

सभी कलाओं के प्रकटन में यह सम्भावनाएँ हैं कि वे Universal Memory के नज़दीक जा सके। यह सभी के लिए बराबर है। सभी के लिए एक है।

पीयूष :

चित्र-फलक के रूप में कैनवास के अलावा आपने हाथ-काग़ज़ को भी फलक व माध्यम के बतौर लिया है। जब आपने अपने चिरपरिचित, आज़माए हुए व बरते गये माध्यम कैनवास व रंगों से बाहर आकर काग़ज़ व अन्य रचना-सामग्री को अपनी सर्जना का आधार बनाया (–सम्भवतः एक बार फिर अपनी चित्रभाषा, शैलीगत पहचान व रूपाविष्कृतियों के व्याकरण से बिलकुल बाहर आकर एक नयी ज़मीन तोड़ी, न केवल माध्यम व मटीरियल के स्थूल व तकनीकी मगर सारभूत अभिप्रायों में, बल्कि अपनी समस्त रूप-दृष्टि के अर्थ में भी–लेकिन इन बिन्दुओं पर बाद में।) तब सबसे पहले इसका विचार आपके मन में कैसे जगा? इसके पीछे किस तरह की कलात्मक ज़रूरतें, तत्त्व व कारण सक्रिय रहे? एक माध्यम/फलक का/में यह रचनात्मक उत्खनन–जिससे कई चित्र-कृतियों का जन्म हुआ–किस प्रकार का रहा?

रूप-गोठ का खेल बड़ा दिलचस्प रहा होगा। मसलन, आप फलक पर एक कौड़ी रखते हैं और हो सकता है वह आँख में बदल जाय। अब एक कौड़ी का यह जो आँख में का कायान्तरण है या यह जो एक नया स्वरूप ले लेना है–उसे आप अपनी दृष्टि के सन्दर्भ में किस तरह से लेते हैं?

जिन वस्तुओं को अपने कोलाजों के लिए आपने चुना है उसमें स्वयं उन वस्तुओं की अस्मिता को अक्षुण्ण रखते हुए उन सभी के परस्पर संयोजन से चित्र-कृति की निष्पत्ति हो सके, इस ओर आपका ध्यान रहा या फलक पर रखते

ही इनके आपसी सहवर्तित्व से स्वयं इनकी बद्ध अस्मिता के झर जाने के चमत्कार का भी। बल्कि यह देखना भी दिलचस्प है कि फलक से बाहर उस कौड़ी की पहचान उसके अपने कौड़ी होने में पूरी है लेकिन यही कौड़ी जब फलक पर आती है तो इसकी अर्थवत्ता अन्य चीज़ों के संग होने पर ही निष्पादित होती है–ऐसा धोखा होता है कि यहाँ वह अपने इस परिवर्तित स्वरूप के लिए अन्योन्याश्रित है। लेकिन शायद यह एक अधूरा सच है क्योंकि जैसा कि आपने बहुत सुन्दर तरह से यह बताया था कि दरअसल हर रंग में हर रंग छिपा है। यह मुझे अचम्भित करता है कि कैसे फलक पर ये सभी चीज़ें अपनी आपसी सापेक्षता में होने मात्र से–एक अर्थ में स्वयं-सत्ता का आत्मोत्सर्ग करके–चित्र-सत्ता को जीवन देती है। मानो सभी अपनी पहले की सीमित इयत्ता की आहुति दे, एक नये स्वरूप में खिल आने के लिए। एक चित्र-कृति की निर्विकल्पक उपस्थिति में जहाँ फिर से वह कौड़ी एक नये स्वरूप में इस तरह से साँस ले रही है कि वहाँ उसकी इयत्ता दूसरी वस्तुओं के सन्दर्भ से भी आलोकित है और स्वयं के होने से भी।

फिर एक जिज्ञासा यह भी है कि अपने कोलाजों के लिए जिन वस्तुओं का आपने चयन किया उसके पीछे कौन से तत्त्व प्रमुख रहे? चुनाव के पैमाने व मापदण्ड? मसलन जब आप कौड़ी या चश्मे चुन रहे थे तब क्या मन में कहीं यह पूर्वाभास था कि यह कौड़ी चित्र में किस या किन तरहों का स्वरूप ले सकती है?

–आपने हाथ-काग़ज़ भी स्वयं ही बनाए थे, ज़रूर इसके पीछे भी कुछ तत्त्व काम कर रहे होंगे।

–यह बात भी मुझे सूझती है कि इन काग़ज़-कृतियों के आकार बड़े नहीं रहे।

–और फिर आपके इन कोलाजों में फलक सहित हर वस्तु स्वयं में एक रंग-उपस्थिति भी है। बल्कि वे बहुल भूमिकाओं में हैं।

आपसे रूप-गोठ के इस रहस्यमय खेल के बारे में जानना चाहूँगा।

अखिलेश :

एक जापानी चित्रकार है–शोईची इदा। उनसे कभी मेरी बातचीत हुई थी। मैंने उनके काम देखे थे। उन्होंने काग़ज़ के ऊपर दूसरे रंग के काग़ज़ के ऊपर एक और रंग का काग़ज़ लगा कर ऐसे कुछ काम किये थे। मैंने उनसे इन कामों के बारे में पूछा। उन्होंने बताया कि सारे काग़ज़ वे ख़ुद बनाते हैं और उस तरह से वे अपने काम तैयार करते हैं। यह रचना प्रक्रिया से गुज़रते हुए होता है। मुझे यह दिलचस्प लगा कि चित्रकार अपने काम करने दौरान, काग़ज़ बनाने में ही, कलाकृति तैयार कर रहा है। मुझे सूझा कि इस तरह के काम मुझे भी कर सकना चाहिए। ठीक इस

तरह के काम नहीं मगर काग़ज़ बनाने के दौरान कुछ काम करना चाहिए। पहले से कोई विचार नहीं था उस को लेकर। कुछ सोचा नहीं था कि किस तरह का काम होना चाहिए। सबसे पहले यही ख़याल आया कि काग़ज़ बनाना सीखना चाहिए।

दरअसल, चित्रकला का क्षेत्र एक ऐसा क्षेत्र भी है जिसमें बहुत सारे आकर्षण मौजूद है। यह आकर्षण कई बार चित्रकार को ले डूबते हैं। ऐसे ही उस समय में मुझे लगा कि हाथ-काग़ज़ को बनाते वक्त उस पर काम करना चाहिए। हाथ-काग़ज़ पर काम करना सीखने के लिए मैं अहमदाबाद में गाँधी आश्रम–कलमख़ुश–गया और उनसे अनुरोध किया कि मैं काग़ज़ बनाना सीखना चाहता हूँ। उन्होंने कहा–"हाँ, ज़रूर सीखिए। हम सुबह नौ बजे से शाम छः बजे तक काम करते हैं। इस वक्त आना होगा।" मैं नियमित जाने लगा। जैसे सारे मज़दूर आते थे वैसे मैं भी उनके साथ आता और उनके साथ रहकर काग़ज़ कैसे बनता है, यह बनाना सीखा। लगातार दस दिन सुबह से शाम तक। दसवें दिन के बाद अगले दिन से मुझे यह काम शुरू करना था पर वह हो नहीं पाया। उनके यहाँ कुछ समस्या आ गई। मैं वापस लौट आया।

उसके बाद काफ़ी दिनों तक मैं सोचता रहा कि कहाँ, कैसे काम हो सकता है। ओरछा में ताराग्राम एक जगह है जहाँ पर कुछ युवा Architect/आर्किटेक्ट और Designer's/डिज़ाइनर्स ने मिलकर काग़ज़ बनाने का काम शुरू किया था। मैं वहाँ चला गया। मुझे वहाँ काम करने की अनुमति मिली। क़रीब दो महीने मैं वहाँ रहा। वन विभाग के अतिथिगृह में ठहरा जहाँ से लगभग चार क़िलोमीटर दूर उनका कारखाना था। यहाँ वे काग़ज़ बनाते थे। मैं रोज़ सुबह वहाँ जाकर अपना काम करता। उन्होंने मुझे पूरी आज़ादी दी हुई थी। बल्कि कुछ सहयोगी भी दिये। उन्होंने सब उपलब्ध कराया। मेरे लिए वहाँ एक कमरा अलग से दे दिया कि कोई व्यवधान न हो। सारी सुविधा थी कि मैं अपना काग़ज़ बना सकूँ। वह उनका प्रयोग/नमूना बनाने का कमरा था। नमूना बनाने के लिए बड़ा काग़ज़ लेने की आवश्यकता नहीं होती। इसीलिए वे कोलाज एक आकार के काम है। उनमें आख़िरी दो काम मैंने बड़ी मेज़ पर जाकर किये थे। यह सुविधा मुझे वहाँ मिली, मैं काम कर सका। उस काम को करने के पीछे कोई क्रान्तिकारी विचार नहीं था। मेरे मन में यह था कि काग़ज़ के बनाने के दौरान उसमें काफ़ी कुछ किया जा सकता है और उसका एक अपना आनन्द हो सकता है।

इन्दौर में मारोठिया बाज़ार है, बड़ा पुराना बाज़ार। यहाँ पर बहुत तरह की सामग्री, पूजा से लेकर अन्य कई तरह की सामग्रियाँ मिलती हैं। अपनी कोलाज-कृतियों के लिए मैंने सारी सामग्री मारोठिया बाज़ार से ख़रीदी थी। इसमें कोई पूर्वविचार नहीं था कि मैं क्या करने वाला हूँ। किसी तरह की पूर्वनियोजित परिकल्पना मेरे पास नहीं

थी। सिर्फ़ एक ख़याल था कि दूसरी तरह का काम करने जा रहा हूँ। हो सकता है कि वह सारा प्रयत्न निष्फल रहे।

काम करने के दौरान ही मैं काग़ज़ को इतना मोटा बनाता था कि उनमें इन वस्तुओं को arrange किया जा सके। कुछ अपने साथ ले गया था, कुछ मुझे वहाँ मिली। मैंने उन्हें भी शामिल कर लिया। मैंने पाया कि वह एक बहुत दिलचस्प वाकया बन रहा था जिसमें बहुत सम्भावनाएँ हैं। किन्तु दोबारा मैंने कोशिश नहीं की। ऐसा लगा नहीं कि मैं फिर वहाँ जाकर कुछ करूँ। हो सकता है कभी बाद में करूँ। यह एक सम्भावना है।

कौड़ी को चुनने के पीछे ऐसा विचार नहीं था कि इससे एक आँख बनने वाली है या चश्मों को चुनते वक्त। कुछ चीज़ें मैंने जानबूझ कर चुनी थी, जैसे चाकू। बोर्खेज़ की एक कहानी पढ़ी थी जिसमें चाकुओं का ज़िक्र था, कुछ प्रसिद्ध चाकूबाजों का ज़िक्र था। इन कोलाज-शृँखला के बहुत सारे काम उस दौरान की मेरी reading से प्रभावित है। उससे परिसंचालित है। इन कृतियों को मैंने वहीं ताराग्राम में बनाया और बनाने के दौरान ही उसमें हर सम्भव प्रयोग, प्रयास किये।

कृष्ण बलदेव वैद के उपन्यास ''मायालोक'' पर एक कोलाज इसलिए बना कि उन दिनों मैं ''मायालोक'' पढ़ रहा था और यह उपन्यास आधा ही छोड़ कर मैं ताराग्राम चला गया था। उपन्यास पढ़ते वक्त मुझे बहुत आनन्द आया था। सारे समय मैं बचे हुए ''मायालोक'' के बारे में सोचता रहा था। और सम्भवतः इससे निकलने के लिए मैंने यह काम करना शुरू किया। बोर्खेज की कहानी व अन्य किताबें मैं पहले से पढ़ चुका था। वे किताबें मुझे अच्छी लगी थीं इसलिए मैंने उन पर काम किये। बोर्खेज की कहानी में, दोस्त के घर एक पार्टी में ये चाकू रखे हैं। इन चाकुओं के बारे में बतलाते हुए मेजबान कहता है कि बहुत साल पहले कुछ प्रसिद्ध चाकूबाज थे और ये चाकू उनके हैं। पार्टी ख़त्म इसी तरह होती है कि चाकुओं से वे सभी दोस्त अपने को मार चुके हैं। इसमें एक तरह की हिंसा थी। चाकुओं के सम्मोहन ने किशोरों को लहूलुहान कर दिया। मुझे यह कहानी अच्छी लगी। इस तरह की readings है। इन्हीं से obsessed होकर मैंने इन कोलाज-चित्रों को बनाया। कुछ चित्र अलग तरह के हैं जिनमें ''Last Supper"/''लास्ट सपर'' है, एक गाँधी पर है, एक वैलेस स्टीवंस की एक काव्य-पंक्ति पर है और फिर ''Judas Eyes"/''जुडास आइज़'' है। वे सारे काम कमोबेश मेरी readings से उत्पन्न काम है। उस वक्त जो भी आर्कषण मन में रहे होंगे उनका प्रतिफलन है।

पीयूष :

इन साहित्यिक कृतियों और उस समय की आपकी अपनी चित्रात्मक कल्पना की आपसी अन्तःक्रिया में क्या घट

रहा था? क्या यह एक साहित्यिक कृति से एक चित्रकार के प्रतिकृत होने के विवरणों में सैर करने जैसा रहा या भिन्न तरह से संचरित हुआ?

क्या आपके लिए कैनवास पर चित्र बनाना और इन क़ाग़ज कृतियों पर काम करना दो अलग माध्यमों में अपने को बरतने जैसा रहा? फलक/माध्यम के सिलसिले में अपने इस स्वायत्त सहवर्तित्व को आप किस तरह से देखते व चिह्नित करते हैं? क्या यह अलग अलग विधाओं में काम करने जैसा है? या आपकी रचनात्मकता इन परस्पर भिन्न माध्यमों की अपनी स्वायत्त प्रकृति, सम्भावनाओं व सीमाओं को मान देते हुए इनके पारस्परिक विभेद को विलयित करने की ओर अग्रसित है? इन परस्पर भिन्न लगते-दीखते माध्यमों को बरतने के आपके ढँग क्या है? क्या आप इन के बीच अन्तःसूत्र बरामद करते हैं? फलक/माध्यम को बरतने और रूपाविष्कृति के उजागर होने तक के आपसी संवाद में अपने कलात्मक आत्म की भूमिका को आप किस तरह से लेते-देखते-पहचानते हैं?

अखिलेश :

दोनों बिलकुल अलग तरह के क्षेत्र हैं। चित्र आप एक लम्बे समय तक बना सकते हैं और यह काग़ज़ काम आपको आधे घण्टे में बनाना है या आप दो घण्टे लगा सकते हैं पर दस दिन नहीं बना सकते हैं। वो उसी दिन होता है, जितने कम समय में हो उतना ज़्यादा अच्छा है। ज़्यादातर आप आधे घण्टे में करते हैं। उनमें एक तरह की कल्पना के बाद सारी सामग्री तैयार करते हैं। सब तैयारी कर आप काग़ज़ बनाना शुरू करते हैं, फिर लुगदी/pulp को सजाना शुरू करते हैं। कुछ कामों में मैंने उलटा भी किया कि पहले इनको सजाया फिर pulp डाला है ताकि वह ऊपर की तरफ़ आ जाय। कुछ ऐसे थे जो अन्दर तक जाकर बाहर दिखते रहते हैं और इसकी तैयारी, इसको बनाने में भी सब कुछ समय पर और सबकुछ एकसाथ करना है। यह कैनवास पर चित्र के साथ नहीं होता। कोई दूसरा ढँग है जिसमें आप लम्बे समय तक काम करते रह सकते हैं। चूँकि इस तरह की सामग्री कैनवास पर नहीं चाहिए इसलिए इनकी तरफ़ आप कोई ध्यान नहीं देते हैं। आप रंग पैलेट और कैनवास के साथ एक तरह से अपने को बरतते हैं।

दोनों माध्यमों का अनुभव अलग है। चित्र बनाने का अनुभव अलग है, काग़ज़-कोलाजों का अलग। इन दोनों को देखने पर अनुभूति भी अलग है। मुझे लगता है कि यह अनुभव व अनुभूति की भिन्नता दर्शकों को भी होती होगी। दोनों की तुलना करना भी ठीक नहीं है। दोनों अलग अलग रचना-प्रक्रियाओं से गुजरने वाली चीज़ें है। उसका मेल दिखता नहीं है उस तरह से।

पीयूष :

कोलाजों के लिए जब आप रचना सामग्री चुन रहे थे तब इस तरह का कोई पूर्वनियोजित विचार आपके मन में नहीं था कि आप इस सामग्री को कहाँ, किस तरह से रखेंगे। जब आप मशीन पर काग़ज़ बनाते हुए अपने कोलाजों पर काम कर रहे थे तब आपको क्या यह लगा कि काश फलां तरह की सामग्री और होती तो अच्छा रहता? आपके पास की सामग्री एक तरह से सीमित ही थी और चूँकि कुछ भी पूर्वनियोजित नहीं था इसलिए यह सम्भावना और बढ़ जाती है कि ऐन वक्त पर आपको किसी और तरह की सामग्री की दरकार महसूस हो। इस सन्दर्भ में तब आपकी नज़र किस ओर थी–गिलास आधा ख़ाली था या आधा भरा?

दूसरा, रचना-सामग्री का आपकी रचना-प्रक्रिया के साथ किस तरह का ताल्लुक़ बन रहा था? क्या यह कहा जा सकता है कि इन कोलाजों के लिए आपने कुछ कृतियों को आधार बनाया है?–इन कोलाजों में इन कृतियों की उपस्थिति-अनुपस्थिति पर आपका क्या सोच बनता है?

अखिलेश :

सामग्री का औचक चुनाव था। पूर्वनियोजित नहीं था। इन्दौर के मारोठिया बाज़ार में जाए तो वह बाज़ार अपने में एक कलाकृति है। इतने ख़ूबसूरत ढँग से सजा हुआ होता है, इतना आकर्षित करने वाला होता है और कई तरह की पूजा/कर्मकाण्डों में उपयोग में लाई जाने वाली सामग्री होती है कि उसमें किसी भी साधारण आदमी के बिला जाने का पूरा मौक़ा है। सामग्री चुनाव के वक्त, जो भी मुझे अच्छा लगा, मैं चुनता रहा। जब मैं ताराग्राम पहुँचा तब मेरे पास छः डब्बे सामग्री थी। सो मेरे पास भरपूर सामग्री थी। कलाकृतियाँ बनाने के दरमियान मुझे कभी यह नहीं लगा कि किसी तरह की सामग्री की कमी है। वहाँ बेतवा नदी के क़िनारे टहलते हुए भी मुझे कई तरह की ऐसी चीज़ें मिली जिनका इस्तेमाल मैंने अपने काग़ज़ बनाने के दौरान किया। यह मुझे बिलकुल नहीं लगा कि किसी चीज़ की कमी है। मेरा गिलास आधा भरा हुआ था। बहुत सारी सामग्री बच भी गयी। यह काफ़ी समय तक मेरे साथ रही फिर मैंने उन्हें फेंक दिया। काफ़ी समय तक साथ इसलिए रही कि मन में यह विचार था कि मैं एक बार फिर जाकर और कृतियाँ बनाऊँगा। इन सामग्रियों का उपयोग भी हो सकेगा। फिर ऐसा हुआ नहीं।

कुछ कलाकृतियों की रचना में सामग्री का भी हाथ रहा। जैसे एक कलाकृति बनायी थी–''वृक्ष की मृत्यु।'' इस कृति की सामग्री मुझे वहीं बेतवा नदी के क़िनारे मिली थी। पेड की टहनियाँ थी। उस टहनी के टुकड़े हैं वे सारे। इस वृक्ष की मृत्यु कुछ ही दिन पहले हुई होगी। यह नदी के क़िनारे होने के बावजूद भी मर गया था। मरे हुए पेड़ की

टहनियाँ तोड़ कर लोग ले जा रहे थे और उसी के कुछ अंश वहाँ पर पड़े थे। मैंने उन्हें उठा लिया। इस कलाकृति की रचना हुई। कुछ कलाकृतियों में सामग्री से कलाकृतियों की रचना हुई और बाक़ी में कलाकृतियों की अवधारणा मन में आई और फिर उस अनुसार सामग्री का इस्तेमाल किया। इस तरह से दोनों आपस में एक दूसरे के बनने में सहायक थे। एक दूसरे के लिए बने हुए थे। कुछ कलाकृतियाँ रचना-सामग्री से बनीं, कुछ रचना-सामग्री से कलाकृतियाँ बनी।

पीयूष :

जब आप कैनवास पर चित्र बनाते हैं तब वक्त लिया जा सकता है लेकिन कोलाजों को बनाने के दौरान एक सीमित समय में इन कृतियों को बनना था। भौतिक समय से आपके चित्रात्म के इस साक्षात्कार पर आप किस तरह से विचार करते हैं?

अखिलेश :

इसको लेकर उन दिनों कुछ नहीं सोचा था, न इस बारे में कुछ विचार किया कि ऐसा कोई अन्तर्सम्बन्ध मुझे दिखायी दे। काम करने का जुनून था। यह भी था कि ताराग्राम में दो महीने आप काम कर सकते है सो एक समय-सीमा भी थी। उस माध्यम का अपना स्वभाव था जिसके अनुरूप आप को ढलना था : यह सब चीज़ें उसमें काम कर रही थी। आप उसको दो दिन तक नहीं बना सकते, वह रात में ही सूख जाने वाला है। उसको पाँच घण्टे भी नहीं बना सकते। इसलिए यह सब विचार करने के लिए कोई जगह नहीं थी वहाँ। आप अपना काम कर रहे थे और काम ख़त्म किया। काम कर लौट आए।

पीयूष :

अन्ततः कोलाज एक तरह का संयोजन है। इस संयोजन में परस्पर भिन्न क़िस्म व अलग स्वभाव की, अलग रंगाभाओं की, वस्तुओं के समवाय में इन वस्तुओं के आपसी सन्दर्भों-सम्बन्धों पर आपका जोर किन बिन्दुओं की ओर रहा? जेफ कून्स के कुछ वाक्यों का ध्यान आता है :

When I'm working with an object I always have to give the greatest consideration not to alter the object physically or even psychologically. I try to reveal a certain as-pect of the object's personality. To give you an example: if you place a shy person in a large crowd, his shyness will be revealed and enhanced. I work with the object in a very similar manner. I'm placing the object in a context or material that will enhance a specific personality trait within the object. The soul of the object must be maintained to have confidence in the arena.

जेफ कून्स का ध्यान इस ओर रहा कि वे वस्तु के व्यक्तित्व के एक खास पहलू को उजागर कर दे। आपने अपने कोलाजों में प्रयुक्त वस्तुओं संग स्वयं को किस तरह से बरतना चाहा? दूसरे शब्दों में, आपका Attempt व Approach क्या रहा?

अखिलेश :

जेफ कून्स के काम करने का ढँग बहुत अलग है और वह बहुत बड़े scale पर भी काम करता है। वह कहता है कि मेरी कला kitsch कला है। यह सन्दर्भ महत्त्वपूर्ण है : उसका अपनी कला को देखना, अपने इस object को देखना। वह सारे समय object रख रहा हो ऐसा भी नहीं है। कमोबेश वह कई objects के संयोजन में नहीं जाता। वह एक object रखता है या सारा जोर एक ही कलाकृति पर रहता है। एक शिल्प है मान लीजिए। Silver Train है। वह बस एक रजत रेल बनाएगा। इस तरह वो करता रहता है। माइकल जेक्सन का शिल्प, उसके सम्बन्ध बिलकुल अलग हो सकते हैं। वह उन्हें भौतिक और मनोवैज्ञानिक, दोनों स्तर पर, देख रहा है। समझ रहा है। मेरे काम में कोलाज का स्वरूप ज़्यादा था बजाय शिल्प के और वह Relief Work की तरह दिखायी देने वाला काम था। जेफ कून्स और मेरे कामों में बहुत फ़र्क़ है। मेरे काम में objects की बहुतायत है और वे इनके आपसी सम्बन्धों से उजागर हो रहे हैं। इनके आपसी सम्बन्धों में वे एक कलाकृति रच रहे हैं। जेफ कून्स के मसले में एक object ही कलाकृति है। यहाँ दोनों की तुलना करना भी ठीक नहीं होगा। मेरे कोलाज में कलाकृति का मनोविज्ञान है। वस्तुओं के आपसी सम्बन्ध विषय प्रकट कर रहे हैं। उनकी भौतिक उपस्थिति दर्शक के मन को छेड़ती है।

पीयूष :

नहीं, मेरा संकेत जेफ कून्स का उद्धरण रखने के पीछे उनके काम को आपके काम के सन्दर्भ में लाना या तुलना करना कतई नहीं है। मैं महज़ यह ध्यान दिलाना चाह रहा था कि जब आप कुछ वस्तुओं के संयोजन के जरिये एक कृति निर्मित कर रहे थे तब आपका रचनात्म उन वस्तुओं के प्रति स्वयं को किस तरह से बरत रहा था? जैसे कून्स ने बताया कि वे वस्तुओं के व्यक्तित्व के एक पक्ष को आलोकित कर रहे हैं। आपके लिए इन कोलाजों के संयोजन में क्या घट रहा था? मसलन, अगर एक नीम की टहनी हमारे बीच रख दे तो सबकुछ बदल जाता है और यही टहनी जब पेड़ पर थी तब बिलकुल अलग थी लेकिन अगर इसे मैं अपनी जेब में रख लूँ तो फिर वापिस सब बदल जाता है। जो चीज़ जहाँ है वहाँ से उसका हटना मात्र सबकुछ बदल देता है–उसके फॉर्म और

टेक्सचर सहित शायद स्वयं उसके *जीव* को भी। *जीव मात्र का यह जो बदल जाना है* उसे आप किस तरह से देखते हैं?

अखिलेश :

जीव मात्र वही रहता है अलबत्ता उसका सन्दर्भ बदल रहा है। वह एक दूसरे सन्दर्भ में उद्घाटित हो रहा है। यहाँ पर उसका सन्दर्भ/सम्बन्ध आगे अब अन्य पदार्थों या अन्य वस्तुओं के साथ बन रहा है। यह सन्दर्भ का बदलना उसे एक नयी आभा में प्रकट करता है : नीम की टहनी वही है। उसे दूसरे सन्दर्भ में रखने पर टहनी वही रहेगी किन्तु एक नयी आभा से आलोकित हो जाएगी। वह नयी आभा उसके साथ में रखे गये पदार्थों की हो सकती है, स्वयं उसकी हो सकती है। इनके आपसी सम्बन्धों से ही वह आभा बन रही है। इस सन्दर्भ के बदलने में, उसी सन्दर्भ में, नीम की टहनी का आलोकित होना अचम्भित करता है। उसका जीव वही रहने वाला है, उसके गुणधर्म वही रहने वाले हैं। गुणधर्म नहीं बदल रहे हैं, सन्दर्भ बदल रहे हैं। उसमें आलोकित टहनी आकर्षित करती है। जैसे मुझे उस टहनी का नदी क़िनारे मिलना। उस टहनी के टुकड़ों को जब मैंने काग़ज़ पर रखा तब उसके सन्दर्भ बदल गये। फिर उसके ऊपर काग़ज़ की एक परत आने से, देखने पर, वह कफ़न की तरह दिखायी देता है। इससे उसके सन्दर्भ और बदल गये। अब वह टहनी, टहनी की तरह नहीं शव की तरह दिखायी देती है। अब वृक्ष की मृत्यु के अलावा अन्य मृत्युओं की स्मृति भी आपके मन में आती है। टहनी वही है, उसके गुणधर्म नहीं बदले हैं। जिस सन्दर्भ में वह आ गयी है उससे स्मृतियाँ दर्शक के भीतर जागती हैं। इन स्मृतियों से परिचालित हो कर वह अचम्भित होता है। इसलिए मुझे लगता है कि सन्दर्भ में रखना महत्त्वपूर्ण है। अगर सन्दर्भ ठीक खोज लिया, अचम्भा उतना बड़ा होगा।

पीयूष :

सन्दर्भों तक पहुँचने की यह यात्रा, जाहिर है, हर कृति में बिलकुल अलग व नये ढँग से काम करती है। इन सभी कोलाज कृतियों की प्रक्रिया भिन्न तरह से संचालित रही या इनमें आप अन्तःसूत्र बरामद करते हैं?

अखिलेश :

इसमें आकस्मिकता का तत्त्व ज़्यादा है। इन सारी कृतियों के रचना-कर्म में आकस्मिकता का तत्त्व प्रमुख रूप से दिखायी देता है। पूर्वनियोजन से या पहले से तैयारी कर चला होता तो उन सामग्रियों को चुन सकता था। मेरे लिए सामग्री का चयन भी एक औचक चयन था। आप को पता नहीं है कि आपके पास किस तरह की सामग्री है और आप किस तरह की कलाकृतियों का निर्माण करने जा रहे हैं। वह एक खेल की तरह होने वाला था। यह एक दूसरी

तरह का खेल है जिसे कैनवास और रंग से नहीं खेला जा रहा है। वस्तुएँ और माध्यम बदला हुआ है। ऐसे बहुत सारी चीज़ें काम कर रही थी। उन्हीं में, इन सारी आकस्मिकताओं के साथ, इन कलाकृतियों को बनाया। समय का भी दबाव भी था। आकार का भी सीमित दायरा था।

इन सब चीज़ों की ओर ध्यान अब जा रहा है, उस वक्त नहीं जा रहा था। वे ज़्यादा चित्र नहीं थे, बीस बाइस थे। कुछ दस चित्र नष्ट हुए होंगे। आप देखें कि दो महीने में 32 चित्र बनाए, जिसमें दस बन न सके। वे बाइस या बीस चित्र जिनसे मैं संतुष्ट हुआ, उन पर कुछ काम मैंने घर लौट कर किया। उनके सूखने की लम्बी प्रक्रिया थी, उनके टेढे होने की भी एक प्रक्रिया थी। इन सबसे भी उसी वक्त जूझ रहा था, समझ रहा था, माध्यम के स्वभाव को बरत भी रहा था या उसके अनुरूप अपने काम को भी बदलता जा रहा था। दोबारा मैंने इस पर कभी काम नहीं किया। यह कहना मुश्किल है कि इस माध्यम को दुबारा जब अपने लिए पाऊँगा तब उसमें उतने ही विश्वास के साथ काम कर सकूँगा या नहीं। मुझे लगता है फिर नयी शुरुआत करनी होगी। नये सिरे से उसे समझना होगा। इन कामों को किये हुए लगभग आठ साल हो गये। इन सालों में मैंने दुबारा कभी काग़ज़ नहीं बनाया न ऐसा महसूस किया कि मुझे जाकर काग़ज़ बनाना चाहिए। यह सब हम पुनरावलोकन में देख रहे हैं। उस वक्त मेरे दिमाग़ में यह बातें नहीं थी। न मैंने सब सोच कर किया था, न यह विचार था कि इस इस तरह के काम करूँगा। वे कृतियाँ एक के बाद एक बनती चली गयीं। इन समस्याओं से जूझते और मुस्कराते दिन पूरे होते गये।

पीयूष :

अपने चित्रों के लिए आप का यह कहना रहा है कि वहाँ रूप भी दरअसल रंगाकार के रूप में है तो ठीक ऐसे ही इन कोलाज कृतियों में रंग की उपस्थिति आप कैसे देखते हैं?

अखिलेश :

दोनों अलग माध्यम है। कैनवास पर रंग प्रमुख है, इसमें पदार्थ प्रमुख है। इन पदार्थो का अपना रंग है। इन दोनों का ख़याल रखते हुए कलाकृति बनाता हूँ। काग़ज़ का रंग और पदार्थ का रंग पहले से मौजूद है, उसी तरह जैसे ट्यूब में रंग पहले से मौजूद है। फिर मैं उनके सम्बन्ध ढूँढता या फिर उस सम्बन्ध के अनुरूप रखता हूँ। मसलन गाँधी जी के ऊपर एक कोलाज बनाया, जिसमें गाँधी के जन्मदिन का ब्यौरा है। चित्र में मैंने उनकी जन्मतिथि लिखी है। यह विचार गाँधी की तसवीर पर चढ़ी हुई फूलमाला से मुझे आया। मैं मई-जून के महीनों में ताराग्राम में काम कर रहा था। गाँधी जयन्ती दो अक्तूबर को आती है। सम्भवतः दो अक्तूबर को वह हार उन्हें पहनाया गया था।

वही हार मैंने उतारा और उसी से एक काग़ज़ बनाया, उस पर गाँधी जी की जन्मतिथि लिखी। यह सूखा हुआ हार गाँधी जी की जन्मस्मृति की तरह है। यह स्मृति सूख गयी है। उस हार की तरह। हम शायद अपने बच्चे के जन्मदिन के सन्दर्भ में उस तरह से नहीं सोचते है या दोस्तों के सन्दर्भ में। गाँधी जी के जन्मदिन के सन्दर्भ में आपकी स्मृति की स्थिति सूखे हुए हार की तरह है। वह उसी दिन याद आने वाली है, उसी दिन जागने वाली स्मृति है। ''दो अक्तूबर'' को आप अख़बार या टेलीविजन या रेडियो के माध्यम से जानते है, यह आपकी स्मृति में नहीं है। एक अक्तूबर को यह ख़याल नहीं है कि दो अक्तूबर गाँधी जयन्ती है। दो अक्तूबर को यह ख़याल आता है। यह वैसा ही है जैसे सूखे हुए फूलों का एक हार है। उस तसवीर पर चढ़े हुए सूखे फूलों की माला से ही मुझे चित्र बनाने की प्रेरणा मिली। तब आप इन सारे सम्बन्धों, रंगाकारों, इन सब चीज़ों पर उतना ध्यान नहीं देते है। एक तरह की रंगयोजना आपके मन में विषय के अनुरूप आती है। कोलाज-शृँखला के सारे चित्र किसी न किसी विषय पर है। कैनवास पर मेरे चित्र इस तरह विषय-परक नहीं होते। उनका विषय उनके बाहर है। वे अपना विषय ख़ुद है। गाँधी पर यह चित्र बनाते समय मैंने इसे सफ़ेद रंग के काग़ज़ से बनाया। इसमें सूखे हुए पीले और भूरे फूलों की माला है। चित्र में काली स्याही से मैंने उनके जन्मतिथि लिखी है। वह एक सात्विक और सूखी हुई रंग-योजना है। इसे देखकर आपको सादगी और सूखेपन की अनुभूति होगी।

पीयूष :

तब क्या हम यह कह सकते हैं कि इनमें से कुछ कोलाज कृतियाँ विषयाधारित है?

अखिलेश :

उनका विन्यास ऐसा नहीं है। इन कृतियों का विन्यास पूर्वनियोजित न होने से इन सबमें आकस्मिकता का गुण है। देखने पर आप पाएँगे कि बहुत कुछ हो रहा है, उसी वक्त हो रहा है। पहले से पूर्वनियोजित कुछ नहीं है। उनके विषय भी वही है।

पीयूष :

आपकी दृष्टि की निर्मिति में आकस्मिकता का अंश अपनी भूमिका किस तरह से आपके चित्रात्म के साथ व इस लुकाछिपी के खेल में सक्रिय होता है?

अखिलेश :

लुकाछिपी में स्वतः ही आकस्मिकता है। खेल में आप खोते और पाते हैं। यह खेल आकस्मिक है। खोना और पाना

पूर्वनियोजित नहीं हो सकता, इसलिए उसमें अचरज की मात्रा बढ़ जाती है। आकस्मिकता का गुण ही एक ऐसा गुण है जो अच्छी लगने वाली कलाकृतियों में भरपूर होता है। आकस्मिकता कलाकृति को रोचक बनाती है, दर्शक को अचम्भित करती है।

पूर्वनियोजन से कलाकृतियाँ तैयार करने की कोशिश करें, तब भी उसमें आकस्मिकता का एक अंश होता है। इस अंश के बारे में हम नहीं जान सकते। हो सकता है वह न भी हो, उस कलाकृति में। लगातार काम करने के दौरान किसी एक कलाकृति में आ सकता है। इस आकस्मिकता का अवकाश मैं छोड़ता हूँ, उसके लिए जगह रखता हूँ। सभी कलाकृतियाँ पूर्वनियोजित नहीं होती हैं, हो भी नहीं सकती। बनने के दौरान भी वे बदलती रहती हैं। उनका अपना एक भौतिक संसार है। इसके साथ वे रंगसंगतियाँ भी, अपनी तरह से, एक खेल शुरू कर देती है जिसके बारे में मुझे मालूम नहीं होता है। वह मेरे हाथ में नहीं है। मैं इसकी स्मृति में शामिल नहीं हूँ।

पूर्वनियोजन से कोई कलाकृति बन सकती है, इसमें मुझे सन्देह है। पूर्वनियोजन बहुत ही रटा-रटाया काम करने का ढँग होगा जिसको अभ्यास से साध लिया जा सकता है। उसमें रस नहीं है। यह कुछ ऐसा ही है कि आप बहुत सारे मसालों से एक स्वादिष्ट पकवान नहीं बना पाते और माँ बग़ैर किसी मसालों के पकवान में स्वाद पैदा कर देती है। वह क्या चीज़ है? वह आकस्मिकता का ही अंश है जो उसमें रस पैदा कर रहा है। मुझे लगता है इसका सम्बन्ध भावना से है। मसलन, एक पाँचसितारा होटल में एक शैफ खाना बनाता है। उसके पास सबकुछ है, वह सारी सामग्री है, जिससे वह खाना बनाता है। वह खाना लजीज़ और उच्चकोटि का होता है। खाने में हर चीज़ बराबर मात्रा में है। लेकिन शैफ को यह नहीं पता है कि आज शाम खाने कौन आने वाला है। इसलिए उस खाने में वह स्वाद नहीं होता जो माँ अपने बेटे के लिए बना रही दाल में पैदा कर देती है। माँ की भावनाएँ उस खाने में transfer हो गयी हैं। वह दाल उन भावनाओं से पक जाती है। उसमें मसाले न भी हो तब भी रस पैदा हो जाएगा। पूर्वनियोजित कलाकृतियाँ एक अच्छी कलाकृतियों की तरह आपको नज़र आती हैं लेकिन उसमें रस नहीं है, वे भावना से नहीं बनी हैं। मैं कलाकृति के साथ एक सम्बन्ध बनाने की कोशिश कर रहा होता हूँ। इसमें लगातार निष्फल होने की पूरी सम्भावना है। लेकिन इस ओर ख़याल नहीं किया जा सकता।

पीयूष :

जिन वस्तुओं को आपने लिया है उनका अपना एक स्वभाव है। उनकी अपनी नश्वरता भी हो सकती है। इन बरसों में जैसे कि वह टहनी है या स्वयं वह काग़ज़ है, उनकी रंगाभाओं से लेकर उनके अपने टेक्सचर तक में परिवर्तन

आ गए होंगे। मुझे नहीं पता कि आपने एक समय के बाद इन कृतियों को दोबारा कभी देखा या नहीं–अगर कभी देखा हो तो–यक़ीनन आपने उन कृतियों में चाक्षुष स्तर पर बारीक क़िस्म के बदलाव ज़रूर पाए होंगे। इन बदलावों का घटना क्या इन चित्रकृतियों के अपने सन्दर्भों का भी बदलना है या वही बना रहता है? बदलाव घटने पर भी क्या यह वही कृति है?

अखिलेश :

यह एक नया माध्यम था। इन सारी बातों पर मैंने कोई ग़ौर नहीं किया हुआ था न मैं अपने पूर्व अनुभव से जानता था कि दस साल बाद ऐसा हो सकता है। बहुत सारी कलाकृतियों में दुघर्टनाएँ भी हुई हैं। एक कलाकृति में मैंने फल के बीज डाले थे। उन बीजों में कीड़े थे। वे कीड़े चित्र बनने के दौरान और बनने के बाद भी ज़िन्दा रहे और उन्होंने बीज को खाना जारी रखा। इन बीजों का चूरा उस चित्र के डब्बेनुमा फ्रेम में नीचे इकट्ठा होता रहा। यह चूरा, बहुत ही छोटे से, चूरे के पहाड़ के रूप में, इकट्ठा हुआ। ऐसे कुछ तीन या चार छोटे छोटे चूरे के ढेर से बन गये। मुझे आश्चर्य हुआ कि यह कैसे हुआ, कहाँ से आ गये? फ्रेम को खोल कर देखने पर पता चला कि उन बीजों में वे कीड़े थे जो खा रहे थे। दूसरे कोई परिर्वतन नज़र नहीं आए। टेक्सचर में परिवर्तन नज़र नहीं आया। काग़ज़ एक स्थायी माध्यम है और रेशों से गुंथा रहता है इसलिए उसमें ऐसा परिवर्तन आने की सम्भावना नहीं है। अगर एसिड की मात्रा ज़्यादा है तब वह एक समय के बाद पीला पड़ सकता है। उन कोलाजों के काग़ज़ acid free/एसिड फ्री काग़ज़ थे। सफ़ेद वाला अभी भी सफ़ेद है, उस तरह से पीला नहीं पड़ा है जैसे दूसरे क़ाग़ज पड़ जाते हैं। उनमें टूटने का ख़तरा भी पैदा नहीं हुआ है। सामग्री जितनी भी थी, लगभग सभी प्राकृतिक थी। सो उनमें रंग बदलने का कोई ख़तरा नहीं है। कुछ दिलचस्प चीज़ें भी हुईं जैसे चाकू से निकली जंग चारों तरफ़ फैल गयी। जंग का रंग चित्र में आ गया। कलाकृति में बहुत ही छोटी मात्रा में एक तीसरा रंग पैदा हो गया। ऐसे कुछ कलाकृतियों में, प्रयुक्त हुई वस्तुओं के कारण, कुछ परिवर्तन आए। बाक़ी सब लगभग वैसी ही हैं।

पीयूष :

एक चित्रकार के रूप में जब आप उन्हें देखते हैं तब कैसा महसूस करते हैं? यह ठीक है कि एक मायने में आपको कोई पूर्वानुभव नहीं था कि इन वस्तुओं का क्या हश्र हो सकता है, लेकिन जब आप चित्र बना रहे है तब बहुत सम्भव है कि आपका ध्यान इस ओर न जाय कि उस वस्तु की भौतिक आयु क्या हो सकती है या कि चित्र में प्रयुक्त होने के बाद इसका क्या हो सकता है। शायद प्रयुक्त वस्तु भी नश्वर तरह से है। हम कल्पना करते है कि

आपने दस बरस पहले कुछ कोलाज बनाए और दस बरस बाद आप देखते हैं कि उसमें कई क़िस्म की आकस्मिकताएँ–जो उन कृतियों में पहले से छिपी हुई थी–वहाँ उद्घाटित हो गयी हैं। और उनकी कुछ आकस्मिकताएँ आपको एक प्रीतिकर तरह से अचम्भित करती है। अथवा बहुत सम्भव है कि इन आकस्मिकताओं को लेकर आप स्वयं को उलझन में पाये कि यह क्या हो गया, किस तरह से हो गया?–"अब यह वह कृति नहीं रह गयी जिसे मैंने बनाया था।" इस तरह के काल्पनिक साक्षात्कार पर आप क्या सोचते हैं?

अखिलेश :

इस संसार में कुछ भी आपके हाथ में नहीं है। कुछ भी मेरे हाथ में नहीं है। यहाँ तक कि इस कलाकृति का बदलना भी मेरे हाथ में नहीं है। पूरी होने पर एक कलाकृति मुझसे स्वतन्त्र है; अब उसका अपना जीवन है। मसलन लियोनार्दो ने "मोनालिसा" चित्रित करते वक्त यह नहीं सोचा होगा कि पाँच सौ साल बाद इस चित्र में इतनी दरारें आ जाएँगी जितनी कि एक बुढिया के चेहरे पर भी नहीं होंगी। बावजूद इसके "मोनालिसा" आज उन दरारों के साथ ही सुन्दर नज़र आती है। यह उस कलाकृति का उस कलाकार से अलग होकर स्वतन्त्र रूप से विकसित होना है जिसमें उस कलाकार के हाथ में कुछ भी नहीं है। आज लियोनार्दो ज़िन्दा होता तब भी वह "मोनालिसा" को ठीक नहीं कर सकता था–उस तथाकथित ढँग से जिसके लिए कहें कि "वह ठीक कर" रहा है। एक कलाकृति के पूरे होने के बाद उसका अपना जीवन शुरू हो जाता है, वह किस तरह से जीने वाली है इसमें हमारा कोई दख़ल नहीं है। किसी भी कलाकार का दख़ल नहीं है। यह दावा करना भी ग़लत है कि ऐसा ही होना मैंने सोचा था। वह जो हुआ है वह कलाकार की कल्पना से बाहर का है। पूर्वानुभव है तब भी और जब नहीं है तब भी। ऐसे कई परिवर्तन कलाकृति में आते रहते हैं जो कलाकार के हाथ में नहीं है। ख़ुद उसे मालूम नहीं होता है कि ऐसा हो जाएगा। मसलन, परिवर्तन बहुत तरह से आते हैं। कई परिवर्तनों के अत्यन्त छोटे कारण होते हैं जिनकी तरफ़ ध्यान नहीं जाता। कैनवास को बाँधने/खींचने के ढँग, एक कलाकृति में दस साल बाद किस तरह की दरारें पैदा करेगा, पर भी निर्भर करता है। सारे कैनवास आप बाँध नहीं रहे। सारी चीज़ें आपके नियन्त्रण में नहीं है। अगर आप कैनवास ख़ुद भी खींचते है तब भी एक जैसे नहीं खींचते। उनमें तनाव का फ़र्क़ होगा। यह तनाव का फ़र्क़ उन कलाकृतियों में झलकने वाला है। दस या पचास या पाँच सौ साल बाद। अनन्त दरारें आ जाएँगी जिनके बारे में लियोनार्दो ने भी कभी सोचा नहीं होगा।

आप अपनी कलाकृतियों को बचाने के लिए उन कीड़ों को मार नहीं सकते। दवाई नहीं डाल सकते। वे आपसे स्वतन्त्र है। सोचा नहीं था कि वैसा होगा। अब रोकना बेवकूफ़ी है।

पीयूष :

लेकिन अब यह चार चूरे के पहाड़ या चाकू के जंग लगे हिस्से का जंग-रंग, क्या यह कलाकृति के एक अन्तर्निहित भाग की तरह है या बाहर से आया एक अवांछित क्षेपक?

अखिलेश :

यह अन्तनिर्हित भाग हो सकता है। आगे जाकर उसमें और भी परिवर्तन आने वाले हैं जिनके बारे में हम सोच नहीं सकते। उन परिवर्तनों का कुछ कर नहीं सकते। चूँकि मालूम नहीं है कि किस तरह के परिवर्तन इन कलाकृतियों में होने वाले हैं इसलिए उनका ऐसा ढँग नहीं ढूँढ सकते हैं जिससे वो रोके जा सके। कलाकृति के जीवन में हस्तक्षेप कैसे किया जा सकता है?

पीयूष :

अगर हम किन्हीं तरह से इन्हें रोक सके तब क्या आप इन्हें रोकना पसन्द करेंगे या फिर इसी नश्वरता के भाव को ही जारी रखना पसन्द करेंगे?–एक कृति की निसर्गात्मक फलश्रुति?

अखिलेश :

मैं जारी रखना पसन्द करूँगा बजाय रोकने के। मैं ऐसा नहीं मानता हूँ कि कलाकृतियाँ अनन्तकाल के लिए हैं और उन्हें अनन्तकाल के लिए सुरक्षित रहना चाहिए। या मनुष्यता का धर्म है कि उन्हें सुरक्षित रखे आदि। कलाकृति अपनी आकस्मिकता के साथ है जिस पर हमारा कोई नियन्त्रण नहीं है। हमारा कोई हस्तक्षेप नहीं है। वह हमारे बग़ैर है।

पीयूष :

जब कलाकृति कलाकार से स्वतन्त्र खड़ी है और अपना जीवन जी रही है तभी हमें यह पता चलता है कि वह दरअसल पूरी नहीं हुई थी–उस कृति के लिए कलाकार अब महज़ पूर्ववर्ती की तरह है और उसके परवर्ती जीवन में यह गोया ईश्वर है जो उस कलाकृति को पूरा कर रहा है? अजब अचम्भा है : कलाकार ने चाकू रखा, ईश्वर ने उस चाकू के जंग-रंग को उजागर कर दिया।

अखिलेश :

हाँ। यह कहा जा सकता है।

किसी और ढँग से वह कलाकृति पूरी हो रही है। इस पूरे होने में उसका अपना क्षरण मौजूद है। जिस तरह मेरा अपने जीवन पर कोई नियन्त्रण नहीं है उसी तरह उस कलाकृति का अपने क्षरण पर कोई नियन्त्रण नहीं है। हम restore कर मान लेते हैं कि अब यह कलाकृति सुरक्षित हो गयी किन्तु ऐसा होता नहीं है। "मोनालिसा" को बने पाँच सौ साल हो गये है। यह एक ऐसी कलाकृति है जिस पर पूरी दुनिया की नज़रें टिकी हुई है। इस कलाकृति का संरक्षण बहुत ही ऊँचे दर्जे का होता है। क्या यह सुविधा सारी कलाकृतियों को दी जा सकती है? नहीं दी जा सकती। इसलिए उन कलाकृतियों का क्षरण अपनी जगह मौजूद है, उनके साथ ही है। मसलन, मैं अपने जीवनकाल में ही अपनी कलाकृतियों के क्षरण को रोक सकता हूँ, मेरे जाने के बाद कौन जाने उनका क्या होने वाला है। किन्तु क्या क्षरण को रोका जा सकता है? यह कुछ इस तरह का ही होगा कि मैं अपने जन्म के बारे में तय करूँ कि कहाँ होगा?

पीयूष :

इस क्षरण में ही नये स्वरूप उद्घाटित होते चले जा रहे हैं जैसे वे चूरे के पहाड़। गोया ईश्वर अपना काम कर रहा हो या प्रकृति हस्तक्षेप कर रही हो। इसको आप किस तरह से देखते हैं?

अखिलेश :

मैं इसे प्रकृति में मौजूद अचम्भे की तरह ही अनुभूत करता हूँ। आप एक नये ढँग के फूल को देख कर ख़ुश होते है। ऐसे फूल को देखकर जिसके बारे में पहले नहीं पता था। इस जंग के बारे में भी पहले नहीं पता था। अब चित्र में आ गयी है। एक नया ढँग उद्घाटित हो गया है, जिसे आप लगातार देखते रहते हैं। ईश्वर के हस्तक्षेप की तरह भी देख सकते हैं। यह प्रकृति के हस्तक्षेप की तरह भी मौजूद है। क्षरण की तरह भी है। उसके सारे प्रकार वहाँ हैं। और वे सभी प्रामाणिक हैं।

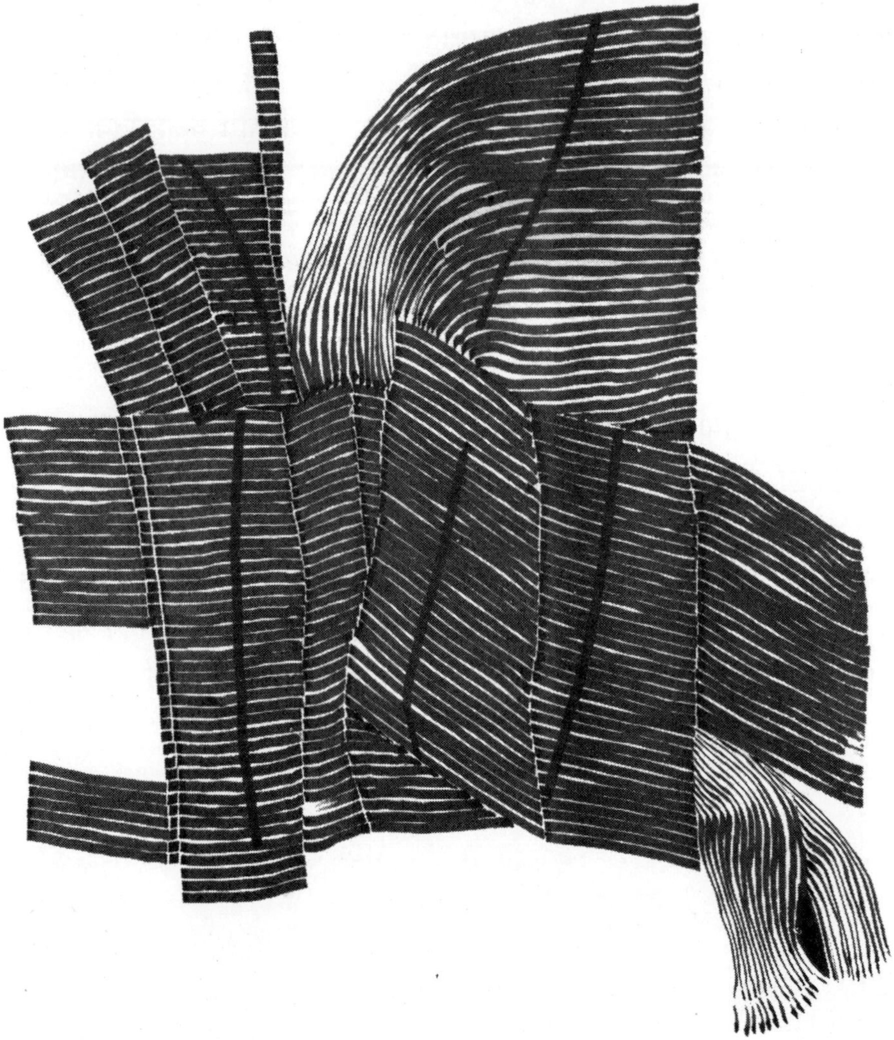

अखिलेश, अखिलेश हैं

सैयद हैदर रज़ा

अखिलेश के चित्रों में चित्रात्मक तर्क है और वे अपने निजी व्याकरण का अनुसरण कर रहे हैं। चित्रकार के लिए यह महत्वपूर्ण है। अनेकानेक कारणों से मुझे लगता है कि उनके काम का मूलगामी सम्बन्ध प्राचीन भारतीय चित्रकला से बनता है, स्वयं को समृद्ध करता है। वे यूरोपीय कला के बजाय भारतीय कला से स्वयं को प्रतिकृत पाते हैं; कभी देश की परम्परा को विस्मृत नहीं करते। मेरे विचार से यह ज़रूरी बात है कि हमें हर दिशा में काम करना चाहिए– चाहे वह संगीत हो या कविता या नृत्य कला। अधिकतर लोग चित्रों को गहराई से देखते नहीं हैं। हो सकता है कविता पढ़ते हों पर उसकी थोड़ी समझ होनी चाहिए। कलाओं का हृदय से गम्भीर साझा है। भारतीय सँस्कृति का कलाओं के साथ गहरा सम्बन्ध है, जिसे न केवल समझना चाहिए बल्कि इस ओर भी हमारा ध्यान रहना चाहिए कि इस सन्दर्भ में हम वर्तमान में क्या कर सकते हैं। अखिलेश अपनी प्रतिभा व ज्ञान-शक्ति से भारतीय सँस्कृति को आगे बढ़ा रहे हैं; चित्रकला की परम्परा को पुनर्परिभाषित कर रहे हैं। नये चित्रकारों के लिए नयी चुनौतियाँ हैं। अखिलेश

उन चित्रकारों में से हैं जिनके काम में सचाई है। सत्यमेव जयते का नये दृष्टिकोण से चरितार्थन। अखिलेश उन बहुत थोड़े से लोगों में से हैं जो महत्वपूर्ण काम कर रहे हैं और जिनका काम भविष्य में महत्वपूर्ण माना जाएगा।

पिछले आठ-दस सालों में अखिलेश के साथ मेरा परिचय गहराया है। उनकी मेरी पहचान हुई है। उनके चित्र देखकर मुझे गहरा सुख मिलता है। वे बहुत महत्वपूर्ण चित्रकार है। उनकी अद्वितीय दृष्टि का सम्बन्ध भारतीय चित्रकला से है। उनके चित्रों के रूप में आवर्तन जप की तरह है, रट की तरह नहीं। रट और जप के अन्तर को वे बख़ूबी जानते-समझते हैं और अपनी सारी शक्तियों से चित्र-कर्म में लगे हैं, जैसे पूजा की जाती है।

मेरे चित्र अकस्मात् बन जाते हैं, देवकृपा से।

और अखिलेश के देखने का अपना ढँग हैं, जो नितान्त उनका अपना ही है। हरेक से भिन्न है। मुझे अखिलेश के चित्रों में रूप-अध्यात्म दिखायी देता है। उनके चित्रों में रंगों की समरसता/Harmony वैसी ही है जैसी हमें अच्छा संगीत सुनने पर मिलने वाले सुख से होती है। उनका लक्ष्य साफ़ है : चित्र, चित्र हो। उनके चित्रों में विभिन्न रंगों का परस्पर मिलन होता है। चित्र-भावों में संगीत है, नृत्य है, समरसता है, सँस्कृति है। चित्रों पर बात करना या उन पर लिखना मुझे बहुत कठिन जान पड़ता है। मेरी हार्दिक इच्छा रहती है कि चित्रकार न बोले, चित्र बोले। अखिलेश के चित्र बोलते हैं। अन्तर्ज्योति/Third Eye सारी शक्तियों को एक साथ मिला देती है। गूढ़ रूपाकारों/Mysterious Forms तक अखिलेश अपने प्रयासों से किस तरह पहुँचते हैं, वह आश्चर्य की बात है। उनका जोर इन्द्रियों द्वारा ग्रहण किये जाने वाले रूपाकारों पर है। मेरे ख़याल से यह ईश्वरीय देन है। इसे भाषा में समझना, या इसका पूर्वानुमान anticipate करना बहुत मुश्किल है। मैं अखिलेश की तारीफ़ करता हूँ, उनमें अकूत प्रतिभा है।

अखिलेश के चित्रों में रंग-आनन्द है और यह शुरुआत है जिसे उन्हें आगे ले जाना होगा ताकि समकालीन भारतीय चित्रकला उत्तम हो सके और देश में ही नहीं सारे संसार में फैल सके। अखिलेश के चित्रों की विदेश में भी बहुत प्रशंसा हो रही है। उनके चित्रों की रेखाओं, रंगों, रूपों में आवर्ती स्वर/ध्वनि के साथ कुछ इस तरह की एक सुव्यवस्थित संरचना है जैसा हम संगीत में पाते हैं। उन्होंने जो चित्र बनाए हैं उनमें एक क़िस्म का सन्दर्भ रहता है। यह अनुभूति जागती है कि वहा सबकुछ एक दूसरे से इस भाँति मिल रहा है कि एक सम्पूर्ण सत्ता/Entity बन जाती है। यह देखकर मुझे ख़ुशी होती है। उनके दूसरे चित्रों में, दूसरी तरह के रंगों, रूपाकारों/forms व रेखाओं में परस्पर एक अलग तरह का आन्तरिक सम्बन्ध है और संगीत की तरह एक सुखद अनुभूति देनेवाला चित्र बन जाता है। अखिलेश के चित्रों को देख कर हर बार सहसा निकल आता है–वाह! वाह! उनके चित्रों का आन्तरिक सम्बन्ध अत्यन्त रहस्यपूर्ण है। चित्रों का अपना सौन्दर्य-शास्त्र/Aesthetics है। पता चलता है कि यह चित्र अखिलेश का

है, किसी और चित्रकार का नहीं। इस ऊँचाई तक पहुँचने में बहुत समय लगता है। देवकृपा से ही एक चित्रकार दृष्टि पा सकता है जिसमें चित्र बनाने नहीं पड़ते, बन जाते हैं। और उसके बाद वह दूसरा रूप धारण कर लेते हैं जिससे पता चलता है कि यह अखिलेश का काम है। उनके चित्रों में उनका व्यक्तित्व प्रकट होता है। उनका निजी हस्ताक्षर है। जब कभी अपने कुछ मित्रों के यहाँ जाने पर देखता हूँ कि उनके पास अखिलेश के चित्र हैं, तो अच्छा लगता है। उनके काम में हर लिहाज़ से पुख़्तगी है। उनके चित्रों में व्याप्त रूप-अध्यात्म, प्राचीन भारतीय जड़ों से है। वे अपने अन्तर्ज्ञान से सतत् प्रवहमान है। आने वाले दिनों में उनके चित्रों में किस प्रकार के रूप प्रकट हो सकते हैं, यह कहा नहीं जा सकता। हाँ, उनके चित्रों में पञ्चतत्व हैं। रंगों के माध्यम से एक यात्रा दिखायी देती हैं। मौन अभिव्यक्ति। अखिलेश, अखिलेश हैं। उनके पास काम करने के अपने ढँग है/शैली है और अन्तर्दृष्टि भी। जब मैं अखिलेश के चित्र देखने उनके स्टूडियो में गया तो आनन्दातिरेक से भर गया। I was in a state of ecstasy. मज़ा आ गया। मैंने कहा, क्या यह सम्भव है? आज देश में इतना सुन्दर काम हो रहा है।

मेरे विचार एक चित्रकार के हैं, लेखक के नहीं। मैं चाहता हूँ मैं स्वयं कुछ न कहूँ और मेरी बात ख़ुशबू की तरह लोगों के दिलों में समा जाय। यह मेरी Modesty नहीं है बल्कि सचमुच पीयूष, आप लिखिए। आप बहुत सुन्दर भाषा में अच्छी तरह से लिखते हैं। कला के कठिन व महत्वपूर्ण विचारों का विश्लेषण करना, उन्हें समझना और फिर उनके बारे में कुछ कहना बहुत ही मुश्किल है लेकिन आप कवि व विद्वान हैं और आप के पास भाषा है। शब्दों की बहुत अच्छी व गहरी समझ है। मेरे ख़याल से यह उचित होगा अगर आप स्वयं के विचारों को व्यक्त करें। आप कवि-लेखक है और सुन्दर हिन्दी भाषा में लिखते हैं, बोलते हैं। यह महत्वपूर्ण है। आपके लिए एक काव्य-पँक्ति का ध्यान आता है–यह मुक्तिबोध से है : अट/त ल शून्य की अनन्त सम्भावना। भाषा का, शब्दों का इस्तेमाल आपका बहुत ही अच्छा है। आप जो कहेंगे वह अच्छा ही कहेंगे। आप लिखिए और सारे संसार तक पहुँचा दीजिए।

26 जनवरी, 09 सुबह

अखिलेश, अखिलेश हैं

जयश्री चक्रवर्ती

जब अमूर्तन पर बात होती है तब सबसे पहले यह जानना चाहिए कि अमूर्तन क्या है? मेरे ख़याल से, एक कलाकार चित्र-फलक पर अपनी कला-भाषा सृजित करता है। यह समूचा कार्य-व्यापार स्वयं में, सिरे से अमूर्त है। अमूर्तन वह है जिसमें मूर्ति/Image नहीं है। बिना मूर्ति का। विमूर्त कृति में भी उस कृति का रचयिता उपस्थित होता है। रंग, रेखा, राशि व अन्यान्य तरीक़ों से कृतिकार का प्रत्येक भाव, स्पन्दन उसकी कृति में मौजूद रहता है। इस मायने में मैं आकृतिमूलक कला और अमूर्तन कला को अलहदा नहीं कर पाती। हर कलाकार अपनी कला-भाषा रचता है, स्वयं को व्यक्त करता है।

अखिलेश के काम में आकृति नहीं है–क्यों? मूर्ति नहीं है–चाहे वह घर हो या पौधे या मानवाकृति। लेकिन जिस रीति से अखिलेश अपनी रेखाएँ व रंग लगाते/लाते हैं, वे महासागर/Ocean हो सकती हैं या बालू टिब्बा/Sand-dune या पवन/Wind : तब क्या इन्हें अमूर्त कहा जा सकता है? यह एक प्रश्न है। मेरे लिए यह महत्त्वपूर्ण है

कि एक कलाकार कितने अच्छे से अपने आपको, अपनी भाषा को, अपनी कृति में सामने ला सका है। इस सन्दर्भ में अखिलेश का काम अपनी ताक़त लेकर खड़ा होता है। मेरा ध्यान उस पर जाता है। उनके काम की मजबूती मुझे अपनी तरफ़ खींच लेती है।

पहली बार अखिलेश का काम देखते ही लगा–वाह! मुझे अद्भुत अनुभूति हुई। मेरा ध्यान इस ओर नहीं गया कि उन्होंने यह कैसे किया होगा बल्कि इस ओर गया कि उन्होंने क्या किया और क्यों किया है। उनका काम देखकर मैं जो महसूस कर रही थी उसे लेकर अपनी दुनिया में बहती/झूमती रही। मुझे पता चला कि एक चित्र आपको छूता कैसे है। मैंने अखिलेश से पूछा कि अपने काम में आपको क्या प्रेरित करता है? उनका जवाब था–''रंग।''

वह वहाँ से शुरू करते हैं।

पहले अखिलेश ज़्यादातर काले रंग का प्रयोग करते थे। रंग में सियाह से प्रकाश की ओर जितने shades हो सकते हैं, उनका इस्तेमाल अखिलेश करते हैं। वे अपने चुनाव में स्पष्ट हैं कि एक चित्र के लिए उन्हें कौन-सी रंग संगतियाँ लेनी हैं, कौन-सी छोड़ देनी हैं। He would go for a particular line. यह मुझे दिलचस्प लगता है। एक शिविर में हम साथ में थे और वे नीले व लाल रंग में काम कर रहे थे। चित्र देखकर, चित्र में एक टुकड़े के सन्दर्भ में, मैंने उनसे पूछा कि इस ढंग से चित्रांकन के पीछे क्या है? उन्होंने बतलाया कि वे रेखाओं को तोड़ने का यत्न कर रहे हैं। चित्र देख कर यह नहीं लगता कि वे रेखाओं को तोड़ रहे हैं और ख़ाली उसी कारण कर रहे हैं। दरअसल, उनके काम में बहुत शुरू से ही inner balance है। वे लगातार अपने काम को आगे ले जा रहे हैं, काम की गुणवत्ता नई दिशाओं को छू रही है।

1988 के आसपास अखिलेश Blade का प्रयोग करते थे और खास तरह के टेक्सचर उनके चित्रों में आते/रचते थे। उनके टेक्सचर मुझे कभी नीरस/monotonous नहीं लगे। वे ज़्यादातर काले रंग का प्रयोग कर रहे थे और उनके चित्रों में ग़ज़ब के tonal variations थे। आज भी उनके चित्रों में आते टोनल वेरियेशंस का उनके चित्रों के टेक्सचरर्स से गहरा ताल्लुक़ है। उनके चित्रों में व्याप्त इनर बैलेंस मुझे खींचता है।

मैं अपने ढंग से, अपनी जगह से अखिलेश के कामों को देखती हूँ। कुछ वैसे ही जैसे मुझे भूमि में दिलचस्पी है, जैसी कि वह है–एक निसर्गात्मक अवकाश। अखिलेश के काम में अन्य गुणों के अलावा दो गुण खास तौर पर मुझे छू लेते हैं–गम्भीर प्रांजलता/seriousness और निश्छल सच्चाई/sincerity. अखिलेश के चित्रों के सन्दर्भ में, रज़ा ने रंग–आनन्द और अशोक वाजपेयी ने ऐन्द्रिकता की सुन्दर बात कही है। मुझे अखिलेश के काम में एक अजीब तरह की निश्छल सच्चाई नज़र आती है। यह मेरे लिए महत्त्वपूर्ण है। मैं बहुत गहराई में जाकर सोचती हूँ कि वह

काम क्यों करते हैं? उनके काम में घट क्या रहा है? he holds himself there. यह मेरे लिए महत्त्वपूर्ण है। वास्तविकता यह है कि उनमें tremendous urge है। उनके काम में tremendous sincerity दिखाई देती है। हम दोनों समकालीन हैं और मरते दम तक अपना सर्वोत्तम चित्र बनाने के लिए प्रयासरत हैं।

उनका समूचा व्यक्तित्व वहाँ है, उनके चित्रों में–जिस ढंग से वे चीज़ों को बरतते व देखते हैं, उस सबमें। यह वह बात है जिसकी मैं प्रशंसक हूँ। यह कुछ बहुत खास बात है जो मैं अपने काम के बारे में शायद नहीं कह सकती। जिस तरह से मैं अखिलेश को देखती हूँ उसमें सर्वोपरि बात उनकी ईमानदारी है। संसार व अन्य चीज़ों के बारे में जो वे सोचते, अनुभूत करते, समझते हैं वे सब उनके काम में प्रकट होती हैं। प्रकृति भी। उनका काम, बिलकुल सच्चा काम है। उनके काम में मुझे धौरे नज़र आते हैं और हवा भी।

अखिलेश उन रेखाओं के आनन्द में डूबे हैं जिन्हें वे रचते हैं। उनके काम में सबकुछ एक साथ है; उन तत्त्वों को अलग-अलग करके नहीं देखा जा सकता। दूसरे शब्दों में, उनका कलाकार और व्यक्ति-रूप दोनों एक है। अखिलेश का आन्तरिक व्यक्तित्व उनके काम में नज़र आता है। उनके चित्रों के variations और संवेदनशीलता का प्रकार भिन्न है। रंग की गहरी समझ उनमें है। सालोंसाल तक काम करते-करते एक कलाकार में उस्तादी आ जाती है। और यह उस्तादी मुझे उनके काम में नज़र आती है। उनके काम में दिखती इस उस्तादी से मुझे आनन्द मिलता है। यह मैं चाहूँ तब भी नहीं कर सकती। वे कोई भी रंग लेकर उसमें काम कर सकते हैं। उनकी चित्र–संवेदनात्मकता उनके भीतर से आती है जिसमें गहरा रोमांच है। उनके चित्र Visual Feast हैं जिन्हें देखकर सहसा निकल आता है–अरे वाह!

अखिलेश कभी अपने अनुभव को दोहराते नहीं। उनके काम में वह मज़ा है जिसका अनुभव आपने पहले कभी न किया है न देखा है। उनका काम उत्तरोत्तर विकसित/grow होता गया है। उनका समूचा काम बीज से वृक्ष बनने की यात्रा जैसा है–अनवरत नए आयामों को ग्रहण करता, जोड़ता, अनुभव करता। वे सच्चे कलाकार हैं इसलिए जोख़िम उठाते हैं–अपनी चित्रात्मक भाषा से लेकर निजी व्याकरण की तलाश तक में। वे हमेशा आगे की ओर देख रहे हैं। एक जगह से दूसरी जगह में जा रहे हैं–लगातार यात्रा में हैं। वे यह जानते हैं कि हमें अपनी कल्पना और विश्वासों में ढलना भी होता है, उसे तोड़ना भी। उनका काम अकूत सम्भावनाओं से सिक्त, उत्तरोत्तर पूर्णता/perfection की ओर है।

अखिलेश, अखिलेश हैं–ऐसा ही सोच पाती हूँ।

कुछ दोस्ती किसी के साथ बचपन से होती है न तो फिर आप उसे अलग ढंग से नहीं देख सकते। उनमें सच्चापन

है और सच्चाई होने पर वह काम में विन्यस्त/रूपायित होती ही है। वास्तविकता में, वह वहाँ है।

अखिलेश एक अच्छे इनसान है। एक शानदार शख़्स। उनसे पहली बार मिलते ही दोस्ताना सम्बन्ध बन गया। ऐसा सम्बन्ध जिसमें प्रयास की बात नहीं है। मुझे कभी नहीं लगा कि वह मेरे अपने नहीं हैं। उनके साथ पहले दिन से ही ऐसा सरल सम्पर्क है–बहुत सादा, बहुत सुन्दर। उनके बारे में मैं वैसे ही बोल पाती हूँ जैसे अपने बारे में। उनके घर जाने पर लगा मानो अपने घर पर ही आई हूँ। मैं जानती हूँ कि अखिलेश मेरे अपने हैं। एक ऐसा रिश्ता जिसे नाम देने की ज़रूरत महसूस नहीं होती। मुझे गर्व है कि वे मेरे दोस्त है, खास दोस्त।